Zwischen Spaltung und Gemeinsamkeit

**Deutsche Geschichte
im 20. Jahrhundert**

Herausgegeben von

Manfred Görtemaker
Frank-Lothar Kroll
Sönke Neitzel

Band 12

Carsten Kretschmann

ZWISCHEN SPALTUNG UND GEMEINSAMKEIT

Kultur im geteilten Deutschland

be.bra verlag

Abbildungsnachweis
Archiv des Verlages 27, 109
Archiv Feix 71
Bundesarchiv 23 (Bild 183-H0611-0500-001), 43 (Bild 183-30557-0004),
    63 (B 145 Bild-F057336-0005), 90 (Bild 183-G0218-0040-001),
    99 (Bild 183-M1031-0300), 140 (Bild 183-1987-0128-310),
    167 (Bild 183-1989-1104-045)
Deutsches Filminstitut-DIF e.V. 11, 97, 139, 163
ullstein bild 37, 87, 123, 133, 145, Umschlagabbildung

Bibliografische Information der Deutschen Bibliothek
Die Deutsche Bibliothek verzeichnet diese Publikation in der
Deutschen Nationalbibliografie; detaillierte bibliografische
Daten sind im Internet über http://dnb.d-nb.de abrufbar.

© be.bra verlag GmbH
Berlin-Brandenburg, 2012
KulturBrauerei Haus 2
Schönhauser Allee 37, 10435 Berlin
post@bebraverlag.de
Lektorat: Matthias Zimmermann, Berlin
Gesamtgestaltung: typegerecht, Berlin
Schrift: Swift 10/13,9 pt
Druck und Bindung: GGP Media GmbH, Pößneck
ISBN 978-3-89809-412-2

www.bebraverlag.de

Inhaltsverzeichnis

1 Einleitung

Ein Bild ging um die Welt: Udo Lindenberg, der westdeutsche Rockveteran, dessen Stimme nicht zu Unrecht einmal mit dem »Stöhnen aus der Koje eines Stadtstreicherasyls« (Günter Amendt) verglichen worden ist, überreicht Erich Honecker, dem Staatsratsvorsitzenden der DDR, eine E-Gitarre als Geschenk. Das ungleiche Paar, das sich hier zufrieden und selbstgewiss den Pressefotografen und Kameraleuten präsentiert, ließ vieles von dem vergessen, was die beiden deutschen Staaten zum Zeitpunkt der Aufnahme des Bildes 1987 unüberwindlich voneinander trennte. Einen kurzen Moment lang schien es, als könne die Kunst, und hier speziell die Rockmusik, alle Mauern, auch die innerdeutschen, überwinden – als handle es sich um die natürlichste Sache der Welt. Im Nachhinein erwies sich die Normalität, wie sie zwei Jahre vor der Friedlichen Revolution von 1989 im beinahe freundschaftlichen Austausch zwischen dem Protestkünstler aus dem Westen und dem weder an Protesten noch an Künstlern sonderlich interessierten Staatslenker aus dem Osten aufschien, als überaus brüchig. Für die Zeitgenossen freilich war dies nicht unbedingt zu erkennen. Die Ost-Berliner Parteiführung, das Zentralkomitee der SED, machte – trotz des fortgeschrittenen Lebensalters vieler Mitglieder – Anstalten, sich intensiv auf das 40-jährige Jubiläum des Arbeiter- und Bauernstaates vorzubereiten. Die Bonner Regierung wiederum empfing Honecker als Staatsgast, gewährte der DDR milliardenschwere Kredite und hatte keinerlei Pläne für eine Verwirklichung der deutschen Einheit, von der die höchsten Repräsentanten der Bundesrepublik zunehmend verhaltener sprachen, in der Schublade.

Mit einem Wort: Dass es auf absehbare Zeit zwei deutsche Staaten geben würde, stand für kaum einen Betrachter außer Frage, als die sensationelle Begegnung zwischen Udo Lindenberg und Erich Honecker in Wuppertal stattfand. Und außer

Frage stand ebenso wenig, dass sich die Politik eines »Wandels durch Annäherung« (Egon Bahr), wie sie von der sozialliberalen Koalition unter Führung von Willy Brandt verfolgt worden war, auch insofern als richtig erwiesen hatte, als sie für viele Menschen in der DDR – nicht zuletzt für Oppositionelle und Ausreisewillige – manche Erleichterung mit sich brachte. Als ein besonders erfolgreiches Instrument einer solchen Annäherungsstrategie, wie sie dann auch von Helmut Kohl und der schwarz-gelben Bundesregierung nach 1982 fortgeführt wurde, galt die Kulturpolitik. Das Kulturabkommen, das 1986 nach jahrelangen Verhandlungen zwischen Bonn und Ost-Berlin geschlossen wurde, suchte einen intensiven deutsch-deutschen Dialog zu ermöglichen: durch Jugendreisen und Sportveranstaltungen, durch die Begegnung von Künstlern und Wissenschaftlern, durch die Zusammenarbeit von Akademien, Archiven und Museen. Noch 1986 wurden der Germanist Walter Jens und der Lyriker Peter Rühmkorf in die Ost-Berliner Akademie der Künste aufgenommen, im Jahr darauf reiste Pina Bausch mit ihrem Tanztheater durch die DDR. Und dass sich bei den vielfältigen Kulturkontakten zwischen West und Ost auch die Deviseneinnahmen der DDR verbesserten, machte das Feld von Kunst und Kultur für beide Seiten nur noch attraktiver.

War die deutsch-deutsche Kulturpolitik also alles in allem eine Erfolgsgeschichte? Die Frage ist nicht leicht zu beantworten, und wahrscheinlich ist sie bereits falsch gestellt. Dass gerade die Kultur eine Brückenfunktion zwischen Ost und West erlangen konnte, ist im Grunde nicht weiter verwunderlich. Schließlich verstanden sich beide deutsche Staaten als Teil jener Kulturnation, deren einflussreiche Traditionen – an der Wende zum 19. Jahrhundert erstmals in das Bewusstsein einer größeren Öffentlichkeit getreten – durch die nationalsozialistische Diktatur und das Ende des Reiches nicht vollständig verschüttet worden waren. Warum das Verhältnis zwischen Bundesrepublik und DDR trotz dieses deutsch-deutschen Bezugspunktes gerade mit Blick auf das weite Feld der Kultur mehr durch Spaltung als durch Gemeinsamkeit gekennzeichnet war – mit Folgen, die bis heute im Alltagsleben und in der politischen Praxis sichtbar sind –, davon handelt dieses Buch. Und wenn es dafür einer näheren Begründung bedürfte, so würde wohl bereits der Hinweis genügen, dass Udo Lindenberg allen Lederjacken für »Honey« zum Trotz letztlich erst nach dem Fall der Mauer, im Januar 1990, seine erste Tournee durch die DDR veranstalten konnte, eine DDR, aus der bald fünf neue Bundesländer werden sollten.

Eine deutsch-deutsche Kulturgeschichte vom Ausgang des Zweiten Weltkriegs bis zur Wiedervereinigung zu schreiben, ist eine ebenso reizvolle wie heikle Aufgabe. Dass es bislang kaum vergleichbare Arbeiten gibt, macht sie freilich nicht unbedingt leichter. Zudem zwingt uns der zur Verfügung stehende, eng begrenzte Raum zu einer massiven Beschränkung, zu einer notgedrungen knappen und stets subjektiven Auswahl. Doch möchte dieses Buch ohnehin sehr bewusst weder eine Materialsammlung noch eine Enzyklopädie sein. Dies gilt umso mehr, als dem Folgenden ein durchaus weiter Begriff von Kultur zugrunde liegt. Er umfasst nicht nur die Hochkultur mit ihren typischen Erscheinungsformen von Kunst, Musik und Literatur, sondern bezieht auch die Massen- und Populärkultur ein, also Film und Fernsehen, Freizeit und Sport, Kommerz und Konsum. Auch übergreifende kulturelle Prägungen, Mentalitäten und Weltbilder treten in den Blick, und selbstverständlich spielt das oftmals ambivalente Verhältnis zwischen Kultur und Politik eine wichtige Rolle. Dieser Komplex wird dabei bewusst nicht von 1989 aus, vom Ende des SED-Regimes und der Auflösung der DDR, entwickelt. Weil der Historiker letzthin nicht zum rückwärtsgewandten Propheten taugt, muss er sich davor hüten, Kontinuitäten und Kohärenzen zu entwerfen, die von den Quellen nicht gedeckt sind. Daher ist das Buch bewusst nicht systematisch angelegt. Es betrachtet den Bereich der Kultur vielmehr in vier größeren Zeitabschnitten, die durch übergreifende politische und wirtschaftliche, aber natürlich auch kulturelle Tendenzen gekennzeichnet sind, und bettet die Kultur – von der »Trümmerkultur« bis zu den Neuen Medien – auf diese Weise in ihren Entstehungs- und Wirkungszusammenhang ein. Anders als in neueren Gesamtdarstellungen zur deutschen Geschichte nach 1945, etwa derjenigen aus der Feder Hans-Ulrich Wehlers, werden die Entwicklungen in Ost und West dabei nicht getrennt voneinander behandelt. Zwar kann der angestrebte Vergleich zwischen der Kultur in der Bundesrepublik und in der DDR nicht flächendeckend erfolgen. Dazu wären umfangreiche Vorstudien notwendig, die noch ausstehen. Sehr wohl jedoch wird ein solcher Vergleich in diesem Buch mehr als einmal auf exemplarischer Ebene unternommen. Denn nur so können der Stellenwert der Kultur im jeweiligen politischen System und ihre Funktion im Dialog zwischen den Systemen deutlich werden; nur so lassen sich die bisweilen grell schillernden Facetten deutsch-deutscher Kultur zwischen Zwang und Autonomie, Kritik und Affirmation, Spaltung und Gemeinsamkeit hinreichend beschreiben.

2 Trümmerkultur

Edmund Köhler (als Edmund) in Roberto Rossellinis Film »Deutschland im Jahre Null« (1948).

Stunde Null?

In ganz Deutschland war der Frühling 1945 unsagbar schön. Der Himmel wölbte sich hoch über dem Land, die Luft schien frisch und rein, und die Sonne schickte ihre warmen Strahlen auf die nackte Erde hinab. Ein falscher Hochsommer? Wohl eher eine große Verheißung. So jedenfalls verstanden es nicht wenige Zeitgenossen, zumindest im Nachhinein. Nachdem zwölf lange Jahre hindurch ein dunkler Kult des Todes in Deutschland geherrscht hatte, regte sich vermeintlich mit einem Mal wieder das Leben. Allerlei Irrfahrten kamen an ein Ende. Karfreitagszauber lag in der Luft. So schien es.[1]

In Wahrheit war die Frühlingsmetaphorik, die oft bemüht worden ist, wenn die Sprache auf Trümmerdeutschland kam, das Produkt nachträglicher Deutungen. Der Mai 1945 machte keineswegs alles neu, und den Menschen war dies nur zu bewusst. »Die Bäume waren so grün und der Himmel so blau wie niemals wieder«, so erinnerte sich etwa die Regisseurin Helma Sanders-Brahms, deren Film *Unter dem Pflaster ist der Strand* zu einer Ikone der 68er-Bewegung wurde, an das Ende des Krieges, das sie als Vierjährige in Ostfriesland erlebt hatte: »Im Wald wuchsen Veilchen. Es gab eine Stelle, die war mein kleiner Garten, weil dort die Veilchen im Kreis wuchsen, wie zu einem Blumenbeet. Da lag an einem frischen Maimorgen ein toter Soldat. Er lag da noch lange, denn niemand begrub ihn. Er verweste langsam, und um ihn verblühten die Veilchen, denn es ging auf den Sommer zu. Nur wir Kinder wussten von ihm, und wir sagten es niemandem.«[2]

In einer Szenerie, die von fern an Ernst Jüngers bekanntes Kriegsbuch *In Stahlgewittern* erinnert, ragt der Körper des toten Soldaten verstörend in das Frühlingsidyll hinein. Und wie in diesem Bild das Wachsen und Blühen nicht von der Verwesung zu trennen ist, so war auch die politische wie die kulturelle Situation nach der bedingungslosen Kapitulation der deutschen Wehrmacht am 8. Mai 1945 durch ein enges Nebeneinander von Aufbruchsversuchen und Beharrungstendenzen gekennzeichnet. Im Nachhinein ist es gleichwohl üblich geworden, von der »Stunde Null« zu sprechen, wenn vom totalen Zusammenbruch des nationalsozialistischen Terrorregimes die Rede war.[3] Da alles zerstört worden sei, habe alles neu aufgebaut werden müssen, so lautete eine griffige Formel, die in der Nachkriegszeit häufig zu hören war. Und wer in den Trümmerwüsten der deutschen Städte auf der Suche nach Kleidung und Lebensmitteln war, konnte nicht umhin, ihr eine gewisse Berechtigung zuzusprechen.

Bereits Roberto Rossellinis Film *Deutschland im Jahre Null*, 1947 im bombenzertrümmerten Berlin gedreht, lenkte den Blick freilich auf die tieferen Schichten des nationalsozialistischen Zerstörungswerks.[4] Denn die Geschichte des zwölfjährigen Edmund, der inmitten des postapokalyptischen Berlin unablässig auf der Suche nach etwas Essbarem ist, um sich und seine Familie durchzubringen, zeigt in beklemmender Bildsprache, dass nicht nur Häuser, Straßen und Plätze, sondern dass die Menschen selbst Opfer der Zerstörung geworden waren. Wenn Edmund schließlich von seinem ehemaligen Lehrer, einem alten Nazi und pädophilen Schwarzmarktschieber, dazu angestiftet wird, den herzkranken Vater zu vergiften, um ihn nicht mehr versorgen zu müssen, wird die ganze Halt- und Orientierungslosigkeit der Nachkriegsgesellschaft deutlich. Auch wenn Hans Habe, ein österreichischer Publizist, der in der amerikanischen Armee gegen Adolf Hitler gekämpft hatte und nach dem Zweiten Weltkrieg maßgeblich am Wiederaufbau einer freien Presse in Deutschland beteiligt war, Rossellini bereits 1949 in der *Süddeutschen Zeitung* vorwarf, mit seinem Film nicht allein »Blumen vom Grab einer Nation« zu pflücken, sondern sich »in den Sarg« zu erbrechen, traf der Film, beim Festival von Locarno 1948 mit dem Großen Preis der Jury ausgezeichnet, ganz offensichtlich einen Nerv der Zeit.[5] Die Geister der Vergangenheit streiften noch immer durchs Land, und von einer echten »Stunde Null« konnte – dem Filmtitel zum Trotz – keine Rede sein.

Tatsächlich hat das Wort von der ominösen »Stunde Null«, in den ersten Nachkriegsjahren gezielt von deutschen Publizisten in Umlauf gebracht, vor allem eine psychologische Entlastungsfunktion erfüllt. Das Vergangene, so lautete eine seinerzeit weit verbreitete Deutung, sei mit dem Sturz des Nationalsozialismus endgültig vergangen, und die Gesellschaft, die nun neu entstehe, habe nichts mit ihm gemein. In Wahrheit ragte die alte Zeit in vielfältiger Weise in die Gegenwart hinein – ganz so, wie der tote Wehrmachtssoldat in den Veilchentraum des kleinen Mädchens. Gerade das weite Feld der Kultur bietet hierfür eindrucksvolle Beispiele. Gustaf Gründgens etwa, ein Günstling Görings, bis zum Ende des Krieges einflussreicher Generalintendant des Preußischen Staatstheaters, des früheren Schauspielhauses am Berliner Gendarmenmarkt, trat bereits 1946 wieder im Deutschen Theater auf, bevor er im Jahr darauf als Generalintendant nach Düsseldorf wechselte.[6] Auch Wilhelm Furtwängler, seit 1922 Chefdirigent der traditionsreichen Berliner Philharmoniker, während des »Dritten Reiches« gleichsam des Teufels Kapellmeister, stand schon im Mai 1947 wieder am Pult seiner Philharmoniker.[7] Und selbst Wieland Wagners viel gepriesenes »Neu-Bayreuth« führte in Gestalt der psychologisierenden Abstraktion nur eine Inszenierungstendenz fort, die bereits unter der Ägide Heinz Tietjens, dem wohl mächtigsten Theatermann der 1930er und 1940er Jahre, auf dem Grünen Hügel zum Tragen gekommen war. Tietjen selbst, der seit 1927 Generalintendant aller Preußischen Staatstheater gewesen und 1936 von Göring zum Staatsrat ernannt worden war, brachte es übrigens 1948 zum Intendanten der Deutschen Oper in Berlin.[8]

Die wenigen Beispiele genügen, um deutlich werden zu lassen, dass manches von dem, was nach 1945 als unerhört neu empfunden wurde, unverkennbar in die Vergangenheit zurückreichte. Nicht nur in personeller Hinsicht waren die Kontinuitäten vielfach größer, als es den meisten Betrachtern bewusst war. Auch die eine oder andere ästhetische Neuerung, die während der Nachkriegszeit in Literatur, Malerei und bildender Kunst, in Theater und Musik erprobt wurde, hatte ihre Wurzel in der braunen Barbarei. Manche Entwicklungen – etwa auf dem Gebiet der Architektur und der Stadtplanung – griffen darüber hinaus Anregungen auf, die bereits in der Weimarer Republik lebhaft diskutiert worden waren. Auch wenn der intellektuelle Aderlass zwischen 1933 und 1945, bedingt durch die massenhafte Emigration und Ermordung von Schriftstellern, Künstlern und Wissenschaftlern, beträchtlich gewesen war, konnte bei Kriegsende daher von einer Tabula rasa keine Rede sein.

Dieser Befund fügt sich in eine umfassendere Deutung ein, die die vermeintliche Zäsur des 8. Mai 1945 aufgrund von sozialgeschichtlichen Untersuchungen seit den 1990er Jahren behutsam relativiert hat.[9] Nicht erst durch die bedingungslose Kapitulation der deutschen Wehrmacht, sondern bereits seit der Schlacht von Stalingrad im Winter 1942/43 habe sich, so die Lesart des Historikers Martin Broszat, ein gesellschaftlicher Umbruch angekündigt, der bis zur Währungsreform im Juni 1948 angehalten habe. Er sei ausgelöst worden durch die in den letzten Jahren des Krieges durchgeführten Evakuierungen aus den deutschen Ostgebieten und besiegelt durch die Zerschlagung des Deutschen Reiches und die Entmachtung der alten Eliten, insbesondere des Adels. Flucht und Vertreibung hätten die deutsche Gesellschaft in einem Maße »durcheinandergeschüttelt«, dass sie sowohl in konfessioneller als auch in kultureller Hinsicht gewissermaßen neu zusammengesetzt werden musste. Im Kern habe daher schon die »Notgesellschaft« (Martin Broszat), wie sie zwischen 1943 und 1948 entstanden sei, die Züge jener Mittelstandsgesellschaft getragen, wie sie die Bundesrepublik später geprägt habe. Von einer alles bestimmenden Zäsur könne auch deshalb keine Rede sein.

Und in der Tat: Selbst die totale deutsche Niederlage vermochte die eine »Stunde Null« nicht heraufzubeschwören – auch wenn sich diese Vorstellung für viele Menschen im Nachhinein betrachtet als hilfreich erwies, um mit der nationalsozialistischen Herrschaft zu brechen und sich schrittweise einer noch unsicheren Zukunft zu öffnen. So gesehen gab es im Nachkriegsdeutschland, ungeachtet aller fortwirkenden Kontinuitäten, tatsächlich eine ganze Reihe von Zäsuren, die von den Betroffenen jeweils als »Stunde Null« interpretiert wurden. Wie es im Bereich der Außenpolitik, der während des heraufziehenden Kalten Krieges wie kaum ein anderes Politikfeld über Sein und Nichtsein bestimmte, durch Konrad Adenauers Kurs der Westintegration zu einem echten Neubeginn kam, so war auch in der Kunst ein Bruch mit der unheilvollen Ideologie des Nationalsozialismus festzustellen. Nicht zuletzt die (Wieder-)Entdeckung der von den Nationalsozialisten stigmatisierten »entarteten Kunst« war als Hinweis darauf zu verstehen, dass man es mit der Idee eines neuen Beginns unbedingt ernst meine.[10] Insofern war die emphatische Hinwendung zur abstrakten Malerei, wie sie Künstler und Intellektuelle in Abgrenzung zum nationalsozialistischen Realismus nach 1945 – zumindest in den drei westlichen Besatzungszonen – vollzogen, unmittelbarer Ausdruck des Bruchs mit dem Vergangenen. Die *documenta*, die 1955 zum ersten Mal als internationale Ausstellung zeitgenössischer moderner Kunst in Kassel stattfand, wurde im westdeutschen Kontext daher bald zu einem wichtigen Katalysator der inneren Republikgründung.[11]

Kulturpolitik der Besatzungsmächte

Von jeher galt Deutschland als Land der Kultur. Die »deutsche Kultur« wurde spätestens seit dem 19. Jahrhundert zu einem Exportschlager, der sich in aller Welt behauptete. Dichter wie Goethe und Schiller, Komponisten wie Beethoven, Brahms und Wagner, Maler wie Anselm Feuerbach oder Max Liebermann standen für die Weltgeltung deutscher Kunst und Kultur. In keinem anderen Land gab es eine solche Vielzahl von Bibliotheken, Museen, Theatern und Opernhäusern; nirgendwo sonst führte die föderative Grundstruktur zu einem solch produktiven Wettstreit der Künste. Abseits der großen Metropolen wie etwa Paris oder London, die eine geradezu magnetische Anziehungskraft für die Künstler in Frankreich beziehungsweise in England entfalteten, entwickelte sich in Deutschland ein dichtes Netz von Kulturinstitutionen aller Art, das bis in die vermeintliche Provinz reichte. So fand etwa die Uraufführung der vierten Sinfonie von Johannes Brahms im Oktober 1885 nicht in Berlin oder Wien statt, sondern im südthüringischen Meiningen – und dies unter Leitung des Komponisten. Angesichts der großen Bedeutung, die der gesamte Bereich der Kultur für die deutsche Identität besaß, war es nicht verwunderlich, dass die »deutsche Kultur« wiederholt zum Gegenstand politischer Propaganda wurde – beispielsweise während des Ersten Weltkriegs, zu dessen Rechtfertigung man »deutsche Kultur« und »französische Zivilisation« gegeneinander ausspielte, und erst recht unter der Herrschaft der Nationalsozialisten, die den Kulturbegriff radikal verengten und ihn zugleich hypostasierten.[12]

Im Mai 1945 freilich lagen die Konzertsäle in Schutt und Asche, und im Bayreuther Festspielhaus, für viele Zeitgenossen das Gralsheiligtum deutscher Kunst und Kultur, spielten amerikanische Besatzungssoldaten zum Tanz auf. Grundsätzlich gaben die Alliierten in den folgenden Wochen und Monaten den Ton an. Wie auf den Gebieten von Politik und Wirtschaft, so gingen die Siegermächte auch im Bereich der Kultur daran, neue Strukturen zu schaffen, sie zu reglementieren und streng zu kontrollieren.[13] Das hatte seinen Grund nicht nur darin, dass Politik, Wirtschaft und Kultur zahlreiche Schnittflächen aufwiesen und eine isolierte Betrachtung einzelner Segmente unweigerlich ein verzerrtes Gesamtbild ergeben hätte. Die Zeitungen etwa, die nach ihrer Gleichschaltung durch die Nationalsozialisten allenthalben neu gegründet werden mussten, waren ja nicht nur Kulturträger, sondern politisch relevante Medien – und nicht zuletzt auch Wirtschaftsunternehmen. Die tiefere Ursache lag freilich darin, dass die Alliierten den Zweiten Weltkrieg, der im Kern ein politischer und militärischer Konflikt gewesen war, immer auch als ideologische Auseinandersetzung betrachtet hatten, als einen Kampf zwischen unterschiedlichen Weltanschauungen. Und dieser Kampf war mit der bedingungslosen Kapitulation der Wehrmacht keineswegs beendet. Auch wenn die Siegermächte alsbald die oberste Regierungsgewalt übernahmen, war die Ideologie des Nationalsozialismus noch nicht aus den Köpfen der Menschen getilgt. Hitler war zwar tot, aber die spezifischen Vorstellungen von »Volk« und »Rasse«, von »Ehre« und »Treue«, von »Familie« und »Vaterland«, wie sie sich während des »Dritten Reiches« manifestiert hatten, blieben zum Teil unheilvoll lebendig. Der braunen Un-Kultur, die sich in solchen, mitunter ungebrochen fortbestehenden Deutungsmustern ausdrückte, galt daher die besondere Aufmerksamkeit der Besatzungsmächte. Auf diesem Terrain gedachten sie die letzte Schlacht des Weltkriegs zu schlagen. Und die Zauberwaffe, auf die sie dabei zurückgreifen wollten, hieß, zumindest im angelsächsischen Kontext, schlicht und einfach *re-education*.[14]

Die Absicht, nach der Niederwerfung des Hitlerregimes alle Deutschen einer systematischen »Umerziehung« zu unterwerfen, war in politischen Kreisen diesseits wie jenseits des Atlantiks bereits vor 1945 diskutiert worden. Wenn man den militaristischen Geist des »schlechten Deutschland«, das in der alliierten Propaganda gern mit Preußen gleichgesetzt wurde, ein- für allemal überwinden und zugleich das »gute Deutschland« wieder zur Geltung bringen wolle, so lautete eine einflussreiche Position, die speziell unter deutschen Emigranten in den USA vertreten wurde, dann sei die geistige und moralische Instruktion der Deutschen unabdingbar. Nur durch eine systematische »Umerziehung« könne man aus den blinden Anhängern des »Führers« wieder denkende Menschen formen, und nur als solche würden die Deutschen imstande sein, sich dauerhaft in jenen demokratischen Strukturen einzurichten, die sie bereits einmal zerstört hätten. Kurzum: Die äußere Bezwingung des »Dritten Reiches« müsse mit der inneren Neugestaltung Deutschlands einhergehen.

Dass eine solche Neugestaltung aufseiten der Sowjets von vornherein eine sehr konkrete Stoßrichtung besaß, ist wenig überraschend. »Umerziehung« meinte aus Moskauer Sicht einzig und allein die kommunistische Indoktrination, und zu ihrer Durchführung stand Josef Stalin eine ganze Heerschar deutscher Kommunisten zur Verfügung, die während der nationalsozialistischen Herrschaft in der UdSSR überwintert hatten und nun darauf brannten, die eigenen Landsleute mit ihrer – durch das Exil gefestigten und zugleich beglaubigten – Weltanschauung zu infiltrieren. Doch bei den Westalliierten war man sich über Aufgabe und Zuschnitt der *re-education* keineswegs so einig, wie es das scheinbar selbstverständliche Schlagwort im Nachhinein nahelegt. In London hatte man bereits während des Krieges die Auffassung vertreten, dass die viel diskutierte »Umerziehung« vor allem von den Deutschen selbst zu bewerkstelligen sei.[15] Die Siegermächte sollten sich darauf beschränken, die Grundlagen und Voraussetzungen für eine erfolgreiche deutsche Besinnung zu schaffen. Im Grunde genommen drückte sich darin das Bekenntnis zu einem Bildungsideal aus, das selbst als durch und durch deutsch gelten durfte. Seit den Schul- und Universitätsreformen eines Wilhelm von Humboldt hatte sich die Selbstbildung des Menschen als eine regulative Idee etabliert, an der sich der gesamte deutsche Neuhumanismus orientierte.[16] Die Vorstellung, der Mensch könne sich – vorzugsweise im Umgang mit der Welt der Kunst und Kultur – allseitig entwickeln und sich so letzthin selbst bilden, war allerdings schon im 19. Jahrhundert nicht auf Deutschland begrenzt gewesen. Einen späten Nachklang fand sie nun im Rahmen der britischen »Umerziehungs«-Debatte. Und nicht nur dort. Auch in Washington war man – etwa im Post-War Planning Committee des Außenministeriums – überzeugt, dass die *re-education* nur dann erfolgversprechend sein konnte, wenn man sie nicht als Selbstzweck, sondern gewissermaßen als Hilfe zur Selbsthilfe verstand. Die »Umerziehung« sollte die Besatzungsherrschaft nicht legitimieren, sondern letzthin überflüssig machen und dazu beitragen, eine deutsche Selbstverwaltung aufzubauen.[17]

Trotz dieser Übereinstimmung hinsichtlich der langfristigen Zielsetzung der »Umerziehungs«-Kampagnen waren die Unterschiede zwischen den britischen und amerikanischen Entwürfen allerdings nicht zu übersehen. Während man in London – in bester englischer Tradition – ausgesprochen pragmatisch zur Tat schritt, die konkreten Probleme einer lückenlosen politischen Säuberung des öffentlichen Lebens im Auge behielt und die Funktionsfähigkeit des Bildungs- und Kulturbereichs nicht aufs Spiel setzen wollte, ging man in Washington wesentlich puristischer ans Werk.[18] Wo die Briten nach dem Prinzip des *indirect rule* verfuhren, setzten die Amerikaner auf eine unmittelbare Kontrolle, die sie nicht zuletzt in den Stand versetzen sollte, Normen und Werte aus ihrer eigenen politisch-kulturellen Tradition in die deutsche Debatte einzuspeisen, aktiv und offensiv zugleich. Die Zahl von 27 »Amerika-Häusern« und 136 Reading Rooms, die in den Nachkriegsjahren allein in der amerikanischen Besatzungszone entstanden, spricht für sich. Für die kulturelle Neuausrichtung des freien Deutschlands, wie es 1949 Gestalt annahm, für die amerikanisch geprägte »Westernisierung«, von der weiter unten ausführlicher die Rede sein wird, war diese noch während des Krieges getroffene Grundentscheidung des Pentagon von größter Bedeutung.[19]

Dies änderte freilich nichts an der Tatsache, dass das ehrgeizige Umerziehungsprogramm, wie es in Washington konzipiert wurde, nur gemeinsam mit den Deutschen umsetzbar war – und im Übrigen nie mit der Radikalität durchgeführt wurde, wie sie von den Theoretikern der re-education ursprünglich gefordert worden war. Die Denkschrift, die im Mai 1945 unter dem Titel »Long-Range Policy Statement for German Re-education« vom bereits erwähnten Planungsausschuss des State Department erstellt wurde, ließ denn auch keinen Zweifel daran, dass das kulturelle Leben in Deutschland weitestgehend von den Deutschen selbst wiederaufgebaut werden müsse.[20] Und wenn man darüber hinaus bedenkt, dass die amerikanische Militärregierung in den ersten beiden Besatzungsjahren insgesamt über nicht mehr als 50 Mitarbeiter in der sogenannten Erziehungsabteilung verfügte, führte ohnedies kein Weg daran vorbei, möglichst viele Deutsche an der Wiedereröffnung von Schulen und Universitäten, von Theatern und Opernhäusern, von Rundfunkanstalten und Zeitungsredaktionen, kurz: von allen denkbaren Einrichtungen des Kulturbetriebs zu beteiligen.

Damit wurde ein Weg beschritten, der den Deutschen in den britisch und amerikanisch kontrollierten Besatzungszonen ein gewisses Maß an Freiheit und Eigenverantwortung eröffnen sollte. Nicht anders verhielt es sich in der französischen Zone, auch wenn hier zunächst die handfesten Sicherheitsinteressen der Grande Nation alle anderen Aspekte in den Hintergrund rückten und speziell die Kulturpolitik mitunter seltsam improvisiert wirkte. Ganz und gar nicht improvisiert war hingegen das Vorgehen in der Sowjetischen Besatzungszone (SBZ). Wie bereits angedeutet, besaß Moskau eine ganze Kollektion von Blaupausen für das Nachkriegsdeutschland, und die sowjetische Militärregierung verfügte schon bald über Mittel und Wege, die entsprechenden Ideen auch in die Tat umzusetzen.[21] So verriet bereits der gemeinsame Aufruf von KPD und SPD zur demokratischen Schulreform vom 18. Oktober 1945 die Leitmotive der künftigen Schulpolitik. Der Aufruf griff dabei durchaus auf Forderungen zurück, die schon in den 1920er Jahren von Reformpädagogen erhoben worden waren: Revision der Lehrerausbildung, Neuausrichtung der Lehrpläne, Behebung des Bildungsdefizits der unteren Schichten, Trennung von Kirche und Staat hinsichtlich der Schulaufsicht sowie Schließung sämtlicher Privatschulen – ein Anliegen, das sich vor allem gegen die katholischen und evangelischen Bekenntnisschulen richtete. Dies waren Forderungen, die *cum grano salis* auch von Bildungsreformern in den westlichen Besatzungszonen vertreten wurden. Wenn in der Sowjetischen Besatzungszone darüber hinaus jedoch der Ruf laut wurde, die Kollegien der einzelnen Schulen so zu »säubern«, dass »antifaschistische« Lehrer in Leitungs- und Schlüsselpositionen aufrücken konnten, so zeichnete sich hier die ideologische Dimension der Schulpolitik ab. Denn zu den Antifaschisten gehörten nach sowjetischer Lesart nur jene Hitlergegner, die zwischen 1933 und 1945 für die »richtige Sache«, sprich: für den Kommunismus, gekämpft hatten.[22]

Dabei war der Antifaschismus zunächst ein gesamtdeutsches Phänomen. Der Kampf gegen das Hitlerregime, wie er in publizistischer Form vor allem von den Emigranten geführt worden war, wurde zum Inbegriff für ein besseres Deutschland. Schriftsteller und Künstler, die, wie Thomas Mann oder Lion Feuchtwanger, vor den Nationalsozialisten geflüchtet waren, standen dabei nicht nur für eine ältere deutsche Kultur, die fernab der Gaskammern von Auschwitz fortexistiert hatte. Sie begriffen sich auch als Vorhut einer neuen, demokratischen Gesellschaftsordnung, und sie bezogen ihre Autorität nicht zuletzt aus ihrer entschlossenen Haltung gegen die braune Tyrannei.[23] Der antifaschistische Neuerungswille dieser Schriftsteller und

Künstler drückte sich in den ersten Nachkriegsjahren in vielen Vorträgen und Rundfunksendungen, vor allem aber in zahllosen Beiträgen für neu gegründete Zeitschriften wie die *Frankfurter Hefte, Die Wandlung* oder *Der Ruf* aus, in denen ästhetische und politische Fragen gleichermaßen verhandelt wurden. Während sich der Antifaschismus in den westlichen Besatzungszonen, gewissermaßen als Synonym für demokratische Erneuerung, auf dem Markt der Meinungen behaupten musste und – innerhalb der bestehenden Grenzen von Zensur und Lizenz – dem freien Spiel der Kräfte überlassen blieb, wurde er in der Sowjetischen Besatzungszone obrigkeitlich gelenkt und zur ideologischen Ikone erhoben.

Folgen hatte dies nicht nur für die Themen und Sujets, deren Behandlung man von den »Kulturschaffenden«, wie Schriftsteller und Künstler im Osten Deutschlands bezeichnenderweise vor *und* nach 1945 genannt wurden, förmlich erwartete. Es hatte vielmehr auch einen Einfluss auf die Struktur des Kulturbetriebs insgesamt. Bereits am 3. Juli 1945 veranlasste die Sowjetische Militäradministration in Deutschland (SMAD) die Gründung des »Kulturbundes zur demokratischen Erneuerung Deutschlands«.[24] Auch wenn er bis 1947 interzonal wirksam blieb, stand die Tatsache, dass es sich beim Kulturbund um eine von der östlichen Besatzungsmacht unmittelbar gesteuerte Einrichtung handelte, seiner Verbreitung in den westlichen Zonen entschieden entgegen. Daran vermochte auch der Umstand nichts zu ändern, dass sich namhafte Künstler und Intellektuelle – unter ihnen die Schriftsteller Ludwig Renn, Ricarda Huch und Anna Seghers, der Maler Max Pechstein, der Romanist Victor Klemperer und der Chemiker Robert Havemann – an den Aktivitäten des Kulturbundes beteiligten, Johannes R. Becher den Vorsitz übernahm und der greise Gerhart Hauptmann, in politischer Hinsicht *a man for all seasons*, als Ehrenpräsident fungierte. Denn dass es dem Kulturbund letztlich darum ging, eine »nationale Einheitsfront der deutschen Geistesarbeiter«[25] zu schaffen, die aus Moskauer Sicht ideologisch zuverlässig war, konnte niemand

Bertolt Brecht auf einer Veranstaltung des Kulturbundes im Oktober 1948.

bezweifeln. Die besonderen Entwicklungen in der Sowjetischen Besatzungszone waren also bereits im Herbst 1945 kaum mehr zu übersehen, und gerade die »deutsche Kultur«, die sich in der Vergangenheit häufig als nationale Klammer erwiesen hatte, drohte von den politischen Fliehkräften – beschleunigt durch die beginnende Ost-West-Konfrontation – zerrissen zu werden.

Insgesamt betrachtet, waren die Alliierten, ungeachtet aller Differenzen im Einzelnen, zunächst darauf bedacht, jene Einrichtungen und Organisationen zu zerschlagen, die in besonderer Weise der nationalsozialistischen Kulturpolitik gedient hatten. Das betraf in erster Linie das Reichsministerium für Volksaufklärung und Propaganda, das Joseph Goebbels zu einem wichtigen Instrument im komplizierten Getriebe des NS-Herrschaftssystems gemacht hatte. Ebenso davon betroffen war die sogenannte »Reichskulturkammer«, die 1933 zur Gleichschaltung aller Bereiche des Kulturlebens gegründet worden war. Diese ersten Maßnahmen wurden von einem ganzen Bündel von Gesetzen und Verordnungen flankiert, mit deren Hilfe die Besatzungsmächte den Bereich der Kultur neu zu ordnen gedachten. Bereits am 12. Mai 1945 veröffentlichten sie ein Gesetz, das die unlizenzierte Herstellung von Büchern und Filmen ebenso unter Strafe stellte wie die Aufführung von Musik sowie den Betrieb von Theatern und Rundfunkstationen. Damit brachten sie die Kunst in all ihren Erscheinungsformen gewissermaßen unter einen alliierten Generalvorbehalt.

Gleiches galt für den wichtigen Bereich der Medien. Durch die am selben Tag erlassene Nachrichten-Kontrollvorschrift Nr. 1 behielten sich die Besatzungsmächte ausdrücklich das Recht zu Neugründungen auf diesem Gebiet vor. Journalisten, Drucker und Verleger, die bereits unter den Nationalsozialisten tätig gewesen waren, wurden aus ihren Positionen entfernt. Genehmigungen und Lizenzen bestimmten fortan darüber, wer sich auf dem Feld der Kultur bewegen konnte und was das Publikum zu lesen, zu sehen oder zu hören bekam. Dies galt für Zeitungen und Zeitschriften ebenso wie für Bücher und Broschüren. Rundfunk und Fernsehen waren ebenfalls eingeschlossen, und selbstverständlich alle Arten von Darbietungen, an denen Musiker oder Schauspieler mitwirkten, also Konzerte sowie Theater- und Opernaufführungen, aber auch Zirkusvorstellungen und Faschingsbälle. Dabei war der Umstand, dass nicht nur alle ehemaligen Parteigenossen, sondern überhaupt alle Verleger und Journalisten, die nach 1935 im Pressebereich tätig gewesen waren, konsequent von der Lizenzzuteilung ausgeschlossen werden sollten, kaum weniger relevant als der Versuch der Alliierten, innerhalb des breiten Spektrums der Lizenzpresse die Richtung und den Inhalt einzelner Zeitungen und Zeitschriften vorzugeben.[26]

Dass es den Verantwortlichen trotz ihrer ostentativ zur Schau gestellten *re-education*-Doktrin nicht immer gelang, die Spreu vom Weizen zu trennen und belastete Journalisten dauerhaft aus dem Medienbereich zu entfernen, steht auf einem anderen Blatt. Das Beispiel Werner Höfers, der es − seit 1933 NSDAP-Mitglied und seit 1941 Theaterkritiker der *B.Z. am Mittag* − nach dem Zweiten Weltkrieg zum Gastgeber des »Internationalen Frühschoppens« brachte, einem Journalistenstammtisch, der seit 1952 aus dem Hörfunkstudio des Nordwestdeutschen Rundfunks im Bonner Bundeshaus gesendet und schon bald im ARD-Fernsehen ausgestrahlt wurde, war kein Einzelfall.[27] Er steht freilich – im westdeutschen Kontext – auch für die letztlich gelungene Integration vieler Männer und Frauen, die nach 1945 mit ihrer braunen Vergangenheit brachen, ohne dies je explizit zu benennen. Hätten sie dies getan, wären sie vielleicht noch glaubwürdigere Zeugen für einen persönlichen wie gesamtgesellschaftlichen Neubeginn geworden. So aber hatten sie Teil an jenem »kommunikativen Beschweigen« der Vergangenheit, ohne das – in der Interpretation des Philosophen Hermann Lübbe – die Geschichte der Bundesrepublik nicht so erfolgreich verlaufen wäre, wie dies im Großen und Ganzen der Fall gewesen ist.[28]

Das Phänomen der bruchlos fortgeführten Karrieren ist freilich nicht nur im Bereich der Medien zu finden, sondern im Kulturbetrieb insgesamt – und weit über ihn hinaus. Auf dem Buchmarkt konnte das Publikationsverbot, das die Alliierten gegen Schriftsteller und Publizisten erließen, die als »Hauptschuldige« eingestuft wurden, nicht dauerhaft aufrechterhalten werden. Ernst Jünger etwa, der den Zweiten Weltkrieg im Wesentlichen im Pariser Hotel Majestic als Offizier im Stab des Militärbefehlshabers von Frankreich erlebt hatte, konnte ab 1949 wieder eigene Werke veröffentlichen.[29] Auch sonst besagte das juristische Instrument des Publikationsverbots für sich genommen noch nicht viel. Denn während beispielsweise Friedrich Sieburg[30] – wegen seiner Tätigkeit als Auslandskorrespondent der *Frankfurter Zeitung* und seiner Verwendung als »Sonderbeauftragter« des Auswärtigen Amtes an der Deutschen Botschaft in Brüssel bis 1948 mit einem Publikationsverbot belegt – zu einem der einflussreichsten Literaturkritiker der Nachkriegszeit avancierte, geadelt mit dem baden-württembergischen Professoren-Titel, verschwand etwa Hanns Johst, Verfasser des berüchtigten Theaterstücks »Schlageter« und seit 1935 Präsident der Reichsschrifttumskammer, nach 1945 gänzlich in der Versenkung. Obwohl auch in seinem Fall das Publikationsverbot aufgehoben wurde, vermochte er unter dem Pseudonym »Odemar Oderich« nur mehr Gedichte für die Edeka-Kundenzeitschrift *Die kluge Hausfrau* zu veröffentlichen.[31]

Insgesamt wurde die Buchproduktion von den Alliierten radikal eingeschränkt.[32] Bis Mitte 1947 wurden in der französischen Besatzungszone nur 242 Titel veröffentlicht, in der britischen waren es 730, in der amerikanischen 1100. Auch auf dem Buchmarkt erwies sich die Vergabe von Lizenzen dabei als wichtigstes Steuerungsinstrument der Besatzungsbehörden. Da selbst Traditionsverlage nun Lizenzen benötigten und zugleich bislang unbekannte Verleger auf den Markt drängten, wurden die Macht- und Einflussmöglichkeiten im Verlagsgeschäft teilweise neu geordnet. Ein weiterer Hebel, der den Alliierten zu Gebote stand, war die gezielte Zuteilung von Druckpapier. Da Papier in der unmittelbaren Nachkriegszeit ein ausgesprochen knappes Gut war, ist es kaum erstaunlich, dass die Behörden in allen vier Besatzungszonen jene Verlage bei der Zuteilung bevorzugten, deren Profil und Programm mit ihren eigenen Vorstellungen von der politischen Neugestaltung Deutschlands am ehesten übereinstimmten.[33]

Dass nun verstärkt Übersetzungen auf den Markt gebracht wurden (in der amerikanischen Zone machten sie rund ein Viertel der Buchproduktion aus), lässt sich als Versuch verstehen, Formen und Inhalte der je eigenen Kultur nach Deutschland zu importieren.[34] Wenn dabei durch bewusste Ausblendungen (nicht übersetzt wurden beispielsweise die US-kritischen Werke von William Faulkner und Ernest Hemingway) geschönte Bilder entstanden, so gehörte dies ganz unzweifelhaft in den Bereich der psychologischen Kriegführung, die mit der deutschen Kapitulation ja keinesfalls eingestellt worden war. Künftig ging es nicht mehr nur darum, die Deutschen über die Abgründe der nationalsozialistischen Barbarei zu belehren, sondern sie vom

Plakat zum Film »Des Teufels General« (1955), nach Carl Zuckmayers gleichnamigem Drama von 1946, mit Curd Jürgens in der Hauptrolle.

überlegenen Wert der eigenen, vor allem der amerikanischen beziehungsweise der sowjetischen, Kultur zu überzeugen. In dieser missionarischen Absicht standen die Vertreter der einzelnen Siegermächte einander in nichts nach. Entsprechend strategisch griffen die Militärregierungen auch auf das Theater zu, dem in der Trümmerwirklichkeit nach 1945 eine ganz besondere Bedeutung zukam – als moralische Anstalt, vor allem aber als Schaubude, als Unterhaltungsmedium, als Hinweis auf eine andere, vielleicht bessere Welt. Die amerikanische Militärregierung etwa ließ mehr als 60 Theaterstücke für die deutsche Bühne übersetzen, in der Mehrzahl Kriminalstücke und Boulevardkomödien, die dem Publikum einen augenzwinkernden Einblick in den »American way of life« gewähren sollten. Gesellschaftskritische Dramen, aus der Feder John Steinbecks beispielsweise, gelangten hingegen kaum zur Aufführung. In den letzten Kriegsjahren hatte die nationalsozialistische Propaganda mit leicht verdaulicher Kost, wie Liebeskomödien und Tanzrevuen, versucht, die Deutschen von der tristen Wirklichkeit des »totalen Krieges« abzulenken. Nun verzichteten auch die alliierten Militärbehörden, freilich aus ganz anderen Erwägungen, darauf, dem Publikum allzu ernste und schwierige Stoffe zuzumuten. Selbst ein Theaterstück wie Carl Zuckmayers im Exil entstandenes Drama »Des Teufels General«, dessen Titel längst zum geflügelten Wort geworden ist, konnte seine deutsche Erstaufführung erst im November 1947 am Hamburger Schauspielhaus erleben; zu politisch erschien den Behörden dieses düstere Spiel um Schuld und Verantwortung.[35]

Die Menschen aber strömten in die Theater, ganz gleich was auf dem Spielplan stand. Sie lasen Zeitungen und verschlangen Bücher, sie drängten in die Konzertsäle und frequentierten die Lichtspielhäuser. Dabei waren sie keineswegs auf der Flucht vor sich selbst. Im Angesicht der totalen Niederlage suchten sie vielmehr nach Erklärungen und Deutungen, die über den Tag hinaus Bestand hatten. Und nicht zuletzt hatten sie das Gefühl, unendlich viel nachholen zu müssen.

Deutsche Einkehr und Hunger nach Sinnstiftung

»Einkehr«, so hat Thomas Mann ein Kapitel seiner *Betrachtungen eines Unpolitischen* überschrieben, das er bereits 1917 in der *Neuen Rundschau* veröffentlicht hatte. Einkehr – das meinte ein Innehalten während des menschenverschlingenden Ersten Weltkriegs, eine intellektuelle Rückbesinnung auf die geistigen Wurzeln der eigenen Kultur. Wozu diese Einkehr bei Thomas Mann, damals noch weit davon entfernt, jener Verteidiger der republikanischen Staatsform zu sein, als der er seit den 1920er Jahren an die Öffentlichkeit trat, geführt hat, ist bekannt. Auf der Suche nach den Säulenheiligen der deutschen Kultur stieß er einmal mehr auf die Trias von Arthur Schopenhauer, Friedrich Nietzsche und Richard Wagner. Gegen die aufklärerische Tradition der Französischen Republik, mit der sich das Reich seit 1914 im Krieg befand, gegen die vermeintlich universalen Werte von Freiheit, Gleichheit und Brüderlichkeit betonte Thomas Mann die romantisch-dunkle Seite der deutschen Kultur, in der das Irrationale seine immerwährende Heimstatt gefunden zu haben schien.[36]

Die Sehnsucht nach jener Innerlichkeit, die gemeinhin als typisch deutsch gilt, war auch den Menschen zu eigen, die sich im Mai 1945 – den blutigen Terror der Nationalsozialisten hinter sich lassend – nichts dringlicher erhofften als Ruhe und Frieden. Nicht selten hat man diese Wendung ins Innerliche, die auch eine Reaktion auf die bewusst mit äußerlichen Effekten arbeitende Selbstinszenierung des »Dritten Reiches« war, als Anbruch einer neuen Biedermeierzeit verstanden, die in den 1950er Jahren das kulturelle Klima in Ost wie in West geprägt habe. Daran ist wenig wahr. Zunächst einmal hatten die allermeisten Deutschen im Mai 1945 das erleichterte Gefühl, noch einmal davongekommen zu sein. Und dies führte dazu, dass die praktischen Fragen des Daseins in den Vordergrund rückten: Wovon sollte man leben? Wie konnte man Arbeit finden? Wo gab es noch eine Wohnung? Nicht von ungefähr notierte Alfred Döblin, der als französischer Kulturoffizier aus dem Exil nach Deutschland zurückkehrte, lakonisch in sein Tagebuch, die Menschen würden zwischen den Ruinen wie Ameisen in einem zerstörten Haufen hin und her rennen, und ihr einziger Kummer sei, dass sie mangels Materials und klarer Direktiven nicht sofort zugreifen könnten.[37]

Je deutlicher das grauenvolle Ausmaß der nationalsozialistischen Schreckensherrschaft wurde, desto weniger ließen sich freilich die moralischen Aspekte der »deutschen Katastrophe« (Friedrich Meinecke) übergehen. Sie betrafen vor allem den irritierenden Sachverhalt, dass ausgerechnet die Deutschen, die sich selbst als ein Kulturvolk ersten Ranges verstanden, ein barbarisches Zerstörungswerk ungeahnten Ausmaßes in Gang gesetzt hatten. Niemand hat dieses Missverhältnis so prägnant und zugleich tiefgründig beschrieben wie Thomas Mann in seinem *Doktor Faustus*, einem Künstlerroman in politischer Absicht, der 1947 im Suhrkamp Verlag erschien. Wie war, so lautete die vielerorts bohrend gestellte Frage, der präzedenzlose Zivilisationsbruch, der durch die Vernichtung von sechs Millionen Juden fortan unauflöslich mit dem deutschen Namen verbunden war, zu erklären, wenn man ihn schon nicht verstehen konnte? Und wo genau stand Deutschland nach der bedingungslosen Kapitulation überhaupt – in politischer, wirtschaftlicher, sozialer und nicht zuletzt auch in kultureller Hinsicht?

Gewiss, jeder Einzelne war, mehr oder weniger angepasst, mehr oder weniger belastet, seinen Weg durch das »Dritte Reich« gegangen, und die Auseinandersetzung mit Schuld und Scham konnte ihm nach dem Zusammenbruch niemand abnehmen. Die Fragen nach den Konsequenzen, die aus den Verbrechen des Hitlerregimes zu ziehen waren, lasteten jedoch auf der ganzen Gesellschaft. Um Antworten geben zu können, die über den Tag hinaus gültig zu sein versprachen, galt es daher zuallererst, Instanzen zu finden, die in der Lage waren, eine Deutung des Vergangenen zu entwerfen und zugleich Orientierung in der Gegenwart zu geben. Angesichts des umfassenden Zerstörungswerks, das die Nationalsozialisten entfesselt hatten, waren freilich nur wenige Institutionen, die sich professionell mit Fragen der Sinnstiftung befassten, intakt geblieben. Am ehesten galt dies noch für die beiden christlichen Kirchen, die in der unmittelbaren Nachkriegszeit einen wahren Ansturm von Gläubigen verzeichneten.[38] »Aus der Tiefe der Hölle«, so hieß es etwa in Kardinal Faulhabers berühmtem Fastenhirtenbrief vom 8. Februar 1946, seien in den vergangenen Jahren »die Dämonen legionsweise« heraufgekommen.[39] Und wenn er hinzufügte, dass sie die Kirche gleichwohl nicht zu verschlingen vermocht hätten, dann drückte sich hierin ein triumphalistisches Selbstverständnis aus, das auf viele Menschen insofern anziehend wirkte, als es ihnen die Möglichkeit eröffnete, sich inmitten der totalen Niederlage als moralische Sieger zu fühlen. Der Versuch, den Aufstieg des Nationalsozialismus durch den Abfall der Menschen von Gott zu erklären, das »Dritte Reich« mithin als Ausdruck eines neuen Heidentums zu interpretieren, erwies sich nicht nur in traditionell kirchennahen Kreisen als ausgesprochen erfolgreich. Dass die Kirchen als Institution keineswegs aktiv am Widerstand gegen den Nationalsozialismus beteiligt gewesen waren, fiel dabei kaum ins Gewicht. Als Gebot der Stunde, so war gerade unter jungen Katholiken und Protestanten zu hören, galt in der Situation von 1945 vielmehr eine Rückbesinnung auf die christlichen Wurzeln der deutschen Kultur. Die Einkehr führte in diesem Kontext zwar nicht immer zur Buße, wohl aber zur Umkehr.

Das Wiederanknüpfen an Traditionslinien, die 1933 radikal durchtrennt worden waren, prägte die Auseinandersetzung mit dem Nationalsozialismus auch auf dem Feld der Kultur insgesamt. Aufgrund der propagandistischen Gleichschaltung des Kulturbetriebs fehlte es hier zwar an der einen herausragenden Institution, die fähig gewesen wäre, den Menschen eine allgemeinverbindliche Orientierung zu geben. Indes, die Kultur war ein weites Feld, und speziell die Emigranten standen bereit, als glaubwürdige Zeugen eines besseren Deutschland die Gegenwart neu zu gestalten. Was die meisten Deutschen einte, waren ein schlichtweg unstillbarer Durst nach Wissen sowie der Hunger nach Sinnstiftung. Und Schriftsteller, Künstler und Publizisten ließen sich nicht lange bitten, diesem Verlangen Rechnung zu tragen. Sowohl Johannes Hessens *Der geistige Wiederaufbau Deutschlands* (1946) als auch August Blumes *Geist der Mitte. Das andere Deutschland* (1946) sahen dabei in der Ausbreitung des Atheismus seit dem 19. Jahrhundert den eigentlichen Grund für den Aufstieg des Nationalsozialismus. Der skeptisch-tiefsinnige Reinhold Schneider setzte sich für eine *Heimkehr des deutschen Geistes* (1946) ein, der unter anderem durch Fichte und Nietzsche verführt worden sei. Und auch Alfred Müller-Armack, der eigentliche Erfinder der sozialen Marktwirtschaft, brach in seinem Buch *Das Jahrhundert ohne Gott* (1948) den Stab über die Politiker und Wissenschaftler des 19. Jahrhunderts, die dem Nihilismus den Weg bereitet hätten. Verbunden wurden diese unterschiedlichen Herangehensweisen durch den Versuch, das Rad der Geschichte im Angesicht der Katastrophe möglichst weit zurückzudrehen, genauer gesagt bis hin zu einer christlichuniversalen Weltordnung, wie man sie in konservativen Kreisen mit der Zeit vor der Französischen Revolution verband. Dass sich diese rückwärtsgewandte Prophetie am Ende nicht erfüllen sollte, war in der Unübersichtlichkeit der unmittelbaren Nachkriegszeit keineswegs absehbar. Nicht nur eine Zeitschrift wie das *Neue Abendland* verstand sich als ein Sprachrohr jener Publizisten und Intellektuellen, die das Verdikt über den Nationalsozialismus mit einer viel weitergehenden Kritik an der Moderne in all ihren Erscheinungsformen verbanden.[40]

Allerdings befanden sich diese in der Minderheit. Die überwältigende Mehrheit der Schriftsteller und Künstler versuchte 1945 aus naheliegenden Gründen, an die kulturelle Produktion der Zwischenkriegszeit anzuknüpfen. So konnte etwa Friedrich Wolf, einer der führenden kommunistischen Theaterautoren der Weimarer Republik, seinem Freund Erwin Piscator im April 1947 befriedigt mitteilen, er fühle sich – aus dem Moskauer Exil zurückgekehrt – beinahe wie eine ägyptische Mumie, die von Archäologen ausgegraben werde. Gleich zwei seiner Stücke seien zurzeit in Berlin zu sehen: »Cyankali« im Hebbel-Theater und »Die Matrosen von Cattaro« im Theater am Schiffbauerdamm. Die Münchner Kammerspiele brächten zudem seinen »Professor Mamlock«.[41] Gewiss, es gab einzelne Stimmen, die eingedenk des gewaltigen Zivilisationsbruchs jeden Versuch, die deutsche Kultur gewissermaßen zu restituieren, vehement ablehnten. »Der Gedanke, dass nach diesem Krieg das Leben ›normal‹ weitergehen oder gar die Kultur ›wiederaufgebaut‹ werden könnte«, so hatte Theodor W. Adorno bereits im Herbst 1944 aus dem amerikanischen Exil heraus bemerkt, sei schlichtweg »idiotisch«. Und er fuhr fort:»Millionen Juden sind ermordet worden, und das soll ein Zwischenspiel sein und nicht die Katastrophe selbst. Worauf wartet diese Kultur eigentlich noch?«[42]

Doch so wenig es Adorno gefiel, dessen scharf formulierter Ideologieverdacht sicherlich nicht ganz unbegründet war, aber praktisch folgenlos blieb – die Kultur wartete auf ihre Wiederauferstehung. Gerade die Klassiker, Goethe und Schiller zumal, die von den Nationalsozialisten ein ums andere Mal instrumentalisiert worden waren, erwiesen sich nun als Quelle der Hoffnung. In seinem Buch *Die deutsche Katastrophe* hat der Historiker Friedrich Meinecke 1946 seinen Lesern eben diesen Weg der Gegenwartsbewältigung gewiesen. Wer aufrichtig Einkehr halte, werde ein »neues, zwar gebeugtes, aber seelisch reineres Dasein« beginnen. Und dieses neue Dasein befähige die Deutschen zur »Rettung des [...] verbliebenen Restes deutscher Volks- und Kultursubstanz«. Ihren sichtbaren Ausdruck sollte diese Rückbesinnung nach Meineckes Vorstellung in neu zu gründenden »Goethegemeinden« finden, denen die Aufgabe zufalle, in allen Städten »die lebendigsten Zeugnisse des großen deutschen Geistes durch den Klang der Stimme den Hörern ins Herz zu tragen«.[43]

Zwar konnte sich Meinecke mit seiner Idee der »Goethegemeinden« nicht recht Gehör verschaffen. Gleichwohl stand Goethe unbestritten im Blickfeld der größeren Öffentlichkeit. Viele Theater eröffneten ihre erste Saison nach dem Krieg mit der »Iphigenie auf Tauris«, die während der gesamten Trümmerzeit auf den deutschen Bühnen ausgesprochen präsent blieb, in dieser Hinsicht allenfalls vergleichbar mit Lessings »Nathan der Weise«.[44] Goethes Schauspiel, das die Stimme der Wahrheit und Menschlichkeit hörbar werden ließ, erschien als ein Garant ewiger, überzeitlicher Werte, als Verweis auf jene bessere deutsche Kulturtradition, deren Rang unbestritten war. Das Bekenntnis zu den Klassikern hatte daher viele Facetten: Es war Ausdruck der Rückbesinnung und des Wiederanknüpfens an abgeschnittene Traditionsstränge. Es war ein selbstbewusster Hinweis auf das ästhetische Potenzial, über das die deutsche Kultur nach wie vor verfügte. Und es war nicht zuletzt auch ein Versuch praktischer Lebenshilfe, eine Art geistiges Vademekum inmitten der Unwirtlichkeit der deutschen Gegenwart.

Das Bekenntnis zu den Klassikern konnte sicherlich einen konservativen Grundzug aufweisen, musste es jedoch nicht. Überhaupt war die Einkehr, der sich die Deutschen unterzogen, keineswegs so eindimensional, wie man es hätte befürchten können. Nicht nur, dass die Leitsterne, an denen sich Thomas Mann bei seinen intellektuellen Exerzitien im Ersten Weltkrieg orientiert hatte, unabweislich an Glanz verloren hatten. Schopenhauer, Nietzsche und Wagner – sie alle galten nach 1945 als nationalsozialistisch korrumpiert, und nicht selten wurden sie für Entwicklungen haftbar gemacht, für die sie keineswegs verantwortlich waren. Das Spektrum dessen, was den Deutschen als Orientierung diente, reichte vielmehr von der Renaissance der Klassiker über die Wiederentdeckung der meist linken Kultur der Zwischenkriegszeit bis hin zu dezidiert katholischen Ordnungsentwürfen. Ein wichtiges Buch jener Jahre war darüber hinaus Hermann Hesses Roman *Das Glasperlenspiel*, der – während des Zweiten Weltkriegs zunächst in Zürich verlegt – 1946 im Berliner Suhrkamp Verlag erschien und die hohe Welt der Wissenschaft und der Kunst als bewussten Gegenentwurf zu den Abgründen der politischen Tyrannei präsentierte. Als Inbegriff der sogenannten Trümmerliteratur, die einen eigenen, sperrigen Ton fand, um die Fragilität menschlicher Existenz darzustellen, darf schließlich Wolfgang Borchert gelten. Im Alter von 24 Jahren schwer krank aus dem Krieg heimgekehrt und bereits 1947 verstorben, hat er in seinen Kurzgeschichten, vor allem aber in dem Stationendrama »Draußen vor der Tür« (1947), dessen Titel das Lebensgefühl einer ganzen Generation von Heimkehrern umschrieb, in außergewöhnlich expressiver Form das Unbehaustsein des modernen Menschen zum Thema gemacht. Die Nachkriegsgesellschaft verhieß nicht das Paradies auf Erden.[45]

Die unverhohlene Kritik an den deutschen Zuständen nach 1945 – vom Individuum her entwickelt, auf die ganze Gesellschaft gerichtet – war wohl auch der Grund, weshalb Borchert in der Sowjetischen Besatzungszone wie auch in der DDR die künstlerische Anerkennung lange Zeit verwehrt blieb. Dabei hielten in den ersten Nachkriegsjahren noch viele Schriftsteller und Künstler offensiv an einer gesamtdeutschen Perspektive fest. So waren etwa bei der »Ersten Allgemeinen Kunstausstellung«, die der bereits erwähnte »Kulturbund zur demokratischen Erneuerung Deutschlands« vom 25. August bis 31. Oktober 1946 unter der Schirmherrschaft von Karl Hofer, Otto Nagel und Karl Schmidt-Rottluff in Dresden veranstaltete, Künstler aus allen Besatzungszonen (mit Ausnahme der britischen) vertreten. Die Liste der Maler, deren Werke gezeigt wurden, las sich wie das *Who is who* der zeitgenössischen Kunst: George Grosz und Otto Dix, Max Beckmann und Lyonel Feininger, Paul Klee und Oskar Schlemmer. Gewiss, sie alle durften nach 1945 nicht mehr unbedingt als Vertreter der Avantgarde gelten. Doch um nach den moralischen wie ästhetischen Verheerungen des Nationalsozialismus einen Moment innezuhalten und dabei fast vergessene Welten neu zu erkunden, erwiesen sich die zum großen Teil auch politisch engagierten Künstler aus den 1920er Jahren, gleich ob sie sich dem Expressionismus oder der Neuen Sachlichkeit zurechneten, als wichtige Bezugsgrößen. Insgesamt sahen 74 000 Besucher die Dresdner Ausstellung, die sich zugleich als Ort der Begegnung zwischen Ost und West verstand.

Allein, die Fronten, die durch die wachsende Konfrontation zwischen den beiden Supermächten, den USA und der UdSSR, entstanden, ließen auch das Feld der Kultur nicht unberührt. Als der Kulturbund im Jahr darauf zum Ersten Deutschen Schriftstellerkongress einlud, waren die Risse schon nicht mehr zu übersehen. Zwar stammte immerhin noch ein Drittel der rund 300 Autoren, die an dieser Konferenz, die vom 4. bis 8. Oktober 1947 in Berlin stattfand, teilnahmen, aus den westlichen Besatzungszonen. Allerdings kam es während des Kongresses über die Frage nach der Freiheit und der Funktion von Literatur zu so tiefgreifenden Differenzen zwischen den Teilnehmern aus Ost und West, dass eine Spaltung unvermeidlich war. Am Ende wurden die Aktivitäten des Kulturbundes in den drei Westzonen sowie in den westlichen Sektoren Berlins verboten beziehungsweise stark eingeschränkt. Angesichts der politischen Großwetterlage wurde der Antifaschismus im Westen mehr und mehr durch einen vehementen Antikommunismus ersetzt, der sich –

zumal im Bewusstsein der älteren Generation – nahtlos in ein Weltbild einfügte, das bereits in der Weimarer Republik geprägt worden war, seine eigentliche Ausformung jedoch während des Nationalsozialismus erfahren hatte. Umgekehrt hielt man in der Sowjetischen Besatzungszone eisern am Leitbild einer antifaschistischen Kunst fest, wobei Faschismus und Kapitalismus zunehmend gleichgesetzt wurden. Die gemeinsame deutsche Kultur drohte zum Gegenstand von Sonntagsreden zu werden.[46]

3 Moderne Zeiten (1949–1965)

Hans Werner Richter (Mitte) mit
Anna Grass und Peter Rühmkorf
bei einer Tagung der Gruppe 47 in
Berlin-Wannsee 1962.

Lob der Provinz

Bis zur Machtübernahme durch die Nationalsozialisten am 30. Januar 1933 war Deutschland nie ein zentralistisch gelenkter Einheitsstaat gewesen, und selbst das »Dritte Reich« hatte es – allen Gleichschaltungsmaßnahmen zum Trotz – nicht vermocht, die polyzentrische Struktur, wie sie die deutsche Kultur seit Jahrhunderten kennzeichnete, vollständig zu zerschlagen. Auch deshalb lag es zumindest für die westlichen Siegermächte nahe, beim Wiederaufbau der unterschiedlichen Kultureinrichtungen nach dem Prinzip des *Bottom-up* als eines konsequent von unten nach oben führenden Prozesses zu handeln. Das Grundgesetz, das 1949 die Kulturhoheit ausdrücklich in den Verantwortungsbereich der Länder und Kommunen rückte, setzte diesen Ansatz entschieden fort. Mit Hamburg,

Düsseldorf, Frankfurt am Main oder München gab es in der Bundesrepublik mehr als eine Kulturhauptstadt, zumal Berlin, die geteilte Metropole, aus westdeutscher Sicht schon aufgrund seiner isolierten Lage inmitten der DDR mehr und mehr zu einer Exklave zu werden drohte, die von den neueren Strömungen in Literatur und Kunst abgeschnitten war.[1] An der Spree schien die alte Herrlichkeit vielfach dahin. Zur neuen Pressestadt entwickelte sich Hamburg, und die meisten Buchverlage hatten ihren Sitz künftig in München oder Frankfurt am Main, allen voran der S. Fischer Verlag und der Suhrkamp Verlag, der – seit 1959 von Siegfried Unseld geführt – gleichsam zum intellektuellen Inventar der alten Bundesrepublik gehörte.[2]

Die Musik spielte allerdings nicht allein in den großen Städten. Immer schon war die Provinz ein wichtiger Ort der deutschen Kultur gewesen. Johann Wolfgang von Goethe hatte es einst nach Weimar gezogen. Richard Wagner war in Bayreuth sesshaft geworden. Und Ernst Jünger verschlug es nach 1951 ins oberschwäbische Wilflingen. Die Liste ließe sich leicht fortsetzen. Das beschauliche Tübingen etwa, eine alte Universitätsstadt, die bislang nicht gerade als Schauplatz kultureller Großereignisse in Erscheinung getreten war, besaß nach Kriegsende, so erinnerte sich der Schriftsteller und Publizist Thaddäus Troll später, eines der besten deutschen Theater. Zum Ensemble gehörten unter anderem Elisabeth Flickenschildt, Hanne Wieder, Otto Wernicke und Werner Krauß. Carlo Schmid, der renommierte Staatsrechtslehrer und SPD-Politiker, übersetzte für das Tübinger Schauspiel Calderón de la Barcas Verskomödie »Morgen kommt ein neuer Tag« aus dem Spanischen.[3]

Anders als in der DDR, wo die Kultur, trotz einer beachtlichen Breite des Angebots – in den späten 1980er Jahren zählte man rund 18 000 Bibliotheken, über 700 Museen und an die 3 000 Theater –, politisch und ästhetisch auf Berlin fokussiert war, dominierte in der Bundesrepublik das föderale Element. Das zeigte sich nicht zuletzt bei der Neuorganisation der Rundfunk- und Fernsehanstalten.[4] Der Rundfunk der DDR verfügte zwar neben seinem Funkhaus an der Nalepastraße in Berlin-Oberschönewei-de über weitere Studios in Dresden, Leipzig, Potsdam und Wei-mar, war jedoch dem Staatlichen Komitee für Rundfunk beim Ministerrat der DDR direkt unterstellt und nach dem Vorbild des zentralistisch organisierten Rundfunks in der Sowjetunion der Propagierung einer antifaschistischen Gesellschaftsordnung verpflichtet. Systemkritik, wie sie in den Politik- und Kulturre-daktionen westdeutscher Rundfunkanstalten schon bald zum guten Ton gehörten, war hier nicht erwünscht. Was ein Sender in einem demokratisch verfassten Gemeinwesen tatsächlich zu leisten imstande war, zeigt etwa die Berichterstattung des Nord-westdeutschen Rundfunks (NWDR), der sich unter dem Einfluss des britischen Journalisten Hugh Carleton Greene, seit seiner Gründung in Hamburg 1945 zu einer regelrechten Pflanzstätte kritischer Redakteure entwickelte, unter ihnen Axel Eggebrecht und Peter von Zahn, aber auch Karl Eduard von Schnitzler, der 1947 als überzeugter Kommunist in die SBZ ging und in der DDR zum Chefkommentator des Deutschen Fernsehfunks aufstieg.[5]

Der öffentlich-rechtliche Rundfunk, wie er in der Bundes-republik – durch die im Grundgesetz garantierte Freiheit der Berichterstattung vor staatlichen Eingriffen geschützt – in zunächst sechs Landesrundfunkanstalten (dem Bayerischen Rundfunk, dem Hessischen Rundfunk, dem Süddeutschen Rundfunk, dem Südwestfunk, Radio Bremen und dem NWDR) Gestalt annahm, war gewiss nicht immun gegen parteipoliti-sche Übergriffe. Sie spielten sich vor allem in den Rundfunk-räten, den Aufsichtsgremien der einzelnen Anstalten, ab und standen meist in engem Zusammenhang mit der Bestellung von Intendanten, Programmdirektoren und Chefredakteuren. Sicht-bar wurden entsprechende Interessen auch bei der Teilung des NWDR.[6] Da die SPD-Mitglieder im Kontrollgremium des Senders in der Mehrheit waren, betrieb die CDU hartnäckig die Grün-dung einer eigenen Rundfunkanstalt in Köln. Dass sich ausge-rechnet der Westdeutsche Rundfunk, der 1956 auf diese Weise entstand, in den folgenden Jahren zu einem linksorientierten

Sender entwickelte – Spötter sprachen gern vom »Rotfunk« –, war eine Ironie der Geschichte. Gleichwohl achteten die Redaktionen sorgfältig darauf, den nötigen Abstand zu den politischen Entscheidungsträgern zu wahren – in Radiosendungen und seit Gründung der Arbeitsgemeinschaft der öffentlichrechtlichen Rundfunkanstalten (ARD) 1950 zunehmend auch in der Fernsehberichterstattung. Vor allem das politische Magazin »Panorama«, von Rüdiger Proske und Gert von Paczensky konzipiert, setzte seit seiner Erstausstrahlung im Juni 1961 diesbezüglich neue Maßstäbe.[7]

Was für Rundfunk und Fernsehen galt, betraf im Grunde genommen alle Bereiche der Kultur und der Medien – jedenfalls in der Bundesrepublik. Auch die Zeitschriften, die nach dem Ende des Krieges vielfach wie Pilze aus dem Boden schossen, wurden an den unterschiedlichsten Orten gegründet. Von ihnen wird in anderem Kontext noch die Rede sein. Gleiches galt für die Zeitungen, die ebenfalls bereits in den ersten Nachkriegsjahren – von den jeweiligen Besatzungsbehörden lizenziert – entstanden waren. Neben der *Frankfurter Rundschau*, die unter ihrem Chefredakteur Karl-Hermann Flach in der zweiten Hälfte der 1960er Jahre zu einem linksliberalen Vorzeigeblatt werden sollte, sind hier aufgrund ihrer überregionalen Bedeutung vor allem die *Süddeutsche Zeitung*, 1946 als Nachfolgerin der *Münchner Neuesten Nachrichten* entstanden, sowie die *Frankfurter Allgemeine Zeitung* zu nennen, die 1949 von Mitarbeitern der alten *Frankfurter Zeitung* gegründet wurde.[8] Symptomatisch für die Entwicklung des Pressewesens waren dabei zwei Aspekte: der flächendeckende Ausbau der Regional- und Lokalzeitungen einerseits sowie erste Ansätze einer Medienkonzentration andererseits. Die letztgenannte Tendenz lässt sich am Aufstieg des Axel Springer Verlags beispielhaft verdeutlichen.[9] Der Verlag, 1946 von Axel Springer in Hamburg gegründet, produzierte zunächst die Programmzeitschrift *Hörzu*. 1948 kam das *Hamburger Abendblatt* hinzu, vier Jahre darauf die *Bild*-Zeitung. 1953 erwarb Springer *Die Welt*, die im Herbst 1945 nach dem Vorbild der Londoner *Times* als offizielles Mitteilungsorgan der britischen Militärregierung gegründet worden war und sich unter Rudolf Küstermeier, ihrem ersten Chefredakteur, zu einer ausgesprochen erfolgreichen Zeitung entwickelt hatte. Nachdem Springer sechs Jahre darauf seine Beteiligung am Ullstein Verlag ausgebaut hatte, hielt er nunmehr auch die Aktienmehrheit am Berliner Verlag, zu dem die *Berliner Morgenpost* und das Boulevardblatt *B.Z.* gehörten.

Eine solche Marktposition des Springer-Konzerns, der aufgrund seiner weltanschaulichen Ausrichtung im Umfeld der Studentenbewegung zu einem Hassobjekt ersten Ranges wurde, rief freilich bereits in den 1950er Jahren Kritiker auf den Plan.[10] Sie fanden sich allerdings nicht nur unter Schriftstellern und Intellektuellen, für die Hans Magnus Enzensberger in seinem 1957 entstandenen Gedicht »bildzeitung« offensiv vom »leichentuch / aus rotation und betrug«[11] sprach, sondern auch unter den Journalisten selbst. So etwa bei der Wochenzeitung *Die Zeit*, die sich unter der Ägide Josef Müller-Mareins als ein liberalbürgerliches Blatt behauptete, und erst recht in der Redaktion des Wochenmagazins *Der Spiegel*, das – 1947 von Rudolf Augstein gegründet – spätestens seit der sogenannten *Spiegel*-Affäre im Herbst 1962, in deren Folge mehrere Redakteure der Zeitschrift unter dem Vorwurf des Landesverrats in Untersuchungshaft genommen wurden, zum publizistischen Gewissen der Nation avancierte.[12] Aber auch das Wochenmagazin *Der Stern*, 1948 von Henri Nannen in Hannover gegründet, das sich – wie *Die Zeit* – mehrheitlich im Besitz des Verlegers Gerd Bucerius befand, leistete seit den 1950er Jahren einen wichtigen Beitrag zur fundamentalen Politisierung der westdeutschen Öffentlichkeit.[13]

Es versteht sich von selbst, dass die Presse in der DDR nicht in vergleichbarer Weise zu einer kritischen Instanz werden konnte.[14] Die erste Zeitung, die von der sowjetischen Militäradministration herausgegeben wurde, war die in Berlin erscheinende *Tägliche Rundschau*, die kurioserweise auf den Rotationsmaschinen des nationalsozialistischen Franz Eher Verlags gedruckt wurde und daher in ihrem Erscheinungsbild an den *Völkischen Beobach-*

ter erinnerte. Dauerhafter Erfolg war dem Blatt, das einen strikt antifaschistischen Kurs verfolgte, freilich nicht beschieden. Zum unangefochtenen Leitmedium wurde vielmehr die Tageszeitung *Neues Deutschland*, das Zentralorgan der Sozialistischen Einheitspartei Deutschlands (SED), 1946 aus der Zwangsvereinigung von SPD und KPD hervorgegangen. Während die Zeitung in der Anfangsphase durchaus einzelne kritische Artikel veröffentlichte und kontroverse Debatten erlaubte, fand sich seit Anfang der 1950er Jahre keine von der Parteilinie abweichenden Meinung mehr. Die Chefredakteure Adolf (»Lex«) Ende und Rudolf Herrnstadt wurden aufgrund unbotmäßiger Berichterstattung über Walter Ulbricht kurzerhand entlassen, und nach dem Volksaufstand vom 17. Juni 1953 wurde das *Neue Deutschland* endgültig zu einem reinen »Verlautbarungsorgan« der SED.[13] Alle anderen Tageszeitungen spielten hingegen keine entscheidende Rolle – selbst wenn sie, wie die *Berliner Zeitung*, die in Potsdam erscheinende *Märkische Volksstimme* oder *Der Morgen*, das Zentralorgan der Liberal-Demokratischen Partei Deutschlands (LDPD), die als eine der sogenannten Blockparteien den Anschein eines politischen Pluralismus aufrechterhalten sollte, eine größere Leserschaft fanden. Aufgrund von ausgefeilten Pressedirektiven war ihre redaktionelle Unabhängigkeit ohnehin nur auf dem Papier gewährleistet.

Das Lob der Provinz – zu dem ungeachtet aller Einschränkungen auch in der DDR hinreichend Anlass bestand, wie bereits die Feierlichkeiten anlässlich Goethes 200. Geburtstag 1949 in Weimar zeigten, die übrigens in Anwesenheit von Thomas Mann stattfanden, der, aus dem amerikanischen Exil zurückgekehrt, im Gedenkjahr sehr bewusst nach Frankfurt am Main *und* Weimar reiste – wurde vor allem in den zahllosen Kulturinstitutionen gesungen, die landauf, landab wiedereröffnet oder neu gegründet wurden. Zu ihnen zählten Theater und Opernhäuser, Bibliotheken und Archive, Museen und Ausstellungshallen. Bereits in der unmittelbaren Nachkriegszeit fand quer durch Deutschland eine Fülle von Ausstellungen zeitgenössischer

Thomas Mann (2. v. r.) nach dem Festakt anlässlich der
200-Jahr-Feier von Goethes Geburtstag 1949 in Weimar.

Kunst statt. In Stuttgart zeigte man Willi Baumeister, in Berlin Hans Uhlmann, in Köln Fritz Winter, in München Hans Hartung, im Brühler Schloss unweit von Bonn schließlich Max Ernst. Und diese geografische Diversifizierung der Kunst und Kultur setzte sich – auch unter dem Einfluss neu entstehender Galerien und Kunsthandlungen, wie etwa der stilbildenden Berliner Galerie Gerd Rosen – in den 1950er Jahren ungebrochen fort.[16]

Zu den kulturellen Einrichtungen, die auch in kleineren Städten und Gemeinden Einzug hielten, gehörten nicht zuletzt die Kinos.[17] Von wenigen Ausnahmen abgesehen – zu nennen sind vor allem Helmut Käutner und Wolfgang Staudte, dessen von der ostdeutschen DEFA produzierte kritische Filme, allen voran »Die Mörder sind unter uns« aus dem Jahr 1946, in der Bundesrepublik nicht ohne Weiteres zu sehen waren –, zeigten die Lichtspielhäuser freilich vor allem Unterhaltungsfilme. Darunter befanden sich häufig Heimatstreifen und nicht minder selten sentimentale Kitschphantasien, wie beispielsweise der 1951 von Veit Harlan gedrehte Film »Unsterbliche Geliebte«, zu dessen Boykott Erich Lüth, der Direktor der Staatlichen Pressestelle in Hamburg, mit dem berechtigten Hinweis aufrief, Harlan habe während des »Dritten Reiches« antisemitische Hetzfilme wie »Jud Süß« gedreht.[18] Insgesamt lässt sich festhalten, dass das kritische Potenzial, das Kunst und Kultur bereitzustellen vermochten, von der Mehrheit des Publikums nicht eben goutiert wurde.

Das galt ebenso für den Bereich der Musik, der in Deutschland mit seinen vielen Opernhäusern und Konzertsälen traditionell eine wichtige Rolle spielte.[19] Auch hier überwog das Altbekannte – selbst wenn hinzugefügt werden muss, dass das Alte in jener Situation des totalen Umbruchs, wie sie durch die moralische und militärische Niederlage des Deutschen Reiches entstanden war, unerhört neu wirken konnte. Beethovens »Fidelio«, vor 1945 wahlweise als Hohelied der Gattentreue oder als Hymne auf die letztlich gerechte Regierung gedeutet, mochte nach den grundstürzenden Erfahrungen mit Diktatur und Terror nun vor allem als existenzieller Ruf nach Freiheit verstanden werden. Auch deshalb fand man die Oper auf vielen Spielplänen, übrigens in Ost *und* West.

Mit zeitgenössischer Musik tat sich das große Publikum hingegen schwer. Mochten sich auch einzelne Künstler für bestimmte Komponisten einsetzen – der Bariton Dietrich Fischer-Dieskau beispielsweise für Aribert Reimann und Hans Werner Henze, der Dirigent Hermann Scherchen für Vertreter der klassischen Moderne wie Alban Berg und Anton Webern –, manche Konzertbesucher drohten unmissverständlich mit der Kündigung ihres Abonnements, wenn ihnen etwa Werke von Gottfried von Einem, Werner Egk oder Giselher Klebe zugemutet wurden. Aber auch der Musikbetrieb selbst mied mitunter das Risiko. Herbert von Karajan, seit 1955 Chefdirigent der Berliner Philharmoniker, zwischen 1957 und 1964 auch künstlerischer Leiter der Wiener Staatsoper, erkannte sehr genau, dass das große Publikum neuerdings »den Stars möglichst permanent begegnen«[20] wollte, und setzte alles daran, dem Publikum diesen Wunsch zu erfüllen. Die als sensationell gefeierten Auftritte von Maria Callas, der *Primadonna assoluta* jener Zeit, in der Hamburger Laeiszhalle 1959 und 1962 waren indes nur Hinweise auf einen viel breiteren Trend, der es nicht zuließ, dass sich die zeitgenössische Musik durchsetzte. Auch Bernd Alois Zimmermann musste unliebsame Erfahrungen mit dem etablierten Kunstbetrieb sammeln, als er 1960 die ersten beiden Akte seiner in Zwölftontechnik komponierten Oper »Die Soldaten«, ein Kompositionsauftrag der Stadt Köln, vorlegte. Sowohl der Intendant Fritz Schuh als auch der Generalmusikdirektor Wolfgang Sawallisch lehnten eine Aufführung der Oper im Kölner Haus mit der Begründung ab, die Partitur sei unspielbar. Es bedurfte erst der Unterstützung durch den Westdeutschen Rundfunk (WDR), der – wie andere Rundfunkanstalten auch – maßgeblich dazu beitrug, Werke der zeitgenössischen, zunehmend auch elektronischen Musik bekannt zu machen, um »Die Soldaten« doch noch auf die Bühne zu bringen.[21] Einmal mehr war es dabei ausgerechnet die Provinz, in der musikalisch Neues erprobt wurde. Das galt beispielsweise für die Donaueschinger Musiktage, ein Festival zeitgenössischer Musik, das sich – 1921 unter der Schirmherrschaft von Max Egon II. zu Fürstenberg gegründet – seit den 1950er Jahren unter maßgeblicher Beteiligung des Südwestfunks zu einer der weltweit renommiertesten Veranstaltungen dieser Art entwickelte.[22] Und es galt ebenso für die Darmstädter Ferienkurse für Neue Musik, die Interessierten seit 1946 in Konzerten und Seminaren die musikalischen Strömungen der Gegenwart näherbrachten, noch dazu in Anwesenheit so bedeutender Komponisten wie Olivier Messiaen, Ernst Krenek und John Cage.[23]

Provinziell im besten Sinne des Wortes war schließlich auch die Tätigkeit der vielbeachteten »Gruppe 47«.[24] Um die Zeitschrift *Der Ruf*, die zwischen 1946 und 1949 als »Unabhängige Blätter für die junge Generation« erschien, hatten sich bereits früh verschiedene Nachwuchsschriftsteller wie Wolfdietrich Schnurre oder Walter Kolbenhoff gesammelt, die auf der Suche nach neuen Möglichkeiten der Literatur waren. Hans Werner Richter, der Chefredakteur dieser Zeitschrift, lud sie im August 1947 erstmals zu einem Treffen im Haus der Schriftstellerin Ilse Schneider-Lengyel am Bannwaldsee bei Füssen ein. Hier wurde das Ritual erfunden, das fortan alle Tagungen der Schriftsteller, die sich bald als »Gruppe 47« bezeichneten, strukturierte und prägte: die Lesung aus einem noch unveröffentlichten Manuskript und eine sich anschließende Plenumsdiskussion, zu der auch Kritiker wie beispielsweise Joachim Kaiser (1955), Marcel Reich-Ranicki (1958) oder Hellmuth Karasek (1965) eingeladen wurden, während sich der jeweilige Autor nicht selbst zu Wort melden durfte. Der Ton war scharf, der Einfluss auf den Literaturbetrieb immens, die Fähigkeit zur Selbstkritik gering. Für zahlreiche Autoren war eine Einladung der »Gruppe 47« ohne Zweifel ein wichtiges Sprungbrett: für Wolfgang Hildesheimer ebenso wie für Paul Celan, für Ingeborg Bachmann wie für Hans Magnus Enzensberger, für Siegfried Lenz und für Günter Grass, der seine eigentliche Karriere 1958 mit einer Lesung aus seinem Roman *Die Blechtrommel* auf der Tagung der »Gruppe 47« in Großholzleute begann. Zugleich geriet die lockere Runde, die von ihrem »immerwährenden Vorsitzenden« Hans Werner Richter lange Zeit gekonnt zusammengehalten wurde, ohne ein kohärentes ästhetisches Programm vorzulegen, immer mehr in den Geruch, eine seltsame Mischung aus »Geheimbund und Publizitätsmaschine«[25] zu sein. Nach zwanzig Tagungen, die die beteiligten Schriftsteller mehr oder minder durch die gesamte deutsche Provinz führten, vom Bannwaldsee über Bad Dürkheim an der Weinstraße und Niendorf an der Ostsee bis zur Pulvermühle bei Waischenfeld in der fränkischen Schweiz, kam die Gruppe 1967 – nicht zuletzt aufgrund ideologischer Differenzen – an ihr Ende. Hatte Peter Handke die »Gruppe 47« im Jahr zuvor bereits in ästhetischer Hinsicht unter Generalverdacht gestellt (Stichwort: »Beschreibungsliteratur«), so platzten nun einige Vertreter des Sozialistischen Deutschen Studentenbundes (SDS) aus dem nahegelegenen Erlangen in die fränkische Dichteridylle, um gegen die – ihrer Ansicht nach – viel zu unpolitische Haltung der versammelten Schriftsteller zu protestieren. Die geschützte Innerlichkeit drohte zu zerbrechen.

Der kurze Weg nach Westen

In den vergangenen Jahren ist es üblich geworden, die deutsche Geschichte des 19. und 20. Jahrhunderts als einen »langen Weg nach Westen«[26] zu beschreiben, in dessen Verlauf aus dem militaristisch geprägten Deutschen Reich – nach einzelnen hoffnungsfrohen Ansätzen und wiederholten Rückschritten – schließlich die saturierte Berliner Republik entstanden sei, ein deutscher Nationalstaat, umgeben von Freunden und Partnern, zudem fest im Westen verankert. Man muss eine solch normative Vorstellung vom gleichsam teleologischen Gang der Geschichte nicht akzeptieren, um zu erkennen, dass sich Deutschland, durch seine prekäre geopolitische Mittellage in der Vergangenheit zugleich verführt und gehemmt, nach 1945 tatsächlich immer mehr an ein Modell annäherte, das sich seit dem ausgehenden 18. Jahrhundert, also seit der amerikanischen Unabhängigkeitserklärung und der Französischen Revolution, als Inbegriff der westlichen Zivilisation etabliert hatte. Ohne Zweifel wölbte sich der Wertehimmel, der all jene Vorstellungen umschloss, die sich gemeinhin mit der westlichen Hemisphäre verbanden – parlamentarische Demokratie und gesellschaftlicher Pluralismus, Eigentum und Markt, individuelle Chancengleichheit sowie Freiheit von Wissenschaft und Kunst –, seit dem Zusammenbruch des Hitlerregimes auch über den Deutschen, genauer gesagt: über den Westdeutschen.

Diese Präzisierung ist unabdingbar, verweist sie doch darauf, dass nicht zuletzt die Orientierung an westlichen Werten – durch Adenauers Politik der Westintegration ermöglicht, durch den Prozess der europäischen Einigung befördert und durch das Freund-Feind-Denken im Kalten Krieg forciert – die deutsche Teilung, wie sie sich bereits in den ersten Nachkriegsjahren immer deutlicher abgezeichnet hatte, scheinbar endgültig besiegelte. Die »Westernisierung«, wie man diesen Prozess, der weitaus mehr war als ein Import amerikanischer Lebensart, zuspitzend benannt hat, umfasste gerade auch den Bereich von Kunst und Kultur.[27] Und die Frage, welchen Sinn und Zweck dieser Bereich erfüllen, wie staatsfern beziehungsweise wie regimetreu er sein sollte, wurde in der Folge zu einem wichtigen Lackmustest für das Selbstverständnis der beiden deutschen Staaten, die 1949 entstanden.

Schon zuvor jedoch war deutlich geworden, dass sich die Sowjetische Besatzungszone in einer besonderen, vom Kreml unmittelbar kontrollierten Weise entwickeln würde. Die ideologische Vereinnahmung schritt seit Kriegsende unaufhaltsam voran, die später vielfach zitierte »Zonengrenze« nahm bereits Gestalt an, und die harten Reparationen und Warenbeschlagnahmungen, die die Sowjetische Militäradministration in ihrem Herrschaftsbereich durchsetzte, taten ein Übriges, um die entstehende Kluft zwischen Ost und West weiter zu vertiefen. Als Stefan Heym, in späteren Jahren ein unbequemer Begleiter des DDR-Regimes, als amerikanischer Presseoffizier 1945 zum ersten Mal in die SBZ reiste, nahm er diese Differenzen sehr genau wahr. »Die Gespräche im Wagen«, so notierte er beklommen, »versickern; Spannung wird fühlbar, die erst bricht, als der russische Kontrollposten, jetzt nach der Umgruppierung der alliierten Armeen schon vor Eisenach, passiert ist.«[28]

Die Menschen in den drei westlichen Besatzungszonen, die politisch und wirtschaftlich immer enger miteinander kooperierten, rückten hingegen zusammen. »Wir sind die Eingeborenen von Trizonesien«, so lautete der vielsagende Titel eines Schlagers, den Karl Berbuer – ein Kölner Komponist und Krätzchensänger, der bereits 1936 mit dem Unterhaltungshit »Heidewitzka, Herr Kapitän« alle Rekorde gebrochen hatte – in der Karnevalssession 1948/49 erfolgreich lancierte. Dass das muntere Marschlied zeitweise, so beispielsweise beim Steher-Rennen auf der Müngersdorfer Radrennbahn 1949, als Ersatz für die westdeutsche Nationalhymne diente, die erst durch einen Briefwechsel zwischen Bundeskanzler Adenauer und Bundespräsident Theodor Heuss im Mai 1952 in der bis heute üblichen Form festgelegt wurde, zeigt nicht nur, wie unverkrampft viele Deutsche mittlerweile mit nationalen Symbolen, die von den Nationalsozialisten mit hohem Pathos bedacht worden waren, umzugehen verstanden. Vor allem jedoch verdeutlicht diese kleine Episode, wie selbstverständlich sich die Bewohner der drei Westzonen bereits als zusammengehörendes Ganzes verstanden.

Im Rückblick erwies sich der Weg nach Westen, den die Deutschen in der amerikanischen, britischen und französischen Besatzungszone zu beschreiten begannen, als ausgesprochen kurz. Was Konrad Adenauer in außen- und sicherheitspolitischer Hinsicht in der Frühphase der Bundesrepublik gegen mancherlei Widerstände, auch in seiner eigenen Partei, durchsetzte – die vollständige Integration Westdeutschlands in das westliche Bündnissystem –, kam einem radikalen Bruch mit überkomme-

nen Denktraditionen gleich. Dass die große Mehrheit der Westdeutschen innerhalb kürzester Zeit zu einem solchen Bruch, der
eine rasche Wiedervereinigung unmöglich zu machen schien,
bereit war, hatte keineswegs ausschließlich mit mangelnden Alternativen zu tun. Insbesondere der sogenannte Marshall-Plan,
das große amerikanische Wiederaufbauprogramm (»European
Recovery Program«), mit dessen Hilfe zwischen 1948 und 1952
nicht nur die Not in Westeuropa gelindert, sondern auch der
Einfluss der Sowjetunion zurückgedrängt und zugleich ein
neuer Absatzmarkt für die amerikanische Exportindustrie geschaffen wurden, förderte die Attraktivität des Westens maßgeblich.[29] Nicht zuletzt wurzelte die Bereitschaft, sich als Teil
der atlantischen Wertegemeinschaft zu betrachten, in vielen
persönlichen Erfahrungen, die die Deutschen in den westlichen
Besatzungszonen gesammelt hatten. Speziell die amerikanischen Truppen waren bereits bei Kriegsende nicht selten als
»freundliche Feinde« begrüßt worden. »Ab und zu«, so berichtet
etwa die Journalistin Ursula von Kardorff, die während des Nationalsozialismus im Feuilleton der *Deutschen Allgemeinen Zeitung*
tätig gewesen war, als Gerichtsreporterin 1946 an den Nürnber-
ger Prozessen teilnahm und vier Jahre darauf in die Redaktion
der *Süddeutschen Zeitung* eintrat, von ihrer ersten Begegnung mit
den fremden Soldaten, »lugen einige bei uns über den Zaun. Wir
unterhalten uns gern mit ihnen [...]. Sie bringen Schokolade mit,
und wir sprechen – in sagenhaft schlechtem Englisch – so sach-
lich wie möglich über Politik.«[30]

Besatzer, die Schokolade verschenkten – wer hätte da wider-
stehen können? Und die Amerikaner hatten noch weitaus mehr
zu bieten: Kaugummis und Lucky Strikes, After Shave und Swing
Jazz, und nicht zuletzt die große Idee der Freiheit. Wer all dies
nicht beim Schwatz über den Gartenzaun kennenlernte, konnte sich möglicherweise als Empfänger eines der rund zehn Millionen CARE-Pakete, die, prall gefüllt mit Lebensmitteln für
30 Mahlzeiten und Zigaretten, zwischen 1946 und 1960 den
Atlantik überquerten, einen tieferen Eindruck von den USA ver-

schaffen. Gleiches galt für die vielen Wehrmachtsangehörigen, die in amerikanische Kriegsgefangenschaft geraten waren und nun nicht nur – im Rahmen der politisch gesteuerten *re-education* – Begriffe wie Freiheit, Demokratie und Selbstbestimmung neu zu verstehen begannen, sondern einen Lebensstil entdeckten, der sich in seinen vielgestaltigen Freiräumen und seiner impliziten Absage an das alte Obrigkeitsdenken grundlegend von allem unterschied, was die Nationalsozialisten postuliert hatten.

Tatsächlich war der vorbehaltlose, geradezu unerwartet faire Umgang mit den Deutschen, wie er speziell die amerikanischen Besatzungstruppen auszeichnete, die beste Werbung, die der Westen für sich machen konnte. Vor allem bei der jüngeren Generation fiel sie auf fruchtbaren Boden, und spätestens der Siegeszug des Rock 'n' Roll seit den 1950er Jahren ließ den amerikanischen Lebensentwurf omnipräsent werden. Die Nachfrage nach Petticoats stieg dramatisch, und die Schmalztolle wurde zum Sinnbild einer neuen Jugendkultur. Gleichwohl gab es auch Stimmen, die vor einer allzu weit gehenden »Amerikanisierung« der deutschen Gesellschaft warnten.[31] Unvermittelt tauchten traditionelle Vorbehalte gegen das oberflächlich-seichte Amerika, wie sie bereits in den 1920er Jahren verschiedentlich formuliert worden waren, wieder auf. Da es sich bei den anti-amerikanisch eingestellten Wortführern, die – politische und kulturelle Bedenken miteinander verbindend – gewissermaßen für einen »dritten Weg« *zwischen* Ost und West eintraten, zumeist um ältere Publizisten und Intellektuelle handelte, trug die Debatte, die sich um das Für und Wider des *American way of life* entspann, nicht selten die Züge eines innerdeutschen Generationenkonflikts. Walter Dirks und Eugen Kogon etwa, zwei Publizisten, die der katholischen Jugendbewegung der 1920er Jahre entstammten und den Nationalsozialismus in der inneren Emigration beziehungsweise im Konzentrationslager überstanden hatten, gründeten die *Frankfurter Hefte* im Frühjahr 1946 als eine Monatsschrift für Politik, Kultur und Religion, die Christen und Marxisten miteinander ins Gespräch bringen und Deutschland insgesamt als Wegweiser zu einem »persönlichen Sozialismus in christlicher Verantwortung«[32] dienen sollte. Vor die Wahl zwischen Ost und West gestellt, neigten die Mitarbeiter der *Frankfurter Hefte*, deren Auflage in den ersten Jahren auf immerhin 75 000 Exemplare kletterte, dazu, diese Entscheidung als solche infrage zu stellen. »Wir wollen«, schrieb Walter Dirks im November 1946, »nicht russischen Bolschewismus oder amerikanischen Mammutfaschismus, sondern Europa, nicht Deutschland, sondern Europa«.[33]

Das »Feindbild Amerika« (Dan Diner), wie es in den deutschen Debatten nach 1945 immer wieder bemüht wurde, vermochte gleichwohl nicht jene Sogwirkung zu entfalten, wie es sich manche Publizisten und Intellektuelle zunächst erhofften. Das Gefühl, in den Vertretern der amerikanischen Besatzungsmacht »freundlichen Feinden«, wenn nicht sogar neuen Freunden zu begegnen, überwog letztlich alle Vorbehalte, und nicht von ungefähr ging die Auflage der *Frankfurter Hefte* nach dem Anlaufen der Marshall-Plan-Hilfen und der Einführung der D-Mark im Juni 1948 drastisch auf nur mehr 25 000 Exemplare zurück. Pro-amerikanische Zeitschriften wie *Der Monat*, noch im gleichen Jahr von Melvin J. Lasky und Hellmut Jaesrich in Berlin gegründet, gewannen hingegen an Einfluss.[34] Gewiss waren diese Blätter, nicht selten vom amerikanischen Geheimdienst CIA finanziert, wichtige Propagandainstrumente im Kalten Krieg. Darüber hinaus bildeten sie jedoch den publizistischen Rahmen für einen immer dichteren deutsch-amerikanischen Kulturaustausch, in dem auch kritische Stimmen zu Wort kamen. Dass dies in Zeitschriften, die von der Besatzungsmacht selbst lizenziert worden waren, überhaupt möglich wurde, mochte man in der SBZ kaum glauben. Auch wenn sich etwa *Der Aufbau*, die auflagenstarke Monatsschrift des »Kulturbundes zur demokratischen Erneuerung Deutschlands« offiziell mit politischen Grundsatzerklärungen zurückhielt und stattdessen lieber das kulturelle Erbe der Weimarer Klassik für sich in Anspruch nahm, bestand in der Redaktion doch kein Zweifel daran, was genau unter Linientreue zu verstehen sei. Die Elogen auf Stalin nahmen zu, der Kurs der SED wurde rückhaltlos unterstützt, und bereits 1948 ermahnte Klaus Gysi, der spätere Kultusminister und Staatssekretär für Kirchenfragen der DDR, die »Kulturtätigen«, sich den Erfordernissen der Politik unterzuordnen und so ihren Beitrag zur Durchführung des Zweijahresplanes zu leisten, der 1949/50 in Angriff genommen werden sollte.[35]

Dass es zu den vornehmsten Aufgaben von Kunst und Literatur gehöre, wider den Stachel zu löcken, war in Ostdeutschland keineswegs unumstritten. Im Westen hingegen hatte man im Rahmen der alliierten Erziehungskampagne die konstitutive Bedeutung der Kritik für die Entstehung einer demokratischen Öffentlichkeit neu entdeckt, und Publizisten wie Intellektuelle zögerten nicht, auch die Erzieher selbst einer kritischen Betrachtung auszusetzen. So formierte sich etwa um die bereits erwähnte Zeitschrift *Der Ruf*, die ursprünglich als »Zeitung für deutsche Kriegsgefangene in USA« in Fort Kearney (Rhode Island) unweit von New York von der US-Armee gegründet worden war und seit 1946 von den ehemaligen KPD-Mitgliedern Alfred Andersch und Hans Werner Richter herausgegeben wurde, eine »strikte Opposition gegenüber den politischen und pädagogischen Fehlern der Besatzungsmächte«[36]. Die Mitarbeiter des *Ruf*, die mehr als einmal mit der amerikanischen Militärregierung in Konflikt gerieten, vertraten die Idee eines humanistischen Sozialismus, der in naher Zukunft ganz Europa verbinden sollte. Sie muteten den Siegermächten damit nicht nur eine weltanschauliche Ausrichtung zu, die ganz und gar nicht zu den Intentionen der *reeducation* passte, sondern machten sie – insbesondere unter Verweis auf das Münchner Abkommen von 1938 – teilweise sogar mitverantwortlich für den Aufstieg des Nationalsozialismus.[37] Dass die Zeitschrift zeitweise in einer Auflage von 120 000 Exemplaren erschien, zeigt eindrucksvoll, wie breit das publizistische Spektrum war, das sich in den ersten Nachkriegsjahren in den westlichen Besatzungszonen ausformte. Auch dies gehört zur erfolgreichen Geschichte der »Westernisierung«.

Ohnehin umfasste diese Geschichte ja weitaus mehr, als es die Produkte der Konsumindustrie, Fastfood und Bluejeans im Nachhinein erkennen lassen. Die »Westernisierung« betraf weniger die konkreten Erscheinungen der Alltagskultur als die Ideen und Werte, die aus der angelsächsischen Welt nach Deutschland gelangten und hier einen spezifischen Prozess der Anverwandlung durchliefen. Der steigende Konsum von Coca-Cola und Hamburgern war Ausdruck einer Transformation der Gesellschaft, die in ihren langfristigen Wirkungen gar nicht überschätzt werden kann. Was sich dabei Bahn brach, war im Grunde genommen eine deutsche Adaption jenes amerikanischen *consensus liberalism*, der sich seit dem New Deal der Zwischenkriegszeit zur neuen Staatsidee der USA entwickelt hatte.[38] Ihre Grundbestandteile Freiheit, Rechtsstaatlichkeit und Eigentumsgarantie waren zwar eigentlich alte Bekannte. Neu war jedoch der Umstand, dass die Vertreter des Konsensliberalismus nicht mehr der traditionellen Vorstellung eines Nachtwächterstaates anhingen, sondern dem Staat im Kontext der keynesianischen Globalsteuerung eine aktive Rolle zubilligten, und zwar sowohl in der Wirtschafts- und Finanzpolitik als auch in der Sozialpolitik. Die alte Zauberformel der amerikanischen Unabhängigkeitserklärung vom »Streben nach Glück« *(pursuit of happiness)* sowie das Versprechen, den Einzelnen bei diesem Streben nicht zu behindern, war gewissermaßen mit den Mitteln des modernen Interventionsstaates sanktioniert worden. Das machte den *consensus liberalism* auch links der politischen Mitte attraktiv, und insofern konnte es nicht überraschen, dass er gerade in dem geistigen Vakuum, das die braune Barbarei in Deutschland hinterlassen hatte, eine große Wirkung entfaltete.

Undenkbar gewesen wäre dies ohne die verschiedenen Zeitschriften, die den Prozess der »Westernisierung« in den ersten Jahren nach 1945 strukturierten und ihn zugleich vorantrieben. Die wichtigste von ihnen, *Der Monat*, ist bereits kurz erwähnt worden, und Melvin J. Lasky, der führende Kopf dieser neuen Zeitschrift – ein Produkt des New Yorker Intellektuellenmilieus, glühender Anhänger des Konsensliberalismus und zugleich überzeugter Gegner des Sowjetkommunismus –, setzte alles daran, nicht nur Politiker wie Ernst Reuter, den Regierenden Bürgermeister von Berlin, und Sozialwissenschaftler wie Franz Borkenau und Richard Löwenthal als Mitarbeiter für den *Monat* zu gewinnen, sondern auch Künstler und Schriftsteller wie Rudolf Hagelstange und Stefan Andres. Es waren aber nicht nur Zeitschriften, die derartige Ideen aus den USA, die in vielfältiger Weise an ältere europäische, nicht zuletzt deutsche Denktraditionen anknüpften, zunächst in den westlichen Besatzungszonen und dann in der Bundesrepublik popularisierten. Als nicht minder wichtig erwies sich der intensive Kontakt mit der amerikanischen Lebenswelt, wie er ganzen Generationen von Professoren und Studenten durch öffentlich finanzierte Austauschprogramme ermöglicht und mithilfe der vielen Amerikahäuser in Westdeutschland gefestigt wurde.[39]

Symptomatisch war in diesem Zusammenhang nicht zuletzt die Tätigkeit des Kongresses für kulturelle Freiheit: 1950 in West-Berlin gegründet, propagierte er bis zum Vietnam-Krieg, der das Image der USA bei den deutschen Künstlern und Intellektuellen nachhaltig beschädigte, mit finanzieller Unterstützung der CIA die amerikanischen Vorstellungen von Freiheit und Demokratie. Zudem förderte er vorzugsweise aufstrebende Schriftsteller aus dem linksliberalen Spektrum wie Heinrich Böll oder Siegfried Lenz.[40] Die rund 150 Namen umfassende Liste der Künstler und Publizisten, die im Juni 1950 an der ersten großen Veranstaltung des Kongresses in Berlin teilnahmen, las sich wie das »Who is Who« der Intellektuellen aus der westlichen Welt: Karl Jaspers fehlte ebenso wenig wie John Dewey oder Benedetto Croce, und auch Raymond Aron, Eugen Kogon, Carlo Schmid und Stephen Spender gaben sich die Ehre. Nach dem Sieg über das nationalsozialistische Deutschland wollten die USA nicht den Bataillonen des Kremls unterliegen, weder militärisch noch weltanschaulich. Für die Deutschen in der Bundesrepublik aber erlangte die Bejahung des angelsächsischen Wertesystems alsbald eine geradezu schicksalhafte Bedeutung. Der Weg nach Westen, den sie binnen weniger Jahre zurücklegten, erwies sich als denkbar kurz.

Kommerz und Konsumkultur

Mochten die Vorstellungen von Freiheit und Eigentum, die im Zuge der »Westernisierung« immer mehr um sich griffen, auch manches Mal abstrakt und unbestimmt wirken, ja mochte sich der eine oder andere bisweilen fragen, ob sein eigenes, höchst individuelles Streben nach Glück tatsächlich mit dem großen Ganzen kompatibel sei – für die breite Masse ließen sich die Positionen, wie sie im Rahmen einer erneuerten politischen Philosophie beispielsweise von den Vertretern des Kongresses für kulturelle Freiheit formuliert wurden, in einer einfachen Formel zusammenfassen: »Schöner leben!«[41] Angesichts der politischen und moralischen Abgründe, in die die Menschen während des Nationalsozialismus geblickt hatten, schien diese Devise zunächst allenfalls den geistigen Tiefgang eines Werbeslogans zu besitzen. Lebensweltlich kam ihr jedoch eine nicht unbeträchtliche, durchaus ernst zu nehmende Bedeutung zu. Nach den Schrecken der Vergangenheit, ganz gleich ob sie präsent geblieben oder verdrängt worden waren, sprach aus ihr die feste Absicht, fortan gut zu leben, und diese Verheißung gewann rasch den Charakter einer sich selbst erfüllenden Prophetie. Sie setzte dem Nihilismus, der nach den Erfahrungen des Zweiten Weltkriegs und der Schoah allenthalben gefahrvoll lauerte, sehr bewusst ein positives Leitbild entgegen. Für die meisten Menschen verwies es in erster Linie auf den Konsum, auf die schönen neuen Warenwelten, die durch das sogenannte Wirtschaftswunder entstanden.

Dabei würde es freilich zu kurz greifen, die Konsumorientierung, wie sie sich im Nachkriegsdeutschland als Ausdruck eines sehr diesseitigen *pursuit of happiness* etablierte, ausschließlich als Reflex einer in jeder Hinsicht hungrigen Gesellschaft oder gar als kollektiven Fluchtversuch zu interpretieren. Gewiss, das lockende Lied von den »Capri-Fischern«, die unter dem südlichen Sternenhimmel mit ihren Booten aufs Meer hinausziehen, bot inmitten der deutschen Trümmerlandschaft, in der es Rudi Schuricke seit 1949 ein ums andere Mal sang, vielen Zuhörern willkommene Gelegenheit, der rauen Wirklichkeit wenigstens für einen Augenblick zu entkommen.[42] Dennoch war der Massenkonsum mehr als nur eine angenehme Berieselung. Er bildete vielmehr eine eigene kulturelle Praxis, in der sich die Teilhabe an der neuen Gesellschaft sehr konkret auszudrücken vermochte. Selbstredend war im Nationalsozialismus kein Schlager im weiteren Sinne unpolitisch gewesen, und ebenso verhielt es sich nach 1945. Die »Capri-Fischer«, wahrscheinlich der erfolgreichste Titel aus der Feder Ralph Maria Siegels (die Musik stammte von Gerhard Winkler), waren bereits 1943, am Wendepunkt des Zweiten Weltkriegs, entstanden. Nach der Landung der amerikanischen Truppen in Süditalien, in deren Folge auch Capri besetzt wurde, war die Wiedergabe des Liedes im Rundfunk jedoch verboten worden. Als es nach Kriegsende einem großen Publikum bekannt wurde, hatten sich die Rahmenbedingungen vollständig verändert. Der Golf von Neapel erschien zumindest den Westdeutschen – in der SBZ wurde der Schlager in der Aufnahme mit Kurt Reimann 1947 populär – keineswegs nur als ein Fluchtpunkt ihrer heimlichen Träume, sondern als Vorgeschmack auf eine bald schon sehr reale Reise ans Mittelmeer, durchgeführt zunächst mit bescheidenen Mitteln, nicht selten mit dem eigenen Zelt.

Dass die Westdeutschen überhaupt auf breiter Front zu Konsumenten werden konnten, war eine unmittelbare Folge eines tiefgreifenden wirtschaftlichen und gesellschaftlichen Wandels. Das scheinbar grenzenlose Wachstum, das die Aufwärts-Mentalität der 1950er Jahre maßgeblich bestimmte (das Bruttosozialprodukt stieg zwischen 1951 und 1956 jährlich um 9,4 Prozent, zwischen 1956 und 1960 immerhin noch um 6,6 Prozent), führte bei weiten Teilen der Bevölkerung zu einer spürbaren Anhebung des Lebensstandards.[43] Hatte das monatliche Durchschnittseinkommen eines Arbeitnehmers mit rund 243 DM im Jahr 1950 noch etwa dem Niveau der Vorkriegszeit entsprochen, so betrug es zehn Jahre später bereits 512 DM – was, nach Berücksichtigung der gestiegenen Lebenshaltungskosten, einem realen Zuwachs von rund 76 Prozent entsprach. Das Wirtschaftswunder füllte allerdings nicht nur die Portemonnaies der Arbeitnehmer. Es veränderte auch ihre Selbstwahrnehmung. Vor dem Hintergrund eines langfristig angelegten Strukturwandels, der die Gewichte innerhalb der Volkswirtschaft immer mehr von der Landwirtschaft zur Industrie und von der Industrie zur Dienstleistung verschob, verstanden sich die Arbeiter lebensweltlich zunehmend als Angestellte, und der Angestellte wurde in der Folge zum eigentlichen Prototyp des Arbeitnehmers. Das traditionelle Klassenbewusstsein, das bereits durch die nationalsozialistische Volksgemeinschaft erodiert war, verlor nun endgültig an Bedeutung. Bezeichnungen wie »Proletarier« oder »Prolet« – für die klassenkämpferische Arbeiterschaft einst selbstverständlich – wurden in der Bundesrepublik schon bald zu Schimpfwörtern, wobei auch die rhetorischen Erfordernisse des Kalten Krieges eine Rolle spielten. Insgesamt schien eine neue Sozialformation zu entstehen, die der Soziologe Helmut Schelsky als »nivellierte Mittelstandsgesellschaft« bezeichnete.[44]

Zweifellos erfreute sich das Leitbild der Mitte – nach den Erfahrungen mit dem Extremen in der ersten Hälfte des 20. Jahrhunderts – in weiten Teilen der westdeutschen Öffentlichkeit, aber auch unter Künstlern und Schriftstellern, großer Beliebtheit. Nicht von ungefähr wurde Hans Sedlmayrs 1948 erschienenes Buch *Verlust der Mitte*, in dem er die Entwicklung der bildenden Kunst im 19. und 20. Jahrhundert kritisch als »Symptom und Symbol« für einen unheilvollen Abfall von Gott und seiner Schöpfung analysierte, in den 1950er Jahren zu einem regelrechten Verkaufsschlager.[45] Zugleich knüpfte das Leitbild der Mitte, vielfach unbewusst, an Gemeinschaftsvorstellungen an, die sich schon vor 1945 als überaus erfolgreich erwiesen hatten.

Tatsächlich stand die deutsche Mittelstandsgesellschaft, wie sie in den 1950er Jahren an Kontur gewann, sowohl in der Tradition der »klassenlosen Bürgergesellschaft« (Lothar Gall), die bereits in der Reformzeit um 1800 beschworen worden war, als auch in unmittelbarer Kontinuität zur Volksgemeinschaft der Nationalsozialisten. Allerdings war die Gemeinschaft der Mitte nun nicht mehr länger auf ein menschenverachtendes Rassenprogramm bezogen, sondern auf ein ganzes Ensemble sozialer Sicherungen und staatlicher Interventionen ausgerichtet. Der »kleine Mann«, der, rechtschaffen und ordentlich, im Zentrum der neuen Ordnung stand, war der ideale Konsument. Er verfügte nicht nur über ein gesichertes Einkommen, sondern auch über die freie Zeit, es anzusparen – und auszugeben. Als Kunde war er König, und die vielen Warenhäuser, die landauf, landab neu gebaut wurden, waren seine Paläste. Dass Luxusgüter wie Radios oder Fernsehgeräte schon bald zu Gebrauchsgegenständen wurden, war sein größter Triumph.[46] Dabei ist es keineswegs zutreffend, dass die Nivellierung der Gesellschaft zugleich zu einer Nivellierung des Geschmacks führte. Die Kommerzialisierung der Warenwelt konnte durchaus auch Bildungserlebnisse bereithalten. Und der Siegeszug des viel geschmähten »Gelsenkirchener Barock« kam schon bald an ein Ende. Die Ästhetik der verschiedensten Wohngegenstände, wie sie vorzugsweise von skandinavischen Innenausstattern entwickelt und durch Zeitschriften wie etwa *magnum – die Zeitschrift für das moderne Leben* (1954–66) verbreitet wurde, gewann nach dem nationalsozialistischen Jäger- und Bauernstil eine neue Bedeutung. Dass das moderne Design dabei häufig auf kostengünstige, leicht zu formende Kunststoffe wie PVC oder Resopal zurückgriff, tat dem Streben nach dem »guten Geschmack«, das sich in einer wahren Flut von Ausstattungsratgebern ausdrückte, keinen Abbruch, jedenfalls nicht zwangsläufig. Wenn dabei erstmals asymmetrische, bisweilen sogar extravagante Formentwürfe zur Massenware wurden, so berechtigte das in kultureller Hinsicht vielmehr zu den schönsten Hoffnungen. Der Nierentisch, der in so vielen westdeutschen Wohnzimmern eine Heimstatt fand, war ein kommerzielles Produkt – und zugleich ein wichtiges Emblem für den politisch-ästhetischen Neubeginn nach 1945.[47] Zum Inbegriff dieser neuen Konsumwelt avancierten die dickleibigen Warenkataloge der verschiedenen Versandhäuser, die alles bereithielten, was das Herz begehrte: vom Duftwasser über den Rasierapparat bis zur Einbauküche. Nicht zu Unrecht hat Hans Magnus Enzensberger, der distanzierte Betrachter der deutschen Verhältnisse, den Neckermann-Katalog einmal als »einen Bestseller ohne Autor«[48] bezeichnet. Josef Neckermann, der das gleichnamige Versandhaus 1950 in Frankfurt am Main gegründet hatte und sein Unternehmen – ganz im Sinne der nivellierten Mittelstandsgesellschaft – in der Pflicht sah, am »Abbau von Klassenunterschieden«[49] mitzuwirken, wird dieses Bonmot, trotz aller Boshaftigkeiten, die Enzensberger in seine Erkundungen der deutschen »Bewusstseins-Industrie« einstreute, nicht ungern gehört haben. Denn das Versandhaus Neckermann machte, dem eigenen Werbeslogan (»Neckermann macht's möglich«) folgend, eines in der Tat möglich: die Teilhabe am neuen Wohlstand, und dies für viele.

Ein besonderer Luxus, der in den folgenden Jahren für immer mehr Menschen alltäglich werden sollte, war die Mobilität. Nichts versprach sie so uneingeschränkt verfügbar werden zu lassen wie der eigene PKW.[50] Dass sich ausgerechnet das Auto als des Deutschen liebstes Kind erweisen sollte, hatte nicht nur mit der hohen Ingenieurkunst zu tun, die in ihm Gestalt annahm. Der PKW war nicht nur ein Inbegriff des Fortschritts, und er stand auch nicht nur für die trotz Krieg und Niederlage vielfach ungebrochene Leistungsfähigkeit der deutschen Industrie. Er war vielmehr ein wichtiges Statussymbol, und kaum eine andere Zahl vermag die soziale Dynamik der Adenauerzeit so unmittelbar einzufangen wie die Tatsache, dass der Bestand an PKWs bereits 1953 erstmals die Millionengrenze überschritt und sich in den folgenden acht Jahren verfünffachte. »Wir haben es geschafft«, jubelte eine frischgebackene Autobesitzerin in dieser

Zeit:»Das neue Auto steht vor der Tür. Alle Nachbarn liegen im Fenster und können sehen, wie wir für eine kleine Wochenend-fahrt rüsten. Jawohl, wir leisten uns etwas, wir wollen etwas ha-ben vom Leben; dafür arbeiten wir schließlich alle beide, mein Mann im Werk und ich als Sekretärin wieder in meiner alten Firma.«[51]

Das mit dem Erwerb eines PKW verbundene soziale Prestige war tatsächlich nicht zu unterschätzen. Selbst komödiantische Brechungen dieser Automanie, wie sie etwa Erich Engels' 1959 gedrehter Film »Natürlich die Autofahrer« mit Heinz Erhardt in der Rolle des zunächst führerscheinlosen Verkehrspolizisten Eberhard Dobermann bot, verwiesen am Ende doch vor allem auf die neue Lust an dieser bislang unbekannten Mobilität. Das Auto wurde den Deutschen freilich auch deshalb alsbald lieb und teuer, weil es sich zu einer Beschäftigung eignete, in der es die Bundesbürger seit den 1950er Jahren zu einer wahren Meisterschaft bringen sollten: dem Reisen. Ob Wörthersee oder Lago Maggiore – der Süden lockte die Deutschen. »Im engen und vollgestopften Wagen, Koffer und Taschen auf den Gepäckträger verstaut, quengelige Kinder auf dem Rücksitz, Vater am Steuer, Mutter daneben, die Straßenkarte auf dem Schoß«[52], so fuhr die Familie in den wohlverdienten Jahresurlaub – ein wahres Fest für jeden Karikaturisten. Als Beutestücke brachten die Touris-ten, die die Strände des Mittelmeers in den sprichwörtlichen »Teutonengrill« verwandelten, nicht nur erste Farbfotografien mit nach Hause, sondern auch bunt-lockende Aufkleber mit Darstellungen bekannter Ferienorte, die als Ausdruck gewollter Weltläufigkeit fortan den Kofferraum zahlloser PKWs zierten.

Die Konsumgenossenschaft, in der sich die Westdeutschen zusammenfanden, manifestierte sich freilich nicht allein an fernen Stränden, sondern gleichfalls innerhalb der eigenen vier Wände. Die Lösungen, die der Wohnungs- und Städtebau der 1950er Jahre in diesem Zusammenhang anbot, griffen auf funk-tionalistische Ansätze der Zwischenkriegszeit zurück und fie-len, jedenfalls von ihrer Idee her, im Westen zunächst nicht wesentlich anders aus als im Osten.[53] Bereits beim vierten Kongress der Internationalen Architekten-Union (UIA), der 1955 im niederländischen Scheveningen stattfand, wurden angesichts der bedrückenden Wohnungsnot in Europa und in anderen Teilen der Welt vor allem Verfahren der Normierung, der Standardisierung und der Rationalisierung diskutiert. Dass die Großwohnsiedlungen, die als Trabantenstädte im Folgenden nicht selten unter Einsatz von kostengünstigen Fertigelementen errichtet wurden, zu gesichtslosen Betonansammlungen gerieten, oftmals auch zu sozialen Brennpunkten wie Köln-Chorweiler oder München-Neuperlach, war dabei nicht von vornherein absehbar.

Mit den entsprechenden Projekten in der DDR, etwa Halle-Neustadt oder Jena-Lobeda, verhielt es sich dabei nicht grundsätzlich anders. »Wohnen in der Stadt von morgen« lautete die Devise, die man in Ost-Berlin, maßgeblich unter der Leitung des Architekten Hermann Henselmann, umzusetzen versprach.[54] Das von ihm entworfene Hochhaus an der Weberwiese, gleichsam das städtebauliche Entree zur prestigeträchtigen Stalinallee, das am 1. Mai 1952 den künftigen Bewohnern übergeben werden konnte, verhieß mit seiner gekonnten Adaption des Schinkelschen Klassizismus durchaus einen spannungsvollen Dialog zwischen Tradition und Moderne. Indes: Henselmanns Hochhaus blieb ein Solitär. Die Stalinallee wurde zum Schaufenster des üppigen sowjetischen Zuckerbäckerstils, der schon aus Kostengründen auf wenige Areale in Ost-Berlin begrenzt wurde, und die Großsiedlungen, die in den folgenden Jahren errichtet wurden, zunächst in Stalinstadt, der Wohnstadt des Eisenhüttenkombinats Ost (heute: Eisenhüttenstadt), verkamen zum Experimentierfeld für Plattenbauten und Großblock-Ensembles.[55]

Bei alledem ist freilich nicht zu übersehen, dass das Bekenntnis zu einer funktionalen Bauweise, wie sie ja nicht nur bei Mehrfamilienhäusern zur Anwendung gelangte, keineswegs ausschließlich ökonomischen Aspekten Rechnung trug, sondern einen tieferen Sinn bereithielt. Die beiden Materialien,

Der Kanzler-Bungalow von Sep Ruf in Bonn mit der Plastik »Figurenbaum« von Bernhard Heiliger.

die bis in die 1990er Jahre hinein öffentliche wie private Bauten maßgeblich kennzeichneten – Sichtbeton und Glas –, besaßen gewissermaßen eine symbolische Qualität. Sie standen für Solidität und Nüchternheit und versprachen zugleich Transparenz. Bereits 1950 hatte die Ausstellung »Schöner Wohnen – froher Leben« in Hamburg, veranstaltet vom Sozialwerk für Wohnung und Hausrat in Baden-Baden und der Neuen Gemeinschaft für Wohnkultur (einem Zusammenschluss von 35 Einrichtungshäusern im gesamten Bundesgebiet), die Bedeutung von Licht und Luft für das zeitgemäße Bauen und Wohnen betont.[56] In der Folge wurde die Wohnform des Bungalows, die dem Architekten die Möglichkeit eröffnete, ungehindert Licht- und Sichtachsen zu schaffen, zum Inbegriff des modernen Einfamilienhauses. Dass Bundeskanzler Ludwig Erhard im Park des Bonner Palais Schaumburg, dem Sitz des Kanzleramts, ausgerechnet einen Bungalow als Wohn- und Empfangsgebäude errichten ließ, der von Sep Ruf im Stil der klassischen Moderne ausgeführt wurde, war dabei Ausdruck eines Verständnisses von Politik und Macht, das ebenfalls auf Solidität, Nüchternheit und Transparenz gegründet war.[57] Knapper ließ sich die Staatsräson der Bonner Republik nicht auf den Punkt bringen.

Sozialistischer Realismus und bürgerliche Abstraktion

Ob der Maler nun Barrikadenkämpfe oder eine »Wiese mit scheuen Veilchen« auf die Leinwand bringe, so hatte Franz Roh, einer der führenden deutschen Kunsttheoretiker, bereits anlässlich eines Vortrags im Frühjahr 1946 betont, sei »völlig gleichgültig, wenn nur beides ein Kunstwerk« darstelle.[58] Roh, der sich in seinem vielbeachteten Buch *Nach-Expressionismus – Magischer Realismus: Probleme der neuesten europäischen Malerei* schon 1925 mit den Hauptströmungen der modernen Kunst beschäftigt hatte, wusste sehr genau, wovon er sprach. Ihm dürfte daher auch bewusst gewesen sein, dass die Frage, welches Sujet ein Künstler wählte, vor allem aber: wie er es stilistisch und technisch umsetzte, von den interessierten Zeitgenossen zumeist keineswegs in jenem salomonischen Sinne behandelt wurde, wie er Roh offensichtlich vorschwebte. Welche künstlerische Ausdrucksform am ehesten geeignet sei, den Forderungen des Tages zu begegnen, erwies sich als eine Frage, die – obwohl sie zunächst scheinbar rein ästhetischer Natur war – Anlass zu immer heftigeren Auseinandersetzungen zwischen Künstlern, Kritikern und Intellektuellen bot. Sie fanden in allen Bereichen des Kulturlebens, insbesondere auch in der Literatur und der Musik, statt, wurden jedoch aus naheliegenden Gründen in der bildenden Kunst am augenfälligsten. Wenig überraschend war es dabei, dass die Kontroversen, die zwischen den Anhängern der verschiedenen Stilrichtungen, vor allem jenen des Realismus, des Expressionismus, des Surrealismus und der abstrakten Malerei, ausgetragen wurden, angesichts der ideologischen Fronten des Kalten Krieges in den 1950er Jahren stets auch einen politischen Charakter besaßen.[59]

Die Vertreter der verschiedenen Stile hatten sich freilich bereits in der allerersten Nachkriegszeit eindeutig positioniert. Von großer Bedeutung war dabei zunächst einmal die expressionistische Malerei. Künstler wie Ernst Ludwig Kirchner, Franz Marc oder Marianne von Werefkin standen für die hohe Qualität einer Stilrichtung, die in der Wahrnehmung vieler Zeitgenossen allerdings bereits historisch geworden war. Und die Tatsache, dass keiner der Genannten 1945 noch am Leben war, sprach im Grunde genommen für sich. Schon deshalb erschien es vielen Beobachtern zweifelhaft, ob der Expressionismus, der vorderhand höchst erfolgreich blieb, wirklich jene Ausdrucksmittel bereithielt, die es den Künstlern erlaubten, die Nachkriegssituation angemessen darzustellen und zu deuten. Frederik Adama van Scheltema etwa wies 1946 in der Kulturzeitschrift *Prisma* darauf hin, dass die expressionistische Malerei, selbst in der radikalen Zuspitzung eines Kandinsky oder eines Picasso, schon vor Ausbruch des Ersten Weltkriegs vollständig entwickelt gewesen sei und im Verständnis der Gegenwart daher kaum noch als modern gelte.[60] Bereits ein Jahr zuvor hatte sich der greise Karl Scheffler, im ausgehenden Kaiserreich einer der lebhaftesten Befürworter des französischen Impressionismus, vehement gegen die expressionistischen Künstler gewandt, denen er zumindest partiell eine zu enge Verbindung mit dem Nationalsozialismus vorwarf.[61] Und wer etwa an Emil Nolde dachte, der sich schon in den 1920er Jahren als Vertreter einer überlegenen »germanischen Kunst« verstanden hatte und 1934 der Nationalsozialistischen Arbeitsgemeinschaft Nordschleswig beigetreten war, konnte diesem Vorwurf eine gewisse Berechtigung nicht absprechen. Gleichwohl sei um der Gerechtigkeit willen hinzugefügt, dass Noldes »Leben Christi« 1938 im Mittelpunkt der nationalsozialistischen Propagandaausstellung »Entartete Kunst« stand und der Maler schließlich wegen »mangelnder Zuverlässigkeit« aus der Reichskammer der bildenden Künste ausgeschlossen wurde, was einem Berufsverbot gleichkam.[62] Gewiss, dies war ein Einzelfall. Und doch zeigt gerade das Beispiel Noldes, der in der frühen Bundesrepublik mit Auszeichnungen aller Art bedacht wurde und 1955, ein Jahr vor seinem Tod, zu den Teilnehmern der »documenta 1«, der wichtigsten Ausstellung zeitgenössischer Kunst überhaupt, zählte, wie vieldeutig sich das Leben und Werk eines mit dem scheinbar eindeutigen Etikett »Expressionist« versehenen Malers im Einzelnen darstellte. Besondere Aufmerksamkeit war nach 1945 dem Surrealismus sicher, einer Kunstform also, die ebenfalls bereits ihre eigene Geschichte hatte. In der Nachfolge der Dadaisten Anfang der 1920er Jahren in Paris gegründet, ging es der Künstlergruppe der Surrealisten darum, die Tiefen des Unbewussten zu ergründen und den menschlichen Erfahrungsbereich über die von der Logik gezogenen Grenzen hinaus zu erweitern.[63] Mit diesem Ansatz trafen die Surrealisten inmitten einer Welt, die durch Krieg und Terror buchstäblich aus den Fugen geraten war, unverkennbar den Nerv der Zeit. Wirkten die zerbombten Großstädte nicht tatsächlich wie ein böser Traum? Und hatten die Schreckensszenarien, mit denen der Nationalsozialismus ganz Europa schockiert hatte, die traditionellen Gewissheiten menschlicher Erfahrung nicht nachhaltig erschüttert? Künstler wie Jean Arp, Giorgio de Chirico, Salvador Dalí, Max Ernst oder René Magritte waren seit Längerem damit beschäftigt, die Wirklichkeit hinter der Wirklichkeit zu entschlüsseln. Die psychologische Dimension ihrer Kunst, die die Welt so darstellte, wie viele Zeitgenossen sie empfanden: abschüssig, ungeordnet, chaotisch, sinnlos, schien sich gerade in der krisenhaft zugespitzten Situation nach 1945 ästhetisch zu bewähren.[64] Die Arbeiten des Bildhauers Hans Uhlmann, etwa seine 1959 geschaffene Metallplastik »o.T.« vor der Bonner Beethovenhalle, die geheimnisvoll-poetischen Bildwelten eines Alexander Camaro, der 1963 die Glasbausteinfenster der Berliner Philharmonie schuf, Heinz Trökes' »Sphärische Kontraste« (1948) mit ihrem Wechselspiel von geometrischen Formen und medusenhaft-freien Körpern, all diese Werke waren als Verweis auf Traumverlorenes zu verstehen. Mehr und mehr wurde das Artistische für die Vertreter des Surrealismus zu einem wichtigen Sujet – und die Kunst zur eigentlichen Wirklichkeit. Werner Heldt etwa erlebte die zerbombte Reichshauptstadt bei seinen vielen Streifzügen als eine phantastische Ansammlung von Geröll, Schutt und Steinen, die regelrechte Dünenformationen bildeten. »Berlin am Meer«, so lautet denn auch der surreal anmutende Titel seines epochemachenden Gemäldes (Erstfassung 1946), dem eine ganze Serie von Werken folgte. Sie zeigte immer wieder Geisterschiffe, zerschellt an den Schuttbergen der Gegenwart.[65]

Das Motiv der Schiffbrüchigen, das zahlreiche Surrealisten für ihre Arbeiten wählten, war indessen kaum geeignet, die tristen Trümmerlandschaften zu transzendieren. Die pessimistischen Entwürfe des seit 1949 als Direktor der Hochschule für Bildende Künste in Berlin-Charlottenburg tätigen Karl Hofer, etwa seine »Atomserenade« (1947), legten die Abgründe der menschlichen Existenz in schonungsloser Weise frei. Ästhetische Wiederaufbauhilfe waren sie gewiss nicht. Diese wurde den Menschen, nach dem Urteil vieler Zeitgenossen, von anderer Seite zuteil, vor allem durch die abstrakte Kunst, die – ebenfalls bereits in den 1920er Jahren konzipiert und erprobt – nach den Verheerungen des Zweiten Weltkriegs geeignet schien, den Betrachter auf das Wesentliche hinzuweisen, ohne ihn zu einer unangenehmen Gewissenserforschung zu zwingen.[66] Die zum Teil grellbunten Form- und Farbspiele, die die abstrakten Maler auf ihre Leinwand bannten, bildeten dabei zugleich einen willkommenen Gegenentwurf zur geröllgrauen Ruinenlandschaft deutscher Städte. An die Stelle des konkreten Details, das die Vertreter des Expressionismus oder des Surrealismus dem Betrachter zumuteten, trat die Abstraktion. Mit ihrer Hilfe versuchten deutsche Künstler – nach dem intellektuellen und ästhetischen Aderlass durch die Nationalsozialisten – darüber hinaus auch, erneut den Anschluss an jene Avantgarde zu finden, zu der nicht wenige von ihnen vor 1933 gehört hatten.

Dies war gleichwohl nicht der entscheidende Grund dafür, dass gerade die abstrakte Malerei bei der Kritik wie beim Publikum lebhaften Beifall fand. Willi Baumeister, der vielleicht einflussreichste Vertreter der abstrakten Kunst im Nachkriegsdeutschland, hat in seinem 1947 erschienenen Buch *Das Unbekannte in der Kunst* den Erfolg dieser Stilrichtung vielmehr damit begründet, dass das Abstrakte in erkenntnistheoretischer Hinsicht nicht allein geistiger, sondern letzthin sogar »wirklicher« als das Konkrete sei – insofern man jede künstlerische Tätigkeit gleichsam als Expedition in ein noch unerforschtes Terrain auffasse.[67]

Eine solche Tabula rasa indes erstreckte sich ja tatsächlich, bis weit in die 1950er Jahre, in fast jeder Stadt vor den Augen des unvoreingenommenen Betrachters. Die Kunst spiegelte hier, gewissermaßen auf höherer Ebene, die Wirklichkeit, und die Aufgabe des Malers erschien der des Politikers nicht unähnlich. Während der Expressionismus aufgrund seiner ästhetischen Mittel in die Vergangenheit wies und der Surrealismus die apokalyptischen Elemente der Gegenwart sezierte, erschien die abstrakte Malerei als Kunstrichtung der Zukunft, da sie, die Offenheit der historischen Konstellation betonend, jede konkrete Festlegung bewusst vermied. Dass einzelne Vertreter der Abstraktion darüber hinaus über große handwerkliche Fähigkeiten und suggestive Effekte verfügten, steht auf einem anderen Blatt. Ernst Wilhelm Nay beispielsweise, einer der wichtigsten Maler und Grafiker der klassischen Moderne, schuf sinnliche und geistige Welten, die dem Betrachter eine Flucht aus den Widrigkeiten der Gegenwart versprachen. Wo etwa Max Beckmann, ein Hauptvertreter des deutschen Expressionismus, sich vor allem mit der Bewältigung von Diktatur und Krieg beschäftigte, verwies Nay mit seinen spannungsreichen und farbintensiven Kompositionen wie beispielsweise dem Gemälde »Gelbfeder in Rot« (1959) auf eine »Magie des Zukünftigen«[68]. Mit seinem spielerischen und heiteren Umgang mit Formen und Farben avancierte Nay rasch zu einem der gefragtesten Repräsentanten des bundesdeutschen Wiederaufbaus. Dass der Karstadt-Konzern sein großformatiges Gemälde »Chromatische Scheiben« (1960)

für das holzvertäfelte Sitzungszimmer in der Essener Unternehmenszentrale erwarb, sprach in diesem Zusammenhang durchaus für sich.

Insgesamt präsentierte sich die Kunstszene in der Nachkriegszeit also durchaus vielschichtig. Im Osten war dies zunächst nicht wesentlich anders als im Westen. Einzelne Initiativen der sowjetischen Besatzungsmacht ließen selbst bei Künstlern, die den Kommunisten nicht nahestanden, den Eindruck entstehen, der Osten biete ihnen die größeren Freiräume.[69] So unterstützten etwa Karl Hofer und Conrad Felixmüller, zwei hervorragende Vertreter der modernen Malerei, in den ersten Jahren nachdrücklich die Kulturpolitik im östlichen Deutschland. Das hatte freilich nicht zuletzt damit zu tun, dass in der DDR mit ihren beiden Kunstzentren Berlin und Dresden die Traditionen der Neuen Sachlichkeit und des Expressiven Realismus ungleich präsenter waren als in der Bundesrepublik. Außer Frage stand für Hofer und Felixmüller allerdings, dass weder Staat noch Partei den Pluralismus unterschiedlicher Stile und Richtungen blockieren dürften. Und genauso sahen es die meisten Künstler, die sich aus freien Stücken entschlossen hatten, in Ostdeutschland zu arbeiten. Eine solche Offenheit war den Parteikommunisten, die von den Künstlern in erster Linie erwarteten, am Aufbau einer sozialistischen Gesellschaft mitzuwirken, zutiefst fremd. Der Begriff der Propaganda war in ihren Ohren alles andere als ein Schimpfwort, und bestimmte Kunstrichtungen, voran die abstrakte Malerei und der Surrealismus, waren für die Zwecke der Propaganda ohnedies kaum geeignet. Es war daher nur folgerichtig, wenn Hermann Henselmann, der spätere Stararchitekt der DDR, zwischen 1945 und 1949 Direktor der Staatlichen Hochschule für Baukunst und bildende Kunst Weimar, in der kulturpolitischen Monatsschrift *Der Aufbau* 1946 die Auffassung vertrat, sämtliche Kunstausstellungen hätten fortan einem bestimmten politischen Ziel zu folgen.[70] Dass dieses Ziel künftig einzig und allein durch die SED definiert werden sollte, verstand sich von selbst. Und dass die Ausstellungen gewissermaßen ein doppeltes Bekenntnis beanspruchen durften – das Bekenntnis des Künstlers sowie das Bekenntnis des Besuchers –, wurde ebenso nicht in Zweifel gezogen.

Was einem »Kulturschaffenden« widerfahren konnte, der sich diesem Bekenntniszwang zu entziehen versuchte, musste etwa Wilhelm Lachnit, ein geachteter Professor an der Dresdner Kunstakademie, erfahren.[71] Lachnit hatte die Dresdner Bombennacht vom 13./14. Februar 1945 in einem großformatigen Gemälde (»Der Tod von Dresden«) festgehalten, das – in Anlehnung an die Formensprache des Kubismus – das Flammeninferno beschwor und den Blick des Betrachters auf die traurig-leeren Augen eines Kindes lenkte. Mit dem Wohlwollen der Machthaber durfte eine solche Darstellung, die weder das parteiamtlich erwartete Klassenbewusstsein noch einen unerschütterlichen Glauben an den Fortschritt zur Geltung brachte, indes nicht rechnen. Lachnits Werk, so hieß es denn auch, fehle das Bekenntnis zur sozialistischen Kunst. 1954 wurde er aus seinem Dienstverhältnis entlassen. Fortan war die einzige staatlich erwünschte und finanziell geförderte Kunstform die des Sozialistischen Realismus, der sich – um größtmögliche Wirklichkeitsnähe bemüht – vor allem dem Alltag der Arbeiter zuwandte, nicht selten unter Einbeziehung von Maschinen und technischen Geräten.[72] Die frohgemut nach vorn blickende Traktoristin wurde zur Ikone eines Propagandastils, in dem es nur wenige, zudem stets gefährdete Freiräume gab. Mehr und mehr Künstler suchten sich daher dieser Vereinnahmung zu entziehen, sei es durch den Weg in die innere Emigration oder die Übersiedlung in den Westen.

Kurzum: Was in der ersten Nachkriegszeit als geradezu notwendige Konkurrenz zwischen unterschiedlichen künstlerischen Gruppen und Schulen begonnen hatte, entwickelte sich – durch die Dynamik des Kalten Krieges befördert – schon bald zu einem regelrechten »Bilderstreit« (Hermann Glaser). Ursprünglich waren sich die Künstler in West und Ost darin einig gewesen, nach besten Kräften, wenn auch auf unterschied-

Walter Womacka, Feldbaubrigade, Öl 1959.

lichen Wegen, an der Überwindung der längerfristigen Folgen der nationalsozialistischen Herrschaft beizutragen und an der Schaffung eines neuen, nicht selten sozialistisch konzipierten Gemeinwesens mitzuwirken. Wenige Jahre später standen sich Sozialistischer Realismus und bürgerliche Abstraktion unversöhnlich gegenüber. Die Auseinandersetzung zwischen der DDR und der Bundesrepublik griff auch auf den Bereich der Kunst über, dessen Autonomie alles andere als selbstverständlich war – im Osten noch viel weniger als im Westen. Die Folgen waren in beiden Staaten beträchtlich.

Mit ihrem eingeschränkten Verständnis dessen, was als realistisch bezeichnet werden konnte, und ihren massiven Vorbehalten gegenüber der »formalistischen Kunst« des Westens sorgte die Staatsführung der DDR dafür, dass die Künstler östlich des Eisernen Vorhangs dauerhaft von den Entwicklungen der modernen Kunst abgeschnitten wurden. In den Kunstschulen des neuen deutschen Staates, so erklärte Walter Ulbricht als Generalsekretär des Zentralkomitees der SED am 31. Oktober 1951 in der

Volkskammer, wolle man »keine abstrakten Bilder« mehr sehen. Die »Grau-in-Grau-Malerei« sei schließlich nur ein »Ausdruck des kapitalistischen Niedergangs«, der »im schroffsten Widerspruch zum neuen Leben« in der DDR stehe.[73] Auch wenn sich in der Folge nicht die gesamte bildende Kunst gleichschalten ließ – zu erinnern ist etwa an die ideologisch weitgehend unangepasste Dresdner Malerszene um Josef Hegenbarth und Hans Theo Richter –, so war Ulbrichts Verdikt gleichwohl ernst zu nehmen. Herausragende Leistungen blieben, auch in anderen Bereichen der Kultur, selten. Die viel gerühmten Inszenierungen von Bertolt Brecht am Berliner Ensemble oder von Walter Felsenstein an der Komischen Oper deuteten an, wie anspruchsvoll in ästhetischer Hinsicht die Kunst im Sozialismus hätte sein können. Doch der Schiffbauerdamm war nicht überall.

Auch in der Bundesrepublik konnte von einem ausgewogenen Nebeneinander der unterschiedlichen Stilrichtungen keine Rede sein. Nur waren hier nicht Staat und Politik für das entsprechende Scherbengericht verantwortlich, sondern Kritik, Presse und Kunsthandel. Bereits anlässlich einer Bremer Ausstellung im Winter 1945/46, bei der ganz überwiegend Gemälde gezeigt wurden, die dem alten realistischen Stil der Worpsweder Schule nachempfunden waren, warf die Tageszeitung *Weser-Kurier* angesichts der vielen »flüssig gemalten Stilleben und Landschaften« die Frage auf, ob man tatsächlich so tun könne, als stünden »unsere herrlichen Städte noch, als irrten zwischen den Trümmern oder fern ihrer Heimaterde nicht große Teile unseres Volkes umher, denen allein die Kunst den ersten Trost zu geben berufen wäre«[74]. Und die Vorbehalte, die der Artikel exemplarisch benannte, ließen sich auch in den folgenden Jahren nicht vollständig ausräumen. Tatsächlich war mit dem Realismus, gleich welcher Couleur, in der Bundesrepublik kein Staat zu machen. Der phantastische Realismus eines Franz Radziwill blieb marginal, und eine Vertreterin der Neuen Sachlichkeit wie Grethe Jürgens trat nicht mehr in Erscheinung. Der Surrealismus, vor allem aber die abstrakte Kunst beherrschten in der Bonner Republik die Szene. Und auch dies ließ sich – mit Blick auf die internationale Avantgarde – durchaus als Begleiterscheinung einer alle Bereiche des Lebens umfassenden »Westernisierung« verstehen. Wie erfolgreich und anregend dieser Prozess gerade auf dem Gebiet der bildenden Kunst war, zeigt die Geschichte der bereits mehrfach erwähnten »documenta«, einer internationalen Ausstellung für zeitgenössische Kunst, die seit 1955 alle vier beziehungsweise fünf Jahre in Kassel eine große Öffentlichkeit mit den aktuellen Trends vertraut machte.[75] War die »documenta 1«, die im Jahr 1955 rund 134000 Besucher in die ehemalige kurhessische Residenzstadt lockte, noch der Rehabilitierung des deutschen Expressionismus gewidmet, so stand die »documenta 2« 1959 bereits ganz im Zeichen der abstrakten Kunst. Die »documenta 3« machte 1964 dann mit einer umfangreichen Präsentation der amerikanischen Pop Art die Konsumwelt zum Thema. Die Kunst des Realismus suchte man vergebens.

Lebenslügen in Ost und West

Solidität, Nüchternheit und Transparenz – so ließe sich, in wenigen Worten, die westdeutsche Identität der ersten Nachkriegsjahre zusammenfassen. Und der bereits erwähnte Kanzlerbungalow, den Sep Ruf zwischen 1963 und 1966 errichtete, schien dieses Selbstverständnis auch architektonisch zum Ausdruck zu bringen. Zugleich gaben sich freilich viele Menschen dem »schönen Schein« hin, wie er nicht zuletzt in zahllosen Kitsch- und Heimatfilmen immer wieder neu produziert wurde. Angesichts des totalen Zusammenbruchs, vor allem aber angesichts der beispiellosen Verbrechen, die während des Zweiten Weltkriegs von Deutschen begangen worden waren, mochte die Flucht in eine Scheinwelt durchaus verständlich sein. Die Verdrängung der eigenen Vergangenheit hatte freilich ihren Preis. Auch wenn man – in der Terminologie der SED – den Faschismus per Dekret auszurotten versuchte, die Täter, wenn auch

halbherzig, juristisch zur Rechenschaft zog oder die finanziel-
le Haftung für ihre Verbrechen übernahm, übrig blieben doch
immer einzelne Lebenslügen. Erst als sich die Psychoanalyse
eingehender mit den Mechanismen kollektiver Verdrängung
auseinanderzusetzen begann – paradigmatisch in Alexander
und Margarete Mitscherlichs Studie *Die Unfähigkeit zu trauern* aus
dem Jahr 1967 –, brach die vermeintlich heile Welt unsanft zusammen, im Westen freilich früher als im Osten.[76]

Die mangelnde Aufarbeitung der nationalsozialistischen Vergangenheit, von der viele Zeitgenossen – wenn sie diese überhaupt thematisierten – in einer Weise sprachen, als kennten sie
diese Zeit lediglich vom Hörensagen, war freilich nur eine, wenn
auch die folgenreichste Lebensluge, in der sich viele Deutsche
nach 1945 mehr oder weniger behaglich einrichteten. Nicht
minder deutlich wurde die Diskrepanz zwischen Anspruch und
Wirklichkeit, wenn man den Blick auf die Alltagswelt der Menschen richtete. Entgegen aller Beteuerungen war etwa die Familie in der Nachkriegszeit keineswegs jene Bastion biedermei-
erlicher Geruhsamkeit, als die sie in der Unterhaltungskultur
allzu gern gezeigt wurde. Väter, die im Krieg geblieben waren;
Mütter, die neue Partner suchten; Kinder, die von ihren Großeltern aufgezogen wurden – all dies gehörte zur Wirklichkeit der
deutschen Familie.[77] Zu ihr gehörte auch die Existenz vieler un-
ehelich geborener Kinder, und nicht allen war das Glück so ge-
wogen wie der »Fischerin vom Bodensee«, die – unnachahmlich
verkörpert von der jungen Marianne Hold – in dem gleichnamigen Film aus dem Jahre 1956 allen Widerständen zum Trotz
schließlich den Mann ihres Lebens heiratet.

Anders als es viele Familien- und Heimatfilme suggerierten,
war ein Happy End im normalen Leben keinesfalls sicher. Dagegen sprachen schon die nackten Tatsachen. So hatte beispielsweise einer von zehn Jugendlichen durch den Krieg den Vater oder
die Mutter verloren. Flucht und Vertreibung hatten viele Menschen entwurzelt. Andere waren schwerstbeschädigt aus dem
Krieg heimgekehrt oder galten über Jahre als vermisst. Über eine

Million ehemaliger Wehrmachtssoldaten befand sich Anfang der 1950er Jahre noch in sowjetischer Kriegsgefangenschaft; erst 1955 konnten die letzten von ihnen in die Heimat zurückkehren. Vor diesem Hintergrund ist es kaum erstaunlich, dass noch 1953 rund ein Drittel der Westdeutschen staatliche Sozial- oder Fürsorgeleistungen in Anspruch nehmen musste. Feste Beschäftigungsverhältnisse waren keineswegs selbstverständlich, und die Massenflucht aus der DDR, die bis zum Bau der Mauer im August 1961 anhielt – insgesamt gelangten rund vier Millionen Ostdeutsche über die Grenze –, führte dazu, dass sich auf dem Arbeitsmarkt vorerst keine Entspannung abzeichnete.[78]

Dass sich in der Bundesrepublik – anders als in der DDR, wo die Berufstätigkeit der Frau forciert wurde und das Betriebskollektiv zumindest teilweise an die Stelle der Familie rückte – zunächst die überkommenen Vorstellungen von Ehe und Familie durchzusetzen vermochten, ist vor diesem Hintergrund als Versuch zu verstehen, die widerspenstige Wirklichkeit mit allen Mitteln zu bändigen. Er scheiterte freilich schon daran, dass die traditionellen Rollenbilder von Mann und Frau, von Vater und Mutter durch die Folgen des Zweiten Weltkriegs zunächst massiv entwertet worden waren und anschließend einem Wandlungsprozess unterworfen wurden, der weder vom Staat noch von den Kirchen aufgehalten werden konnte. Besonders deutlich wurde dies an der anhaltenden Diskussion über die Rolle der Väter, die sich zunehmend nicht mehr auf die Herstellung ökonomischer Sicherheit beschränken ließ.[79] Zumal sich die Werte, die von den Männern als den eigentlichen Trägern des Wirtschaftswunders vertreten und zugleich beglaubigt wurden, auf den ersten Blick kaum von den Einstellungen unterschieden, mit denen die Nationalsozialisten ihren Staat errichtet hatten: Disziplin, Fleiß und unbedingte Leistungsbereitschaft. Für die Familienstrukturen war dies nicht unwichtig. So vertrat Joachim Bodamer, ein Facharzt für Nerven- und Gemütskrankheiten, in seinem 1956 erschienenen Buch *Der Mann von heute* denn auch die pointierte Auffassung, die Väter seien, indem sie vor allem ihren Beruf lebten und sich vor der Erziehung der Kinder drückten, im Grunde genommen familienflüchtig geworden.

Die Schreckenskammern, die hinter den frisch gekalkten Fassaden der Familie liegen konnten, ergründete nicht zuletzt Heinrich Böll, der vielleicht bekannteste Schriftsteller der Adenauerzeit. In seinem Roman *Haus ohne Hüter* aus dem Jahr 1954 erzählte er die Geschichte eines sogenannten Schlüsselkindes, das, viel zu früh auf sich allein gestellt, zu einem Spielball der selbst orientierungslosen Erwachsenen wird. Die Lebenslügen der Nachkriegsgesellschaft, die vielen Widersprüchlichkeiten, die so häufig im Konsumrausch betäubt wurden – hier wurden sie aufgedeckt. Dass sich das seelische Unbehaustsein vieler Jugendlicher schließlich in regelrechten Halbstarken-Krawallen entlud, von denen noch die Rede sein wird, konnte nach einer Lektüre des Böll-Romans eigentlich niemand überraschen. Freilich, dass Schriftsteller und Intellektuelle die Abgründe der westdeutschen Gesellschaft penibel ausloteten, sagte noch nichts über ihre Möglichkeiten aus, sie tatsächlich mitzugestalten.[80] Mochte Heinrich Böll noch so oft die miefige Enge der Bonner Republik beklagen, mochte Wolfgang Koeppen, gewiss ungleich begabter, in seinem Roman *Das Treibhaus* messerscharf die Anatomie der bundesdeutschen Politik und Gesellschaft entwerfen – im Kern stimmten die kritischen Beobachter darin überein, dass, trotz aller Umbrüche und Neuanfänge, in der Adenauerzeit »der Geist lahm, das Klima schlaff, die Moral zweideutig, die Mentalität provinziell«[81] geblieben seien, wie es Horst Krüger 1979 ausdrückte. Ein solches Urteil war gewiss übertrieben. Es war ungerecht, und bisweilen war es von einer gewissen Resignation bestimmt, wohl auch von verletzter Eitelkeit.

Dass Schriftsteller und Künstler in der frühen Bundesrepublik – ganz anders als in der DDR – von den Politikern kaum ernst genommen wurden, ist indessen nicht zu bestreiten. Und Hans Schwab-Felisch hatte durchaus Recht, wenn er Mitte der 1960er Jahre beklagte, die westdeutschen Politiker seien in einer Weise kulturlos, wie es in vergleichbaren Industrienationen undenkbar sei. Das Solide und Nüchterne, so ließe sich vielleicht entschuldigend sagen, habe eben auch hier seinen Tribut gefordert, und alles in allem sei die Bundesrepublik mit ihrem politischen Personal doch gut gefahren. Dagegen lässt sich vorderhand wenig einwenden. Und doch war es keineswegs nebensächlich, dass man »von keinem Schriftsteller, keinem Maler, keinem Musiker, keinem Geisteswissenschaftler« wusste, der sich eines »selbstverständlichen persönlichen Umgangs mit dem ersten Kanzler der Bundesrepublik hätte rühmen können«.[82] Viele Spitzenpolitiker betrachteten es als hinreichend, einmal im Jahr zu den Bayreuther Festspielen zu fahren, die nach einer kriegsbedingten Unterbrechung seit 1951 wieder regelmäßig stattfanden. Jenseits des Grünen Hügels von Bayreuth jedoch gingen sie zu Künstlern und Schriftstellern auf Distanz, die sich als dezidiert Linke nicht selten – im Stile der Stigmatisierung Andersdenkender während der McCarthy-Ära in den USA – den Vorwurf gefallen lassen mussten, in politischer Hinsicht unsichere Kantonisten zu sein. Die Kreuzzugsrhetorik, die von den selbst ernannten Verteidigern des christlichen Abendlands gegen die »gottlosen Kommunisten« ins Feld geführt wurde und ihren Höhepunkt im Umfeld des NATO-Beitritts 1955 erreichte, wirkte in diesem Zusammenhang unheilvoll verschärfend.[83] Dies rächte sich bitter, als sich die Intellektuellen seit Ende der 1950er Jahre zunehmend (partei-)politisch zu engagieren begannen und schließlich entscheidend zum Regierungswechsel 1969 beitrugen.

Ganz eigene Lebenslügen entwickelte die DDR. Sie wurzelten in dem offensiv vorgetragenen Anspruch, eine »Demokratie« zu sein, obwohl die entscheidenden Kader der SED nicht im Traum daran dachten, freie Wahlen stattfinden zu lassen, und sie durchzogen das gesamte öffentliche Leben. Zu ihnen gehörte der gebetsmühlenartig formulierte Anspruch, in moralischer Hinsicht der bessere deutsche Staat zu sein. Gleiches galt für den Versuch, die Wirklichkeit mithilfe der Propaganda neu zu gestalten, und dieser Versuch wirkte sich unmittelbar auf den

Bereich der Kultur aus. Im Kontext des sogenannten Formalismus-Streits, bei dem es um die ideologische Komponente realistischer beziehungsweise abstrakter Kunst ging, ist davon bereits die Rede gewesen. Wenn Johannes R. Becher, in den 1920er Jahren einer der talentierteren Dichter des Expressionismus, in der DDR inzwischen Minister für Kultur, auf der dritten SED-Parteikonferenz im Juli 1950 seine »Kantate 1950« vortrug, in der es über die Staatspartei hymnisch hieß: »Es wird Dich rühmend einst ganz Deutschland nennen, / Denn nur durch Dich wird Deutschland eins und frei!«[84], so konnte auch der elegante fünfhebige Jambus den Eindruck nicht beseitigen, dass die Kultur nunmehr endgültig gleichgeschaltet war. Die Tatsache, dass die Partei- und Staatsführung ihren Kampf gegen alle Abweichler mit größter Unerbittlichkeit führte, wurde dabei mit dem Hinweis verschleiert, es gehe schließlich darum, Millionen von DDR-Bürgern zu fortschrittlichen Menschen zu erziehen, und wo gehobelt werde, fielen nun auch einmal Späne. Dies galt sogar in den eigenen Reihen, wie das Beispiel Walter Jankas zeigt, des einflussreichen Verlegers des Ost-Berliner Aufbau-Verlags, der 1957 in einem Schauprozess wegen »konterrevolutionärer Verschwörung« zu fünf Jahren Zuchthaus mit verschärfter Einzelhaft verurteilt wurde. Und als sich beim Volksaufstand am 17. Juni 1953 unter den Künstlern und Schriftstellern, abgesehen von Stefan Heym und Stephan Hermlin, kaum jemand fand, der die Forderungen der Arbeiter offen unterstützte, wurde deutlich, wie leicht es der SED fiel, die »Kulturschaffenden« mit einem Wechselspiel von Privilegien und Einschüchterungsmaßnahmen in Schach zu halten.

Und die Lebenslügen setzten sich fort. Zu ihnen zählte auch das häufig zitierte Wort von der DDR als einem »Leseland«, in dem die Menschen, anders als in der Bundesrepublik, geradezu süchtig nach hochwertiger Literatur gewesen seien. Dass es in der DDR eine verhältnismäßig hohe Literaturproduktion gab und manche Bücher den Verlegern förmlich aus den Händen gerissen wurden, ist durchaus zutreffend. Ebenso zutreffend ist freilich die Beobachtung, dass erst die staatliche Zensur diese besonderen Rezeptionsbedingungen schuf und manches Manuskript heimlich in den Westen geschmuggelt werden musste – wie umgekehrt nicht wenige Bücher, die in der Bundesrepublik verlegt wurden, auf Umwegen in die DDR gelangten. Der Widerstand derjenigen, die den kulturpolitischen Kurs der Parteiführung mit wachsender Skepsis, wenn nicht mit halböffentlich vorgetragener Kritik verfolgten, wuchs in den 1950er Jahren kontinuierlich. Zu den Oppositionellen, die zunächst auf eine Reform des Sozialismus innerhalb des bestehenden Systems hofften, gehörten beispielsweise der Philosoph Ernst Bloch und der Literaturwissenschaftler Hans Mayer sowie die Schriftsteller Wolfgang Harich, Erich Loest und Gerhard Zwerenz, nicht zu vergessen die Mitarbeiter der Satirezeitschrift *Eulenspiegel* und die Kabarettisten, die seit den frühen 1950er Jahren in der Berliner *Distel* und der Leipziger *Pfeffermühle* mit gewagtem Wortwitz die Grenzen des politisch Sagbaren austesteten.[85]

Als ideologische wie künstlerische Sackgasse erwies sich auch der im Westen zunächst vielbeachtete »Bitterfelder Weg«.[86] Seine Initiatoren hatten nichts Geringeres im Sinn, als die »vorhandene Trennung von Kunst und Leben« – eine Dichotomie, die bereits ganze Schriftstellergenerationen beschäftigt hatte – endgültig zu überwinden. Ausgehend von einer Autorenkonferenz des Mitteldeutschen Verlags im Chemiekombinat Bitterfeld im April 1959, verfolgte die Partei- und Staatsführung, allen voran Walter Ulbricht, den Plan, eine eigenständige »sozialistische Nationalkultur« zu begründen. Zu diesem Zweck sollten fortan Künstler und Schriftsteller zumindest zeitweise in Fabriken arbeiten und so zu »Ingenieuren der Seele« werden. Die »Werktätigen« wiederum sollten, wie es im SED-Jargon hieß, gewissermaßen selbst zu Schriftstellern werden (»Bewegung schreibender Arbeiter«). Auf diese Weise hoffte die SED-Führung nicht nur, das grassierende Bildungsdefizit der unteren Schichten zumindest in Teilen ausgleichen und die Fabrikarbeiter dauerhaft mobilisieren zu können. Vielmehr spekulierte sie auch darauf, mithilfe von Brigadetagebüchern und Betriebswandzeitungen einen Eindruck von der ideologischen Zuverlässigkeit der »Werktätigen« zu erlangen. Auf der zweiten Bitterfelder Konferenz im April 1964 sprachen die geladenen Schriftsteller, allesamt in Anzug und Krawatte, noch einmal mit wehen Worten über die »Bildung des sozialistischen Bewusstseins«[87], und ein Jahr später war der Bitterfelder Weg im Wesentlichen passé. Daran vermochte auch die Tatsache nichts zu ändern, dass einige der politisch wie ästhetisch gelungensten Bücher dieser Jahre auf die Begegnung zwischen Literatur und Arbeitswelt zurückgingen. Dazu gehörte nicht nur Erwin Strittmatters 1963 erschienener Roman *Ole Bienkopp* – die Geschichte des Waldarbeitersohns Ole Hansen, einer Art sozialistischem Michael Kohlhaas –, sondern auch Christa Wolfs im gleichen Jahr veröffentlichte Erzählung *Der geteilte Himmel*. Letztere, von Konrad Wolf 1964 verfilmt, schildert die unglückliche Liebe der Pädagogikstudentin Rita, die zeitweise in einer Brigade des Waggonbauwerks Ammendorf arbeitet, zu Manfred, der noch vor dem Mauerbau eine Anstellung als Chemiker im Westen findet und nicht in die DDR zurückkehren will.[88]

Im Grunde genommen saßen die Deutschen in Ost und West bereits vor dem Bau der Berliner Mauer, mit dem im August 1961 der letzte noch offene Grenzabschnitt zwischen der Bundesrepublik und der DDR geschlossen wurde, in »zwei Wartesälen«, wie Erich Kuby, einer der einflussreicheren westdeutschen Publizisten, in seinem gleichnamigen 1957 erschienenen Buch bemerkte.[89] Zu den Notlügen bundesdeutscher Politiker gehörte es in diesem Zusammenhang, immer wieder mit großem rhetorischen Aufwand von der baldigen Wiedervereinigung zu sprechen, obwohl ihnen bewusst war, dass die Adenauersche Strategie der Westbindung einer raschen Umsetzung dieses Ziels entschieden entgegenstand. Bereits 1952 hatte Rudolf Augstein im *Spiegel* die Frage aufgeworfen, was denn die Westdeutschen »unter diesem christlichen Kanzler« bislang für ihre Landsleute jenseits des Eisernen Vorhangs getan hätten, die verurteilt seien, »ihre Kinder in den Klauen eines unmenschlichen, lebenserstickenden Systems aufwachsen zu sehen«.[90]

Allein, die Erfordernisse des Kalten Krieges schienen diese an und für sich nicht unberechtigte Frage in ein anderes Licht zu rücken. Und aus der Perspektive des seit 1990 wiedervereinigten Deutschland ist die Politik Adenauers durchaus verständlich. In den 1950er Jahren führten die damit verbundenen Erfordernisse freilich zu Empfindlichkeiten, ja Überempfindlichkeiten, die auch das Feld der Kultur nicht unberührt ließen. Ein Beispiel hierfür war der Umgang mit Bertolt Brecht. Der Schriftsteller hatte nach dem Aufstand vom 17. Juni 1953 zwar Kritik an manchen Missständen in der DDR geübt, zugleich jedoch Walter Ulbricht als Vorsitzendem des Zentralkomitees der SED seine Solidarität versichert und im Jahr darauf ungerührt den Stalinpreis im Moskauer Kreml in Empfang genommen. In der Bundesrepublik löste dies – auch aufgrund der Tatsache, dass Brechts Brief an Ulbricht gekürzt veröffentlicht wurde – lebhafte Proteste aus, die in der Forderung gipfelten, sämtliche Brecht-Stücke von den Spielplänen der Theater zu verbannen.[91] Auch wenn die Kontroverse, die sich daraufhin entspann, bei Weitem nicht das Ausmaß des Wiener Brecht-Boykotts annahm, der dazu führte, dass auf Betreiben der beiden Publizisten Hans Weigel und Friedrich Torberg zwischen 1953 und 1963 sich kein etabliertes Theater der Donaumetropole bereitfand, Werke von Brecht aufzuführen, war der Flurschaden, der auf diese Weise in der westdeutschen Theaterlandschaft entstand, gleichwohl beträchtlich.

Besonders deutlich wurde der Versuch, die Wirklichkeit den eigenen Vorstellungen unterzuordnen, schließlich auf dem Gebiet der Sprache, die ja stets ein empfindlicher Seismograf für politische und kulturelle Wandlungen ist. So drückte sich die erbittert ausgetragene Systemkonkurrenz zwischen den beiden deutschen Staaten nicht zuletzt darin aus, dass man in der DDR von der Bundesrepublik nur verächtlich als der »BRD« sprach, während die westdeutsche Presse den kommunistischen Vasallenstaat gern als »sogenannte DDR« bezeichnete. Und während die ostdeutsche Propaganda nicht müde wurde, die demokratisch gewählte Führungsschicht der Bundesrepublik als Ansammlung von »Revanchisten«, »Faschisten« und »Imperialisten« zu verunglimpfen, beging man im Westen den 17. Juni, den Jahrestag des Aufstandes von 1953, seit 1963 als Nationalen Gedenktag des deutschen Volkes, gedachte in ritualisierter Form der »Brüder und Schwestern« jenseits des Eisernen Vorhangs – und fand sich zugleich mehr und mehr mit der deutschen Teilung ab.[92] Die Rhetorik der Wiedervereinigung indes blieb in der Bundesrepublik lebendig, und vom Recht aller Deutschen auf Selbstbestimmung in Frieden und Freiheit war auch dann noch die Rede, als längst klar war, dass der Kreml nicht im Traum daran dachte, den Menschen in der DDR dieses Recht zuzugestehen. Das Plansollerfüllungsdeutsch trieb dort im Übrigen die krausesten Blüten.[93] Der Selbstbedienungsladen für den täglichen Bedarf war die »Kaufhalle«, nicht der im Westen übliche »Supermarkt«. Kartoffeln, Nudeln und Reis wurden zu »Sättigungsbeilagen«. Ragout fin, üblicherweise aus Kalbfleisch hergestellt, das in der DDR kaum zu bekommen war, galt landläufig als »Würzfleisch«. Und das Weihnachtsgeld war als »Jahresendprämie« bekannt. Die Sprache schuf die Wirklichkeit neu, dekonstruierte sie jedoch zugleich auch. Mit der Kurzbezeichnung »Horch und Guck« etwa war die Tätigkeit der Mitarbeiter des Staatssicherheitsdienstes treffend charakterisiert, und wer diese Bezeichnung verwendete, machte sich über den Charakter dieses Geheimdienstes keine Illusionen. Wer wiederum von »Bückware« sprach und damit jene besonders begehrten Artikel meinte, die sich nicht in den regulären Regalen, sondern buchstäblich unter dem Ladentisch befanden, hatte sein Urteil über die Versorgungssituation in der DDR bereits gefällt.

Die Lebenslügen in Ost und West immer wieder neu zu entlarven, war deshalb die vornehmste Aufgabe derjenigen, für die die Sprache von besonderer Bedeutung war: der Schriftsteller und Intellektuellen.

Die »skeptische Generation«

In Westdeutschland ging der Traum vom kleinen Glück, sei es in Gestalt der feinen Nylonstrumpfhose, der neuen Stereoanlage oder der Pauschalreise mit Neckermann, seit Mitte der 1950er Jahre für immer mehr Menschen in Erfüllung. Aber auch in der DDR wurde er, jenseits aller parteiamtlich vorgegebenen Losungen und Doktrinen, häufiger geträumt, als es den Machthabern lieb sein konnte. Dass der Aufstand des 17. Juni 1953, Höhe- und Wendepunkt einer ganzen Welle von Streiks und Demonstrationen, nicht zuletzt Ausdruck eines sozialen Protests war, der sich gegen den schleppenden Ausbau der Lebensmittel- und Konsumgüterindustrie und die damit einhergehenden Engpässe bei der Versorgung der Bevölkerung richtete, war in diesem Zusammenhang nicht unwichtig. Allerdings waren die Spielräume bei der Verteilung des Wohlstands, der sich in der DDR aufgrund der sozialistischen Kommandowirtschaft nicht einstellen wollte, auf Dauer außerordentlich eng bemessen – eine Tatsache, die den Sturz des Regimes, das sich seit den 1980er Jahren nur mehr durch westliche Milliardenkredite an der Macht halten konnte, 1989/90 entschieden beförderte. Doch auch auf der anderen Seite des Eisernen Vorhangs, im Wirtschaftswunderland Bundesrepublik, erfüllte sich der Traum vom kleinen Glück keineswegs flächendeckend. Und selbst dort, wo er Wirklichkeit wurde, erwies er sich mitunter als brüchig.

In besonderer Weise galt dies für die junge Generation, die sich den Gesetzen des »Erlebnismarktes« (Gerhard Schulze), wie sie sich seit den 1950er Jahren ausprägten, zu widersetzen anschickte. Dass das Leben ausschließlich aus Geldverdienen, Freizeit und Konsum bestehen könnte, war für viele junge Menschen durchaus keine attraktive Vorstellung. Und das Tempo, mit der man – ungeachtet der blutigen Bilanz des Nationalsozialismus – vielerorts zur Tagesordnung übergehen wollte, irritierte sie erheblich. Inmitten einer Wirklichkeit, die mitunter mehr durch ihre Großeltern als durch ihre Eltern geprägt zu sein schien, wirkten die jungen Leute seltsam »hungrig trotz der

Übersättigung, leer trotz der Fülle des Gebotenen, ratlos, nervös, unzufrieden und erfüllt von einer tiefen Animosität gegen die Erwachsenen«[94], wie es Richard Kaufmann 1958 in der *Süddeutschen Zeitung* formulierte. Zu ähnlichen Befunden gelangte zur gleichen Zeit auch die Jugendsoziologie: Gerade diejenigen Frauen und Männer, die ihre Kindheit und Jugend im Nationalsozialismus verlebt hätten, im Wesentlichen also die zwischen 1918 und 1933 Geborenen, seien durch den totalen Zusammenbruch eines Regimes, das versucht habe, von ihnen persönlich Besitz zu ergreifen, vollständig desillusioniert worden. In der Folge seien sie zwar nicht unpolitisch geworden, stünden aber allen politischen Versprechungen und Verheißungen abwartend bis distanziert gegenüber. Die Erosion der alten Klassengesellschaft, die zum Verlust klarer Orientierungen geführt habe, habe diese Einstellung schließlich noch verschärft und zu einer allgemeinen Orientierungs- und Perspektivlosigkeit beigetragen.

Inmitten der westdeutschen Schaufensteridylle mit ihrem Versprechen, dem unschuldigen Betrachter alle nur denkbaren Wünsche zu erfüllen, entstand so unter den 20- bis 30-Jährigen eine immer größer werdende Gruppe, die diese Verheißungen radikal infrage stellte. Der Soziologe Helmut Schelsky, einer der wichtigsten intellektuellen Stichwortgeber der frühen Bundesrepublik, hat für die fragliche Alterskohorte 1957 den bis heute gebräuchlichen Begriff der »skeptischen Generation« geprägt. Schelsky beschrieb sie – gewissermaßen in Opposition zu ihrer hitlergläubigen Elterngeneration, der er selbst (Jahrgang 1912) biografisch wie weltanschaulich zuzurechnen war – als »kritischer, skeptischer, mißtrauischer, glaubens- oder wenigstens illusionsloser als alle Jugendgenerationen vorher«. Wer sich das lakonische Wort von Bundeskanzler Helmut Schmidt (Jahrgang 1918), einem mustergültigen Vertreter der »skeptischen Generation«, ins Gedächtnis ruft, wer Visionen habe, solle zum Arzt gehen, gewinnt einen zutreffenden Eindruck von der Haltung, die Schelsky im Sinn hatte, als er Ende der 1950er Jahre seine soziologischen Befunde veröffentlichte. Zugleich macht dieser

Hinweis deutlich, dass Schelsky den Mangel an Utopien, den er bei so vielen jungen Frauen und Männern konstatierte, keineswegs als Manko empfand. Im Gegenteil: Gerade weil die Angehörigen der »skeptischen Generation« durchweg »ohne Pathos« auskämen, »ohne Programme und Parolen«, seien sie zu einer »für die Jugend ungewöhnlichen Lebenstüchtigkeit« imstande.[95] Wer sich eine skeptische Grundhaltung aneigne, so ließ sich daraus entnehmen, sei vor politischen Rattenfängern am besten geschützt. Und nach den Erfahrungen des Nationalsozialismus konnte dem kaum jemand widersprechen.

Tatsächlich ist die Betonung des Realen wie des Reellen, die ostentative Hinwendung zum Sachlich-Nüchternen, für eine Jugendgeneration, die antritt, das Alte abzulösen, nicht eben originell. In dieser Weise hatte sich bereits die junge Generation nach der gescheiterten Revolution von 1848 präsentiert. Und entsprechend war auch die Kriegsjugendgeneration nach 1918 in Erscheinung getreten – um bald darauf den Sirenenrufen der Nationalsozialisten besonders willfährig Folge zu leisten. Letztlich war es also ein altbekanntes Klischee, das Schelsky zur Charakterisierung einer Generation benutzte, die in anderem Zusammenhang auch als »Flakhelfer-« oder »Trümmergeneration« bezeichnet worden ist.[96] Dass sich dieses Klischee gerade in der politischen und kulturellen Konstellation nach 1945 als wirkmächtig erwies, hatte verschiedene Gründe. Zum einen führte der Umstand, dass der propagandistisch übersteigerte Glaube an den »Führer« spätestens bei Kriegsende bitter enttäuscht worden war, dazu, dass viele junge Menschen säkularen Mächten und Instanzen grundsätzlich kein Vertrauen mehr schenkten; die Skepsis selbst wurde für sie zum neuen Glaubensinhalt. Zum anderen führte die Konsumfixierung, wie sie sich in der westdeutschen Wirtschaftswundergesellschaft rasch bemerkbar machte, in den Augen der jungen Generation dazu, dass mithilfe von Markenartikeln und Freizeitangeboten ein neuer Popanz entstand, der von den eigentlichen Aufgaben, zu denen nicht zuletzt die Beschäftigung mit der Korrumpierung des Menschen durch den Nationalsozialismus zählte, ablenkte. Und schließlich mussten die Angehörigen der jungen Generation geradezu zwangsläufig den Eindruck gewinnen, der politische und gesellschaftliche Neubeginn werde, angefangen bei der Person des Bundeskanzlers, nicht von ihnen, sondern von ihren Vätern, vor allem aber von ihren Großvätern bewerkstelligt. Das wirkte auf sie umso befremdlicher, als der Zweite Weltkrieg mit seinen Millionen Toten den ohnehin fälligen Generationenwechsel eigentlich hätte beschleunigen müssen. Doch wie in den meisten anderen Ländern wurden die Lücken, die der Krieg hinterlassen hatte, zunächst nicht mit den jüngeren Brüdern und Söhnen der Gefallenen geschlossen, sondern mit ihren Vätern und Onkeln. Wohin man den Blick auch richtete, auf die staatlichen Behörden, die Kirchen, die Gewerkschaften oder die Parteien, stets waren die Leitungsfunktionen mit Männern besetzt, die – häufig zwischen 1880 und 1900 geboren – einer älteren Generation angehörten.[97] War der Nationalsozialismus in vielerlei Hinsicht eine Sache der Jugend gewesen, so schien sich die Bundesrepublik zunächst als eine Art von Gerontokratie, eine Herrschaft der Alten, zu erweisen. Und in der DDR war es nicht wesentlich anders. Da zudem die durchschnittliche Lebenserwartung kontinuierlich stieg, sah sich die nachwachsende Generation, die bald in das fünfte Lebensjahrzehnt eintrat, vielfach gezwungen, sich im Wartestand einzurichten – zunehmend desillusioniert und durchweg skeptisch. An die Macht gelangte sie vorerst kaum. Das Beispiel Konrad Adenauers, der alles daran setzte, von seinen Parteifreunden nicht aufs Altenteil geschoben zu werden, war hier mehr Symptom als Einzelfall.

Gleichwohl wurden die Vertreter der »skeptischen Generation« nicht zu gesellschaftlichen Aussteigern, wie wir sie aus späteren Jahrzehnten, vor allem aus der Zeit nach 1968, kennen. In gewisser Weise avancierten sie vielmehr zu den eigentlichen Erfindern der Bundesrepublik. Gegen ideologische Vereinnahmungen immunisiert und jedem politischen Aktionismus abhold, strebten sie, ganz im Einklang mit den kulturellen Leit-

Der junge Marlon Brando als Anführer einer Rockergang in dem Film »Der Wilde« (1955).

vorstellungen der Nachkriegszeit, nach individuellem Erfolg und sozialem Aufstieg. Nicht selten erreichten sie beides – und warteten frustriert, aber geduldig ab, bis ihre Stunde schlug. Seit den 1960er Jahren war das mehr und mehr der Fall, auch in Politik und Wirtschaft. In einer bezeichnenden dialektischen Wendung waren es also gerade die Kritiker der Utopien und Visionen, die zu den ersten Gewinnern der Bundesrepublik, einer Beinahe-Großmacht mit halber Staatsidee, wurden.

Dass sie sich mit ihrem pragmatischen Verhalten dabei durchgängig mit dem Status quo abfanden, lässt sich freilich nicht behaupten. Gerade die Konsumkultur bot Angriffspunkte, und manche Angehörigen der »skeptischen Generation« erkannten dies sehr genau. Auch wenn es sich bei ihnen um eine Minderheit handelte, war das Echo, das sie auslösten, ausgesprochen groß. Für die politische Kultur der frühen Bundesrepublik war dies insgesamt bezeichnend. Bereits zu Beginn der 1950er Jahre hatte es unter jungen Leuten in Westdeutschland, wie in vielen anderen Industrieländern – in Großbritannien sprach man von den »angry young men« –, vermehrt Kritik an dem schönen

Schein gegeben, dem sich die Nachkriegsgesellschaft bedenkenlos hinzugeben schien. Als 1955 schließlich László Benedeks Film *Der Wilde* (»The Wild One«) in die deutschen Kinos gelangte, in dem der junge Marlon Brando als Anführer einer Rockergang eine ganze Kleinstadt terrorisiert, hatten viele Heranwachsende endgültig ihr neues Idol gefunden. Schon bald als »Halbstarke« bezeichnet, orientierten sie sich mit Haartolle, Jeans, karierten Hemden und Lederjacken nicht nur optisch an den Protagonisten amerikanischer Filme, sondern imitierten einen Lebensstil, der im Wesentlichen als Protest gegen die saturierte Mittelstandsideologie der jungen Bundesrepublik zu verstehen war.[98] Die Öffentlichkeit registrierte das Entstehen dieser Subkultur mit Besorgnis und Ablehnung, und nicht nur die Springer-Presse rief lautstark nach Recht und Ordnung. Als am 30. Dezember 1956 rund 4000 Jugendliche nach der Vorführung von *Außer Rand und Band* (»Rock Around the Clock«), dem ersten Rock 'n' Roll-Film überhaupt, grölend und randalierend durch die Innenstadt von Dortmund zogen, wusste sich die Öffentlichkeit keinen anderen Reim darauf zu machen, als in den Gewaltexzessen eine unmittelbare Folge der verderbenbringenden amerikanischen Populärkultur zu sehen. Diese Deutung schien noch an Plausibilität zu gewinnen, als es zwischen 1956 und 1958 immer häufiger zu Auseinandersetzungen zwischen Jugendbanden und der Polizei kam, bei denen nicht selten die Innenausstattung ganzer Kino- und Konzertsäle zerstört wurde. Dass es dabei ein ums andere Mal amerikanische Musiker und Schauspieler waren, die zum Bezugspunkt für die Halbstarken wurden, passte für das Gros der deutschen Öffentlichkeit, die sich um ihr kleines privates Glück sorgte, bruchlos ins Bild. Die Straßen von Los Angeles, die James Dean in Nicholas Rays meisterhaftem Film ... *denn sie wissen nicht, was sie tun* (»Rebel Without a Cause«) aus dem Jahr 1955, die Konfrontation mit dem Gesetz suchend, ziellos durchstreift, sind der Schauplatz gefährlicher, wenn nicht sogar tödlicher Spiele. In den Augen der meisten Deutschen waren sie weit entfernt vom alten Kontinent – und sollten dies auch bleiben.[99]

Allein, die sogenannten Halbstarken-Krawalle, die die deutsche Öffentlichkeit in der zweiten Hälfte der 1950er Jahre über Gebühr beschäftigten, waren mehr als die vermeintlich dunkle Seite der »Westernisierung«. Dass es sich bei ihnen um Hilfeschreie einer jungen Generation handelte, die gegen die satte Selbstgenügsamkeit ihrer Elternhäuser aufbegehrte, wurde alsbald deutlich. Dies erklärt wohl auch die scharfe Gegenreaktion der Älteren. Dass sich gerade die Jüngeren inmitten einer boomenden Wirtschaft von Zukunftsangst und Perspektivlosigkeit bedrückt fühlten, erschien dem Establishment, das stets zum Lob der Gegenwart bereit war, als Zumutung, wenn nicht gar als Kampfansage. Kunst und Literatur aber hatten ein Thema gefunden, das sie noch lange beschäftigen sollte. Und auch in politischer Hinsicht waren die Krawalle der Halbstarken, sinnfälliger Ausdruck eines in der jungen Generation weit verbreiteten Unbehagens an der modernen Gesellschaft, von einiger Bedeutung. Auch wenn sie vor allem »Zeichen einer unpolitischen Sattheitsrebellion« (Manfred Görtemaker) waren, trugen sie doch dazu bei, eine Kultur des Protestes entstehen zu lassen, die – im Kontext der hitzigen Debatten über einen deutschen Wehrbeitrag und die atomare Aufrüstung – zunehmend politisch wurde.

4 Zwischen Politisierung und Autonomie (1966–1982)

Eine Demonstration gegen den Vietnam-Krieg am 18. Februar 1968 auf dem Kurfürstendamm.

Intellektuellendebatten und Massenkultur

Nach dem Rücktritt Adenauers im Herbst 1963, der sogar im eigenen politischen Lager von vielen ersehnt worden war, und dem Bruch des Regierungsbündnisses von CDU/CSU und FDP im Herbst 1966, das unter dem glücklosen Kanzler Ludwig Erhard nicht mehr in der Lage war, sich auf Mittel und Wege für eine dringend erforderliche Haushaltssanierung zu verständigen, zeichnete sich mit der Großen Koalition aus CDU/CSU und SPD eine neue parlamentarische Konstellation ab.[1] Auch wenn sich die fortan von Kurt Georg Kiesinger geführte Bundesregierung in der Rückschau lediglich als ein Kabinett des Übergangs erwies, veränderte sie die politische Kultur der Bundesrepublik nachhaltig. Zum einen brachte sie erstmals die SPD – wenn auch vorerst nur als Juniorpartner – in die Regierung. Und mit

Willy Brandt, dem Außenminister und Vizekanzler, verfügten die Sozialdemokraten über einen charismatischen Spitzenpolitiker, der bei der Bundestagswahl 1969 auch Stimmen aus dem bürgerlichen Lager erhielt und gemeinsam mit der FDP den Machtwechsel in Bonn vollzog. Zum anderen führte die Große Koalition dazu, dass die parlamentarische Opposition – der Stimmenanteil der FDP als einziger im Parlament vertretener Nichtregierungspartei lag bundesweit bei 9,5 Prozent – weitgehend marginalisiert wurde. Verschärft durch die Tatsache, dass sich die SPD seit der Verabschiedung des Godesberger Programms im November 1959 schrittweise von einer sozialistischen Arbeiterpartei zu einer modernen Volkspartei wandelte, beförderte dies außerparlamentarische Strömungen, die sich unter dem Begriff »Neue Linke« zusammenfassen lassen.[2]

Diese Neue Linke, die eine Vielzahl unterschiedlicher Aktionsbündnisse und politischer Gruppierungen umschloss, war keineswegs ein rein deutsches Phänomen. Seit Mitte der 1960er Jahre breitete sie sich in ganz Westeuropa und Nordamerika aus, und ebenso weit gespannt waren ihre ideologischen Zielsetzungen, die von einer sozialistischen Rätedemokratie über den Trotzkismus bis hin zu anarchistischen Gesellschaftsentwürfen reichten. Im Unterschied zu traditionellen Konzepten betrachteten die Anhänger der Neuen Linken dabei nicht mehr die Industriearbeiterschaft, sondern die bürgerliche Bildungselite als Avantgarde der kommenden Revolution. Insofern war es nur folgerichtig, wenn sie sich von den Intellektuellen der Zeit inspiriert fühlten, allen voran den Vertretern des französischen Existenzialismus wie Jean-Paul Sartre und André Gorz sowie den Protagonisten der sogenannten Frankfurter Schule, zu denen neben Max Horkheimer, Theodor W. Adorno und Herbert Marcuse auch Jürgen Habermas gehörte, der 1964 im Alter von 35 Jahren auf den renommierten Lehrstuhl für Philosophie und Soziologie an der Universität Frankfurt am Main berufen wurde. Das bereits 1924 gegründete Institut für Sozialforschung, das eigentliche Zentrum der Frankfurter Schule, war – nach dem durch die Nationalsozialisten erzwungenen Exil in den USA – wie ein Phönix aus der Asche wiedererstanden. Mit dem methodischen Rüstzeug der Kritischen Theorie, die eine ideologiekritische Auseinandersetzung mit der gesellschaftlichen Wirklichkeit bezweckte, gebot sie über ein Instrumentarium, das nach den Verführungen während des »Dritten Reiches« wie geschaffen schien, den ideologischen Überbau der Gesellschaft ein- für allemal zu entzaubern. Tatsächlich wurde die Kritische Theorie, vor allem in Gestalt von Horkheimers und Adornos *Dialektik der Aufklärung*, alsbald zum intellektuellen Kontrapunkt der üppigen Wirtschaftswunderpartitur – und das sprichwörtlich gewordene »Hinterfragen« zum neuen Modus der Weltaneignung.[3]

Allerdings blieb die kritische Selbstreflexion, insofern sie darauf angelegt war, die Macht des Bestehenden zu brechen, nicht nur in der Bundesrepublik weitestgehend eine Domäne der Intellektuellen. Einzelne Elemente der Kritischen Theorie fanden zwar als rhetorische Versatzstücke bald Einlass in weitere Kreise der Öffentlichkeit, nicht selten vermittelt von Schriftstellern und Künstlern. Adornos groß angelegte Studie *Negative Dialektik* indes – 1966 bei Suhrkamp, dem Hausverlag der Frankfurter Schule, erschienen –, die das Verhältnis von Subjekt und Objekt unter den Bedingungen der kapitalistischen Gesellschaft neu zu bestimmen versprach, erwies sich über die engen Grenzen philosophischer Oberseminare hinaus als kaum vermittelbar. Nicht zu Unrecht hat Herbert Marcuse in diesem Zusammenhang darauf hingewiesen, dass die Vertreter der Neuen Linken meist der gesellschaftlichen Elite entstammten und unabhängig davon, ob es sich um Studenten, Bürgerrechtsaktivisten oder radikale Jugendliche handelte, nicht im klassischen Sinne politisch motiviert gewesen seien. Ihr eigentliches Credo habe vielmehr in einem »tiefen Mißtrauen gegen alle Ideologien«[4] bestanden. Dass sich diese Einschätzung schon bald als unhaltbar erweisen sollte, verleiht der Geschichte eine beinahe ironische Wendung: Gerade die Adepten der Ideologiekritik unterwarfen sich in der Folge nicht selten kritiklos dem Geltungsanspruch marxistischer Ideologien, und die Bewunderer Stalins und Maos innerhalb der sogenannten K-Gruppen bildeten die Speerspitze der dogmatischen Neuen Linken.

Noch bezeichnender war freilich der Umstand, dass es den Intellektuellen, wie sie sich im Umfeld der Frankfurter Schule zusammenfanden, nicht gelang, jenen Einfluss auf die Massenkultur auszuüben, den sie selbst für notwendig hielten.[5] Elitäre Vorstellungen von Kunst, Musik und Literatur, wie sie sich etwa an Adornos nachdrücklichem Engagement für die Kompositionen von Arnold Schönberg, Alban Berg und Anton Webern ablesen lassen, erwiesen sich dabei als durchaus typisch. Doch die Zweite Wiener Schule war von vornherein nicht für die Masse bestimmt gewesen, und dass ein Anhänger der Zwölftontechnik ein moralisch besserer Mensch sei als ein Schlagersänger, ist eine Behauptung, die sich schwerlich beweisen lässt. Der Versuch, Konsum und Kommerz ideologiekritisch als Fluchtbewegungen zu enttarnen, mit deren Hilfe der Mensch die Macht- und Abhängigkeitsstrukturen der modernen Industriegesellschaft traumverloren zu durchbrechen suche, wurde zwar seit den späten 1960er Jahren in der Neuen Linken wieder und wieder durchexerziert. Den Umsätzen der großen Kaufhäuser und Reiseveranstalter tat dies indes keinen Abbruch.

Zweifellos blieb die Reichweite der Debatten, die bereits seit den 1950er Jahren von Intellektuellen, Schriftstellern und Hochschullehrern wie Gottfried Benn, Hermann Kesten und Max Bense angestoßen worden waren, ausgesprochen begrenzt.[6] Auch wenn es nicht an der Absicht fehlte, die Öffentlichkeit wirksam zu erreichen – bei den renommierten Darmstädter Gesprächen diskutierten im September 1968 beispielsweise Wolfgang Abendroth, Friedrich Heer und Dolf Sternberger vor großem Publikum über das Thema »Mensch und Menschenbilder« –, blieb den Intellektuellen die Masse doch seltsam fremd, ja wohl auch suspekt. Dass anspruchsvolle Rundfunkessays und Hörspiele, wie sie beim Süddeutschen Rundfunk bereits unter der Ägide von Alfred Andersch in dichter Folge entstanden waren, fast ausnahmslos auf Sendeplätze außerhalb des Hauptprogramms gelegt wurden, war ein deutliches Zeichen. Und auch im Fernsehen, dem Medium mit der größten Breitenwirkung – bis 1963 stieg die Zahl der Nutzer auf acht Millionen –, dominierte in beiden öffentlich-rechtlichen Sendern, also sowohl in der ARD als auch im 1962 gegründeten Zweiten Deutschen Fernsehen (ZDF), unübersehbar die Unterhaltung.[7] Entertainer wie Hans-Joachim Kulenkampff (*Wer gegen wen?*) und Peter Frankenfeld (*1:0 für Sie*) bestimmten die Szene. Erste Familienserien eroberten rasch einen hohen Marktanteil, wobei sich der seit 1970 wöchentlich ausgestrahlte *Tatort* bald zum beliebtesten Fernsehkrimi überhaupt entwickelte; mit der Folge »Taxi nach Leipzig« machte, passend zur neuen Ostpolitik der Regierung Brandt, ein deutsch-deutscher Fall den Anfang. Politische Sendungen wie das bereits erwähnte Magazin *Panorama* konnten damit kaum konkurrieren, und selbst der legendäre *Internationale Frühschoppen*, eine Sonntag für Sonntag ausgestrahlte Diskussionsrunde mit Journalisten aus verschiedenen Ländern, blieb weit von der denkwürdigen Einschaltquote von 75 Prozent entfernt, die Robert Lembkes Quizsendung *Was bin ich?* im Jahre 1969 erreichte.

Insgesamt nahmen die Rundfunk- und Fernsehanstalten ihren politischen Bildungsauftrag zwar durchaus ernst. Die Unterhaltung blieb jedoch im Vordergrund, und für die intellektuelle Debatte hatte dies nicht unerhebliche Konsequenzen. In gewisser Hinsicht war das zu Recht viel gerühmte Nachtstudio, der Ort, an dem die anspruchsvollen Spätsendungen entstanden, nur der zinnenbekrönte Wehrgang des alten akademischen Elfenbeinturms. Wenn Werner Ross, einer der unabhängigen Köpfe der Bundesrepublik, von 1964 bis 1972 Direktor des Münchner Goethe-Instituts, der Dachorganisation auswärtiger Kulturpolitik, einmal mokant bemerkt hat, die Abendstudios und Nachtprogramme der Rundfunkanstalten seien »die pensionsberechtigten Stützpunkte der literarisch artikulierten Unbotmäßigkeit«[8], so war dies durchaus zutreffend. Die Grenzen der Debattenkultur waren so oder so nicht zu übersehen, und selbst der anfängliche Erfolg des *Kursbuchs*, 1965 von Hans Magnus Enzensberger als zentrales Diskussionsorgan der Außerparlamentarischen Opposition im Suhrkamp Verlag gegründet, konnte darüber nicht hinwegtäuschen.

Was die Massenwirkung betraf, so waren andere Zeitschriften ungleich erfolgreicher. Die Auflagen der sogenannten Soraya-Presse – benannt nach der bildschönen Gattin des Schahs von Persien, deren Kinderlosigkeit 1958 zur Scheidung des Kaiserpaares geführt und eine wahre Flut an Hochglanzreportagen ausgelöst hatte – gingen in die Hunderttausende.[9] Das Leben der Schönen und Reichen, Kleidung und Kosmetik, Liebe und Ehe waren die beherrschenden Themen der Regenbogenpresse. Zu ihren Adressaten zählten in erster Linie Frauen. Insgesamt lasen 1964 rund 30 Millionen Westdeutsche regelmäßig eine Illustrierte, und nicht nur die Modetendenzen, die diese Blätter vorgaben, hatten – ob Mini- oder Maxi-Look – unmittelbaren Einfluss auf den Alltag vieler Menschen. Für das junge Publikum war bereits 1956 die Zeitschrift *Bravo* gegründet worden, die es als Organ der Beat- und Rockbewegung sowie als Forum sexueller Aufklärung und Beratung binnen zehn Jahren zu einer Auflage von 885 000 Exemplaren brachte. Die Sexualisierung der Massenkultur war allerdings nicht nur für die heranwachsende Generation attraktiv, die zu ehemals tabuisierten Themen wie Zeugung, Geburt, Eheschließung, Prostitution oder Scheidung ein neues, wesentlich unverkrampfteres Verhältnis entwickelte.[10] Illustrierte wie *Quick* oder *Neue Revue* druckten seit Mitte der 1960er Jahre zunehmend Nacktfotos. Vertreter der Sexualwissenschaft warfen Hunderte von populär gehaltenen Broschüren und Ratgebern auf den Markt. Oswalt Kolles unmissverständlicher Aufklärungsfilm *Das Wunder der Liebe – Sexualität in der Ehe* zog 1968 innerhalb weniger Monate fünf Millionen Menschen in die Kinos, die Bundeszentrale für gesundheitliche Aufklärung stellte 1969 einen *Sexualkunde-Atlas* für die Schulen vor, und auf der Leinwand räkelte sich Brigitte Bardot als »süßes Biest ohne

Parfüm-Mystik, den feuchten Schmollmund halb offen und [...] in Sand, Meereswellen oder ungemachte Betten hingestreckt«[11], vor den Augen der nicht nur männlichen Betrachter. Wie lukrativ sich das Geschäft mit Erotik und Sexualität gestaltete, zeigt dabei insbesondere der kommerzielle Erfolg Beate Uhses, die 1962 in Flensburg ihr erstes »Fachgeschäft für Ehehygiene« eröffnete und ihre Handelsaktivitäten in den folgenden Jahren deutschlandweit ausbaute.[12] Deutlich wird der Ausmaß des Sex-Booms auch am Beispiel der Zeitschrift *Konkret*, die 1957 – teilweise von der DDR finanziert – als linkes politisches Kulturmagazin von Klaus Rainer Röhl, dem Ehemann von Ulrike Meinhof, gegründet worden war. Die weite Verbreitung im Umfeld der 68er-Bewegung verdankte *Konkret* nicht zuletzt einer eigenwilligen Mischung aus politischen Reportagen und Kommentaren einerseits und dem Abdruck von Nacktfotos und der immer stärkeren Berücksichtigung sexueller Themen andererseits, die der Zeitschrift schließlich den Ruf einer »Polit-Porno-Postille« eintrug.[13]

Indes, die Gräben zwischen intellektueller Elite und Mehrheitskultur blieben tief. Auch wenn Künstler und Schriftsteller zunehmend vor den Gefahren der Vermassung warnten – die meisten Menschen zeigten sich davon unbeeindruckt. Die Entwicklung des Tourismus, der durch Charterflüge eine neue Qualität gewann und fortan Mallorca zum Traumziel des Durchschnittsdeutschen erhob, belegt dies ebenso wie die 1963/64 eingerichtete Fußball-Bundesliga, deren Begegnungen während der Saison jedes Wochenende Hunderttausende Fans mobilisierte. International beachtete Großereignisse wie die – von der Geiselnahme und Ermordung israelischer Athleten überschatteten – Olympischen Sommerspiele 1972 in München und die 1974 in neun westdeutschen Städten ausgetragene Fußball-Weltmeisterschaft, deren Partien – im Finale besiegte die Bundesrepublik die Niederlande 2:1 – von rund 1,77 Millionen Menschen in den Stadien verfolgt wurden, unterstrichen die Bedeutung, die dem Sport ganz grundsätzlich innerhalb der Massenkultur zukommt.[14]

Szene aus dem Aufklärungsfilm »Wunder der Liebe« (1968)
von Oswalt Kolle, dem Vorreiter der sexuellen Aufklärung.

Auch in der DDR spielte der Sport eine wesentliche Rolle, nach innen wie nach außen. Von besonderer Bedeutung waren dabei die X. Weltfestspiele der Jugend und Studenten, die im Sommer 1973 in Ost-Berlin stattfanden. Erich Honecker, der als Generalsekretär des SED-Zentralkomitees seit 1971 *de facto* an der Spitze des Staates stand, meinte es mit seiner »Politik der kontrollierten Öffnung« dabei durchaus ernst.[15] Vor den Augen der Welt wollte sich die DDR als großzügiger, weltanschaulich toleranter Gastgeber zeigen, und in der Tat war die quirlige Atmosphäre etwa auf dem Berliner Alexanderplatz, wo scheinbar unbeanstandet politische Diskussionen geführt wurden, für viele Beobachter überraschend. Was die Gäste, die meist aus sozialistischen Bruderländern kamen, freilich nicht sehen konnten, war der gewaltige Überwachungsaufwand, den der DDR-Geheimdienst im Umfeld der Weltjugendspiele betrieb. Zu den vorbereitenden Maßnahmen, die Erich Mielke, seit 1957 Minister für Staatssicherheit, persönlich angeordnet hatte, gehörten nicht nur Schulungslager und Rhetorikkurse für die ostdeutsche Jugend, sondern auch ein politisches Großreinemachen, bei dem zahlreiche missliebige Personen, unter ihnen psychisch Kranke und Vorbestrafte, in Kliniken, Anstalten und Heime verbracht wurden. In der gesamten DDR führte die Staatssicherheit (Stasi) mit fast 20 000 Personen, die als Sicherheitsrisiko eingestuft wurden, bereits im Vorfeld einschüchternde Gespräche, um sie von einer Reise nach Ost-Berlin abzuhalten. Einmal mehr erwies sich die Weltoffenheit, die die SED-Führung zur Schau stellte, als reine Propagandainszenierung.

Dies galt auch für das Achtelfinale des Fußball-Europapokals, das am 7. November 1973 in Dresden zwischen Dynamo Dresden und dem FC Bayern München ausgetragen wurde. Um übermäßige Beifallsbekundungen für die Mannschaft aus dem Westen zu unterbinden, hatte die Staatssicherheit umfangreiche Maßnahmen (»Aktion Vorstoß«) eingeleitet: Eintrittskarten waren kaum im freien Verkauf erhältlich, die Dresdner Innenstadt wurde generalstabsmäßig in acht Sicherungsbereiche aufgeteilt, mehrere Tausend Mitarbeiter der Stasi überwachten die Fans aus Ost und West.

Anknüpfend an die Traditionen der Arbeiterbewegung, war der Einfluss des Sports in der DDR beträchtlich. Schul- und Volkssport besaßen Verfassungsrang, und die Devise »Jedermann an jedem Ort – einmal in der Woche Sport!« wurde in einer Vielzahl von Vereinen, Betriebssportgemeinschaften, Trainingszentren sowie Kinder- und Jugendsportschulen in die Tat umgesetzt.[16] Dabei kennzeichneten insbesondere zwei Tendenzen den Sportbereich: Zum einen war, gerade im Schul- und Breitensport, ein Hang zur Militarisierung zu beobachten; Marschexpeditionen, Geländeerkundungen und Stabhandgranatenweitwurf, selbstverständlich mit Attrappen, waren keine Seltenheit. Zum anderen stach die massive staatliche Förderung des Spitzensports, nicht selten als Teil des Armee- und Polizeisports, ins Auge. Internationale Erfolge – ablesbar unter anderem am Medaillenspiegel der Olympischen Spiele, an denen

Ost gegen West: Vor dem Hinspiel im Europapokal zwischen Dynamo Dresden und Bayern München am 24. Oktober 1973 in München.

die DDR seit 1972 höchst erfolgreich mit eigener Mannschaft teilnahm – sollten dabei nicht nur das Prestige des zweiten deutschen Staates erhöhen und aller Welt die Überlegenheit des Sozialismus demonstrieren, sondern auch das Selbstbewusstsein der Ostdeutschen stärken und ihnen helfen, jenseits der immer gleichen Losungen zum 1. Mai eine eigene Identität auszuprägen. Zur Erreichung dieser Ziele war der SED-Führung buchstäblich jedes Mittel recht. So wurden im Rahmen eines staatlich organisierten Dopingprogramms über 10 000 Leistungssportler, häufig ohne ihr Wissen, mit verbotenen leistungssteigernden Substanzen versorgt, wobei gesundheitliche Schäden bewusst in Kauf genommen wurden.[17]

Nicht zuletzt hatten die sportlichen Erfolge der DDR auch die Aufgabe, die Menschen über Misserfolge in anderen Bereichen hinwegzutäuschen. Dazu gehörte in erster Linie die Tatsache, dass sich unter den Bedingungen der sozialistischen Kommandowirtschaft kein Wohlstand einstellen konnte, der eine regelrechte Konsumkultur ermöglicht hätte. Die vielen Schilder, die bereits in den Schaufenstern verkündeten, was in einem Geschäft gerade nicht zu kaufen war (»Keine Cord-Hosen«), sprachen eine deutliche Sprache.[18] Und so versuchten die Menschen, ihre Bedürfnisse häufig durch Beziehungen und Gefälligkeiten zu befriedigen: eine kleine Wohnung, ein Auto, eine Waschmaschine, ein Fernseher, eine Ferienreise an die Ostsee. Die Massenorganisationen der DDR, von der Einheitspartei über den Freien Deutschen Gewerkschaftsbund (FDGB) bis hin zur Freien Deutschen Jugend (FDJ) und den Jungen Pionieren, vermochten es dabei trotz gigantischen Propagandaaufwandes nicht, die Individualität ganz zu unterdrücken. Die Familie blieb ein wichtiger Rückzugsraum. Und wenn Theodor W. Adorno den Westdeutschen in den *Frankfurter Heften* bereits 1950 vorgeworfen hatte, sich mit dem »Glück im Gewinkel«, einem »gefährlichen und zweideutigen Trost der Geborgenheit im Provinziellen«, zu begnügen, so galt dies in zugespitzter Form erst recht für viele Menschen in der DDR.[19]

Nachdem sich die DDR innerhalb der Staaten des Warschauer Paktes in wirtschaftlicher und kultureller Hinsicht einen Spitzenplatz erobert hatte, wollten die Ostdeutschen seit Mitte der 1960er Jahre gewissermaßen das nachholen, was die Bundesbürger bereits seit den 1950er Jahren getan hatten: schöner leben. In einer Mangelwirtschaft erwies sich dies jedoch als nicht eben leicht. Ein Auto etwa war in der DDR nur mit Geduld und Ausdauer zu bekommen.[20] 13 Jahre wartete man durchschnittlich auf eine Trabant-Limousine (»Trabi«), noch länger auf den nobleren Wartburg. In der Folge schossen die Preise für Gebrauchtwagen in die Höhe, grundsätzlich stellte sich ein gewisser Konsumfrust ein, und der Unmut in der Bevölkerung wuchs spürbar. Nur vor diesem Hintergrund ist zu verstehen, weshalb die SED-Führung 1974 eine Neuregelung in Kraft setzte, die es den Bürgern der DDR erlaubte, Devisen zu besitzen. Mit ausländischen Währungen, vor allem der D-Mark, stand den Menschen die Tür zum Intershop offen, einem Warenhaus, das in vielen ostdeutschen Städten einheimische, zollfreie Artikel anbot, nicht selten aus der sogenannten Gestattungsproduktion.[21] So gelangten sogar Produkte, die aufgrund der geringeren Lohnkosten in der DDR für westliche Firmen hergestellt wurden, in der DDR selbst in den Handel. Neben Tabakwaren und alkoholischen Getränken waren gegen Devisen schon bald Kleidungsstücke, Fernsehgeräte und alle Arten von Ersatzteilen zu haben. Selbst Salamander-Schuhe waren gelegentlich im Intershop zu finden. Doch während die Bundesrepublik, über ungleich größere Verteilungsspielräume verfügend, wesentlich durch den Konsum zusammengehalten wurde, war es in der DDR letztlich der Mangel, der die Masse einte.

Emanzipationspädagogik und Erziehungsdiktatur

Immer schon war die Bildung ein maßgeblicher Teil der Kultur. Es versteht sich daher beinahe von selbst, dass die wichtigsten öffentlichen Bildungsanstalten, die Schulen und Universitäten, bereits unmittelbar nach dem Ende des Zweiten Weltkriegs ihre Pforten wieder öffneten – zum Teil unter chaotischen Bedingungen, aber beseelt von der Vorstellung, einen eigenen, unverzichtbaren Beitrag zum Wiederaufbau leisten zu können. Immerhin gab es auf dem Gebiet der Bundesrepublik 1949 schon 19 Universitäten, die – im Unterschied zur DDR, wo die Akademien zur eigentlichen Trägerin des wissenschaftlichen Fortschritts erhoben wurden – allesamt an der Humboldtschen Einheit von Forschung und Lehre festhielten. Ihre Zahl wuchs in den folgenden Jahrzehnten kontinuierlich, und auch das Schulsystem, das seit dem Hamburger Abkommen 1964 aus einer vier- beziehungsweise sechsjährigen Grundschule und einem anschließenden Übergang in Hauptschule, Realschule oder Gymnasium bestand, expandierte weiter. Was sich allerdings vor allem änderte, war der Stellenwert der Pädagogik insgesamt.[22] Seit es Schulen und Universitäten gibt, ist unablässig nach ihrer Reform gerufen worden. Aber nie ertönten die Rufe lauter als in den 1960er Jahren. Dabei griffen prominente Bildungsreformer wie Hartmut von Hentig, seit 1968 Professor an der neu gegründeten Universität Bielefeld, sehr bewusst auf Ansätze zurück, die bereits in den 1920er Jahren von engagierten Reformpädagogen entwickelt worden waren. Die »Pädagogik vom Kinde her«, wie sie diese älteren Reformer vertraten, versuchte die autoritären Strukturen des wilhelminischen Schulsystems, dessen Folgen in Hermann Hesses Erzählung *Unterm Rad* (1906) oder in Frank Wedekinds Drama *Frühlings Erwachen* (1891) warnend vor Augen geführt werden, zu überwinden, indem sie die Vorstellung einer Schulgemeinde lancierte und erlebnispädagogische Modelle, freies Gespräch und praktische Tätigkeit in den Unterricht integrierte. An die Stelle des häufig als sinnlos empfundenen Büffelns und Paukens sollte die Selbstbildung der Schüler im freien Umgang mit der Welt treten.[23]

Systematisch umgesetzt wurden die entsprechenden Konzepte jedoch zunächst nur in einzelnen Institutionen, etwa in den – von der Anthroposophie Rudolf Steiners inspirierten – Waldorfschulen, die seit 1919 in verschiedenen deutschen Städten entstanden, oder in reformpädagogischen Internaten wie der Odenwaldschule, dem Internat Schloss Salem und dem Birklehof. Dies änderte sich, als Georg Picht, seit 1946 Leiter des Birklehofs, 1964 ein Buch vorlegte, das verschiedene Artikel, die er zuvor in der evangelischen Wochenzeitung *Christ und Welt* publiziert hatte, unter dem reißerischen Titel »Die deutsche Bildungskatastrophe« zusammenfasste.[24] Dass die meisten Menschen in der Bundesrepublik zu dieser Zeit nur die Volksschule besucht hatten und infolgedessen lediglich acht Prozent eines Jahrgangs ein Studium aufnahmen, hielt Picht sowohl aus politischen als auch aus wirtschaftlichen Erwägungen heraus für außerordentlich bedenklich. Viele andere Wissenschaftler und Intellektuelle, etwa der Soziologe Ralf Dahrendorf, sahen die Dinge genauso. Mit der Reform des Bildungswesens sollte in der Folge nicht nur das westdeutsche Bruttosozialprodukt gesichert, sondern der Mensch zum Bürger erzogen werden. Die bessere

Teilhabe am Gemeinwesen, so lautete ein Gedankengang, der insbesondere in der linksliberalen Mittelschicht weit verbreitet war, setze die Emanzipation von staatlichen Gewalten voraus, die am effektivsten mithilfe einer neuen Pädagogik zu erreichen sei. Dies war ein Grund dafür, weshalb ausgerechnet die Schule in den 1960er und 1970er Jahren zu einem Schauplatz anhaltender Konflikte zwischen konservativen und progressiven Parteien und Gruppen werden konnte. Der schwelende Streit um die katholischen Bekenntnisschulen in Nordrhein-Westfalen oder die scharfen Auseinandersetzungen um die Hessischen Rahmenrichtlinien für Gesellschaftslehre, die 1972 die Fächer Geschichte, Geografie und Sozialkunde bündelten und die Schule – unter dem Schlagwort »Selbst- und Mitbestimmung« – zu einem Instrument gesellschaftlichen Wandels machen wollten, sind hier nur zwei Beispiele. Pädagogik als Mittel sozialer Erneuerung, das war auch für den bereits erwähnten Hartmut von Hentig eine Selbstverständlichkeit.[25] Sein Bekenntnis zum selbstbestimmten Handeln und individuellen Verantworten, das vorzüglich in eine Zeit zu passen schien, die durch zunehmende Pluralisierung und Individualisierung gekennzeichnet war, vermochte Hentig seit Mitte der 1970er Jahre in der Laborschule sowie im Oberstufen-Kolleg Bielefeld in die Praxis umzusetzen, die als Versuchsschulen des Landes Nordrhein-Westfalen pädagogische Arbeit und wissenschaftliche Analyse miteinander zu verbinden suchten. Und Bielefeld schien bald fast überall zu sein. Schon seit Beginn der 1970er Jahre wurde der Schulunterricht flächendeckend verwissenschaftlicht; das Kurssystem, das durch die Oberstufenreform für die letzten drei Jahre des Gymnasiums eingeführt wurde, sollte einen stärker studienvorbereitenden Charakter tragen.[26] Davon unabhängig stieg die Zahl der Studierenden kräftig an. Grund dafür war nicht zuletzt das 1971 in Kraft getretene Bundesausbildungsförderungsgesetz (BAföG), das auch Schülern aus sozial schwächeren Schichten die Aufnahme eines Studiums ermöglichte. Allein die Liste der bayerischen Universitätsneugründungen spricht in diesem

Zusammenhang für sich: Regensburg 1962, Augsburg 1970, Bayreuth 1975, Passau 1978 und Bamberg 1979. Langfristig wichtiger noch war indes die Tatsache, dass sich viele Vorstellungen der Bildungsreformer seit den späten 1960er Jahren wie selbstverständlich in Schule und Unterricht wiederfanden. Dazu zählten das Konzept der Selbsttätigkeit ebenso wie die Erlebnispädagogik, das Projektlernen oder die Koedukation. Dass bei alledem der Erwerb von Faktenwissen mitunter auf der Strecke blieb und manche Unterrichtseinheit vor lauter Mitbestimmungsfloskeln eher wie eine frühzeitige Vorbereitung auf eine Tätigkeit als Betriebsrat in der Montanindustrie wirkte, ist sicher richtig. Gleichwohl war der emanzipatorische Impuls, der von der westdeutschen Bildungsreform ausging, immens.

»Unwissende, / damit ihr unwissend bleibt / werden wir euch / schulen«[27], so heißt es in einem Gedicht von Reiner Kunze, das 1969 unter dem Titel »Kurzer Lehrgang« im Sammelband *Sensible Wege* erschien, übrigens gegen den Willen der Ost-Berliner Ministerialbürokratie und noch dazu in einem westdeutschen Verlag. Tatsächlich war die politische Schulung unverzichtbarer Bestandteil der DDR-Kultur, und sie bezweckte im Grunde genommen nichts Geringeres als den totalen Zugriff auf den Menschen, vor allem auf den jungen Menschen. Die DDR selbst betrachtete sich hingegen gern als eine Art »pädagogische Provinz«, als eine im Goetheschen Sinne vorbildliche Erziehungsgemeinschaft. Die Staatsführung jedenfalls wurde nicht müde, die ostdeutsche Gesellschaft als ein Kollektiv von Lernenden zu preisen, vereint in der Verwirklichung der kommunistischen Idee. Dabei ist unbestritten, dass einzelne Elemente des Erziehungssektors, die in der DDR-Verfassung festgeschrieben waren, wie gleiches Recht auf Bildung, zehnjährige Schulpflicht oder Anspruch auf Berufsausbildung, durchaus innovativ wirkten.[28] Allerdings standen diese Ideale oft nur auf dem Papier: Denn dass von gleichen Bildungschancen keine Rede sein konnte, war jedermann spätestens bei der Immatrikulation an der Universität klar. Bei näherem Hinsehen wurde zudem die Kehrseite der Erziehungsanstrengungen, die, wie das längere gemeinsame Lernen in der zehnklassigen Polytechnischen Oberschule, im Einzelnen durchaus zukunftsweisend waren, erschreckend deutlich. So konnte sich niemand dem 1965 gesetzlich verankerten »einheitlichen sozialistischen Erziehungssystem«, das von der Krippe bis zur beruflichen Weiterbildung reichte, entziehen. Speziell die Ganztagsbetreuung von Kindern und Jugendlichen in Kindertagesstätten beziehungsweise Schule und Hort, die es, anders als im Westen, einer großen Zahl von Müttern erlaubte, ihrem Beruf nachzugehen, erwies sich als ideale Voraussetzung für die ideologische Indoktrinierung der Heranwachsenden. Dass die verordnete Emanzipation für die Frauen nicht selten eine Doppelbelastung bedeutete, da sie neben ihrem Beruf noch den Haushalt und – etwa im Krankheitsfall – auch die Kinder zu versorgen hatten, darf ebenfalls nicht verschwiegen werden.

Insofern war die DDR gewiss keine »pädagogische Provinz«. Sie konnte es schon deshalb nicht sein, weil die SED-Führung – den Lippenbekenntnissen zu Aufklärung und Humanismus zum Trotz – alles daran setzte, die Selbstbildung des Menschen, wie sie von Kant und Humboldt entworfen worden war, zu behindern.[29] Nicht die Entfaltung der individuellen Persönlichkeit, sondern der Zusammenhalt des sozialistischen Kollektivs war das entscheidende Ziel. Zu seiner Erreichung setzten die Machthaber auf einen Tugendkatalog, den man im allgemeinen Verständnis als typisch deutsch bezeichnen muss: Disziplin, Leistungswille, Achtung vor den Autoritäten – dies alles veredelt durch die Bindung an letzthin metaphysische Instanzen wie Partei und Staat. Jeder Jugendliche, so Erich Honecker auf dem X. Parteitag der SED 1981 in Ost-Berlin, müsse zu höchster Leistungsbereitschaft, unerschütterlichem Klassenbewusstsein und kämpferischem Einsatz für die Sache des Kommunismus erzogen werden. Ein dichtes Netz von staatlich gelenkten Organisationen und Verbänden, zu denen neben dem bereits erwähnten FDGB beispielsweise der Demokratische Frauenbund Deutschlands, die Gesellschaft für deutsch-sowjetische Freundschaft, der Deutsche Turn- und Sportbund und der Kulturbund gehörten, sorgte darüber hinaus dafür, dass die Einflussnahme im Erwachsenenalter keineswegs nachließ.[30] Dass es dabei auch Freiräume gab und einzelne Lehrer die staatlichen Vorgaben großzügiger auslegten, aller Kontrolle durch Inoffizielle Mitarbeiter der Stasi trotzend, darf nicht unerwähnt bleiben. Insgesamt jedoch erwies sich die DDR als eine weitgehend reibungslos funktionierende Erziehungsdiktatur. Wohl auch deshalb konnte sich eine Studentenbewegung, wie sie in der Bundesrepublik in den späten 1960er Jahren für Schlagzeilen sorgte, im zweiten deutschen Staat nicht entwickeln.

Jugendkultur und Protestbewegungen

Seit Mitte der 1950er Jahre hatte sich in Westdeutschland speziell in der jungen Generation eine Gegenkultur entwickelt, die die frisch gestrichenen Fassaden der schönen neuen Wohlstandswelt als Potemkinsche Dörfer betrachtete und ihrem Unmut über eine Gegenwart, in der für sie augenscheinlich kein Platz war, gewaltsam Ausdruck verlieh. Davon war bereits an anderer Stelle die Rede. Aber auch wenn manche sogenannte Halbstarke in Hamburg und andernorts ganze Jazzkeller verwüsteten und die Polizei – als Inbegriff jener Ruhe und Ordnung, die ihnen so verhasst war – provozierten, schien selbst kritischen Beobachtern eine regelrechte Jugendrevolte noch Mitte der 1960er Jahre schlechterdings unvorstellbar. Der Soziologe Ludwig von Friedeburg etwa, ein Schüler Theodor W. Adornos, seit 1966 Direktor des bereits mehrfach erwähnten Instituts für Sozialforschung in Frankfurt am Main und zwischen 1969 und 1974 umstrittener Kultusminister in Hessen, war sich noch 1965 ganz sicher: Die junge Generation strebe nicht auf die Barrikaden, sondern an den heimischen Herd. Ein neues Biedermeier habe Besitz von den Heranwachsenden ergriffen. Der Rückzug in Familie und Beruf bestimme ihr Leben, von einem echten Interesse an politischer Veränderung könne keine Rede sein, und speziell die Studenten bildeten »in der modernen Gesellschaft [...] kaum mehr ein Ferment produktiver Unruhe«[31]. Da Friedeburg in den 1950er Jahren längere Zeit am Institut für Demoskopie Allensbach, dem ältesten und renommiertesten deutschen Meinungsforschungsinstitut, beschäftigt gewesen war, stand er in dem Ruf, die maßgeblichen Tendenzen und Trends innerhalb der verschiedenen Alterskohorten genau zu kennen. Auch deshalb kam seiner Einschätzung großes Gewicht zu. Dass nur drei Jahre darauf Zehntausende von Studenten auf die Straße gingen und das politische System der Bundesrepublik einer harten Belastungsprobe aussetzten, hätte kaum jemand für möglich gehalten.

Dabei waren die Zeichen der Zeit – jedenfalls im Nachhinein – kaum zu übersehen. Einmal mehr waren es die USA, die in politischer wie kultureller Hinsicht den Ton angaben. In der amerikanischen Jugend gärte es bereits seit Längerem.[32] Speziell an den Universitäten stieß die Bürgerrechtsbewegung, die für die verfassungsmäßig verbriefte Gleichbehandlung aller gesellschaftlichen Gruppen, nicht zuletzt der nach wie vor diskriminierten Schwarzen, eintrat, auf großen Rückhalt. Er verstärkte sich noch, als sich der Kampf gegen die Rassendiskriminierung unter Führung von Martin Luther King radikalisierte und die 1966 gegründete Black Panther Party schließlich dazu überging, die Kampagne zugunsten der afro-amerikanischen Minderheit als Vorwand für einen bewaffneten Widerstand zu benutzen, der – strikt an den Parolen des revolutionären Klassenkampfs orientiert – die Ordnung der amerikanischen Gesellschaft insgesamt infrage stellte.[33] Mitverantwortlich für diese Entwicklung war der seit Mitte der 1960er Jahre zunehmend blutig ausgefochtene Vietnamkrieg. Angesichts erschreckender Bilder von Napalm-Opfern drohte er das Selbstverständnis der Vereinigten Staaten, die sich – auch in der westlichen Welt – dem Vorwurf ausgesetzt sahen, zur Erreichung vermeintlich hehrer Ziele ganz und gar verdammenswerte Mittel einzusetzen, dauerhaft zu untergraben.[34] Wenn sich die politischen Aktionsbündnisse, die sich – zunächst von intellektuellen Stichwortgebern angetrieben – nicht nur für eine rasche Beendigung des Vietnamkrieges, sondern für den Befreiungskampf der sogenannten Dritten Welt engagierten und damit zugleich die westliche Gesellschaft von sich selbst befreien wollten, mehr und mehr Gehör verschaffen konnten, so verwies das darauf, dass der Protest den Campus der Universitäten bereits überschritten hatte. Als Muhammad Ali, der größte Boxer aller Zeiten und das Idol einer ganzen Generation, 1967 mit der Bemerkung, er denke nicht daran zu helfen, »10 000 Meilen von zu Hause entfernt [...] eine andere arme Nation zu ermorden und niederzubrennen, nur um die Vorherrschaft weißer Sklavenherren über die dunkleren Völker«[35] zu sichern, den Kriegsdienst in Vietnam verweigerte und dafür mit der Aberkennung seines Weltmeistertitels und dem Entzug der Boxlizenz bestraft wurde, veranlasste dies viele Jugendliche – nicht nur in den USA – zu einem regelrechten Aufschrei der Empörung. Vermehrt wandten sie sich nun radikal von einer Gesellschaft ab, der sie eine doppelte Moral attestierten. In Elvis Presley, dem König des Rock 'n' Roll, sowie in zahlreichen Rockbands, allen voran den Rolling Stones und den Beatles, deren Lieder zwischen 1964 und 1968 rund um den Globus die Charts anführten, erblickten sie willkommene Alternativen zur scheinbar spießbürgerlichen Alltagskultur, und die Hippies, die in ihren ländlichen Kommunen mit solchen Alternativen auch lebenspraktisch Ernst machten, freie Liebe und ungezügelten Drogenkonsum eingeschlossen, bildeten nur die Vorhut einer viel breiteren Bewegung.[36]

Auch von westdeutschen Straßen und Plätzen waren junge Männer, die mit langen Haaren, abgetragenen Jeans und schmuddeligen Parkas gegen die Verhaltensnormen der Gesellschaft protestierten, seit Mitte der 1960er Jahre nicht mehr wegzudenken. Selbst in der DDR, deren Führung mithilfe des beinahe allmächtigen Staatssicherheitsapparates alles daransetzte, Abweichungen von der offiziellen Linie der Partei zu unterbinden, wurden immer mehr Jugendliche registriert, die sich

Elvis Presley war der »King of Rock 'n' Roll«. Werbefoto für den Film »Jailhouse Rock« (1957).

für Beatmusik begeisterten und durch Kleidung und Frisur die heile Welt des real existierenden Sozialismus herausforderten.[37] Haarschneideaktionen, wie sie von der FDJ im Verein mit der Volkspolizei verschiedentlich zwangsweise durchgeführt wurden, vermochten daran allerdings wenig zu ändern. Tatsächlich waren die »Gammler«, wie man die Vertreter dieser Subkultur bald nannte, in Ost und West ein unangenehmer Stachel im Fleisch der jeweils herrschenden Gesellschaftsordnung. »Ungepflegt und teilweise heruntergekommen«, so hat es Walter Hollstein, ein Schweizer Soziologe, einmal formuliert, störten sie »das bürgerliche Sauberkeitsempfinden entschieden: ihr langes Haar attackierte das Image vom männlichen Mann mit Familie, Haus, Besitz und Erfolg.«[38]

Diese Attacke, die einem Gefühl existenziellen Unbehaustseins entsprang, blieb kein Einzelfall. Sie richtete sich auch keineswegs nur gegen einzelne Aspekte der Alltagskultur. Bereits die sogenannten Schwabinger Krawalle, bei denen es im Juni 1962 – im Anschluss an einen Polizeieinsatz wegen nächtlicher Ruhestörung durch fünf junge Straßenmusiker – rund um die

Münchner Ludwig-Maximilians-Universität an vier aufeinander-
folgenden Tagen zu regelrechten Straßenschlachten zwischen
Tausenden von Jugendlichen und berittenen Polizisten kam,
waren unverkennbar Teil eines Prozesses, in dessen Folge sich
der antiautoritäre Protest mehr und mehr zu einer politischen
Bewegung entwickelte, die insbesondere in der Außerparlamentarischen Opposition (APO) Gestalt annahm. Die APO, die sich
gegen das politische System insgesamt richtete und insbesondere die von der Großen Koalition unter Führung von Bundeskanzler Kurt Georg Kiesinger, dessen Mitgliedschaft in der NSDAP
in diesem Zusammenhang nicht unerheblich war, geplanten
Notstandsgesetze verhindern wollte, wurde maßgeblich vom
Sozialistischen Deutschen Studentenbund (SDS) getragen.[39] Er
etablierte sich unter dem Einfluss von Rudi Dutschke und Bernd
Rabehl, den beiden wichtigsten Studentenführern der 1960er
Jahre, als ideologische Plattform einer marxistischen Umgestal-
tung der bundesdeutschen Gesellschaft. Im Unterschied etwa
zur »Subversiven Aktion«, die sich, entscheidend geprägt von
Dieter Kunzelmann, dem Mitbegründer der 1967 ins Leben ge-
rufenen Kommune I (K1)[40], auf performative Akte, symbolische
Provokationen und mediengerechte Happenings beschränkte,
griff er dabei zunehmend auf das Mittel der Gewalt zurück, die
sich zunächst gegen Sachen, später auch gegen Personen richtete. Als Avantgarde des gesellschaftlichen Wandels betrachtete
der SDS, der seine Hochburgen in Berlin und Frankfurt am Main
hatte, freilich keineswegs die Arbeiter, wie es der marxistischen
Doktrin entsprochen hätte, sondern die Studenten. Folglich trat
die APO vor allem für eine möglichst weitgehende Demokratisierung der Universitäten ein. Als Generalvollmacht für ihre Aktionen, die den Bereich des rechtlich Zulässigen bald überschritten, beriefen sich die Vertreter des SDS ein ums andere Mal auf
Max Horkheimers Theorie des »autoritären Staates«, wobei das
Frankfurter Institut für Sozialforschung vielen Zeitgenossen als
Vorposten einer neuen, besseren Gesellschaft erschien. Dass sich
am Ende gerade die Vertreter der Kritischen Theorie wie Zauber-

lehrlinge fühlten, die die Geister, die sie gerufen hatten, nicht mehr zu bannen vermochten, steht auf einem anderen Blatt.[41] Das Arsenal, dessen sich der SDS zunächst bediente, ist durchaus klassisch zu nennen. Es bestand, kurz gesagt, aus Kundgebungen, Kongressen und Kampfschriften. Und die entsprechenden Aktionen waren, wie etwa die studentischen Proteste anlässlich einer Werbewoche der Republik Südafrika in Berlin bezeugen, bei der im März 1965 viel von freundlichen Menschen und günstigen Produktionsbedingungen, aber kaum von den Schattenseiten des Apartheidregimes die Rede war, keineswegs von vornherein gewalttätig. Erst unter dem Eindruck der Vietnam-Proteste, die im kalifornischen Berkeley zu ersten Studentenunruhen geführt hatten, entwickelte der SDS, speziell an den beiden Berliner Universitäten, der Freien Universität (FU) und der Technischen Universität (TU), immer raffiniertere Methoden der »begrenzten Regelverletzung«.[42] Sie reichten von Sit-ins, also gewaltlosen Sitzblockaden, über die Sprengung ganzer Lehrveranstaltungen bis hin zur Proklamation eines Vietnam-Semesters, das ganz im Zeichen einer kritischen Aufarbeitung der fortdauernden Unterdrückung der einstigen Kolonien durch den imperialistischen Kapitalismus stand, wie es im Jargon der Studentenbewegung hieß. Dabei befand sich der SDS mit seinen Protestaktionen, wie etwa der von der IG Metall finanzierte Kongress »Notstand der Demokratie« zeigt, der – organisiert vom SDS-Bundesvorsitzenden Helmut Schauer – im Oktober 1966 in Frankfurt am Main stattfand, zunächst in guter Gesellschaft. Bereits die Demonstration gegen die amerikanische Beteiligung am Vietnamkrieg, bei der die Teilnehmer im Februar 1966 durch eine Sitzblockade auf dem Kurfürstendamm in Berlin den Verkehr zum Erliegen brachten und faule Eier gegen das Amerika-Haus am Bahnhof Zoo warfen, hatten in der Öffentlichkeit indes ein negatives Echo hervorgerufen. Gerade in der »Frontstadt Berlin«, über deren Wohl und Wehe letztlich allein die Supermacht USA wachte, wirkten antiamerikanische Aktionen auf viele Beobachter irritierend, und es waren denn auch nicht nur die Zeitungen des Springer-Konzerns, die die Anführer der Studenten-bewegung scharf angriffen.[43] Dass die Studenten das Verhalten der USA kritisierten, sich gleichzeitig jedoch für Mao Tse-tung und Ho Tschi-minh begeisterten, die in China beziehungsweise Nordvietnam menschenverachtende Terrorregime errichtet hatten, sorgte in weiten Teilen der Gesellschaft für Kopfschütteln.

Die Ablehnung der Proteste nahm noch zu, als mit Che Guevara ausgerechnet ein Comandante der Kubanischen Revolution zum Säulenheiligen der Studentenbewegung avancierte, dessen Glorifizierung nach seiner Exekution durch das bolivianische Militär im Oktober 1967 ein ungeahntes Ausmaß erreichte.

Zuvor freilich hatte sich in Berlin bereits ein ganz anderer Zwischenfall ereignet. Am 2. Juni 1967 war es anlässlich eines Besuchs des Schahs von Persien, der innerhalb des SDS als Inbegriff eines despotischen Machthabers und noch dazu als Marionette der USA galt, zu massiven Protesten gekommen. Vor der Deutschen Oper, wo der Schah in Begleitung von Bundespräsident Heinrich Lübke und des Regierenden Bürgermeisters Heinrich Albertz eine Vorstellung der *Zauberflöte* besuchte, eskalierte die Situation. In einem Handgemenge, dessen Verlauf nie lückenlos rekonstruiert werden konnte, löste sich ein Schuss aus der Dienstpistole eines Polizisten, der, wie erst Jahrzehnte später bekannt wurde, ein Inoffizieller Mitarbeiter (IM) der Stasi war. Der tödlich getroffene Benno Ohnesorg, ein 26 Jahre alter Romanistikstudent, verstarb noch auf dem Weg ins Krankenhaus.[44] Die Lage spitzte sich nun zu: Rudi Dutschke rief zum Kampf gegen den Springer-Konzern auf, dessen Blättern – allen voran der *Bild*-Zeitung – er ein gehöriges Maß an Mitschuld für die Eskalation zusprach. Der reguläre Lehrbetrieb der FU kam im Wintersemester 1967/68 weitgehend zum Erliegen; als studentische Gegengründung entstand kurzfristig die »Kritische Universität«. Im Februar 1968 fand ein weiterer »Internationaler Vietnam-Kongress« statt, zu dessen Abschluss rund 10 000 Studenten durch West-Berlin zogen und Ho Tschi-minh hochleben ließen. Und am 20. März 1968 zeigten die Städtischen Bühnen Frankfurt in der Regie von Harry Buckwitz erstmals den viel diskutierten *Viet Nam Diskurs*, die Theaterfassung von Peter Weiss' »Diskurs über die Vorgeschichte und den Verlauf des lang andauernden Befreiungskrieges in Viet Nam als Beispiel für die Notwendigkeit des bewaffneten Kampfes der Unterdrückten gegen ihre Unterdrücker sowie über die Versuche der Vereinigten Staaten von Amerika die Grundlagen der Revolution zu vernichten«. Die Diktion sagte alles. In der ohnedies aufgewühlten Situation, die sich auch in den folgenden Wochen nicht beruhigte, kam es schließlich am 11. April 1968 zu einem Anschlag auf Rudi Dutschke, den man als Fanal der 68er-Revolte verstehen kann: Mitten auf dem Kurfürstendamm wurde der Studentenführer von Josef Bachmann, einem Gelegenheitsarbeiter mit offenbar rechtsradikalem Hintergrund, mit drei Schüssen niedergestreckt.[45]

Was sich an den darauffolgenden Tagen – es war das Osterwochenende 1968 – ereignete, hatte die Bundesrepublik bislang noch nicht erlebt. In 27 Städten fanden Demonstrationen statt, an denen sich jeweils bis zu 18 000 Studenten und APO-Sympathisanten beteiligten. Gewalttätige Ausschreitungen waren keine Seltenheit, die Auslieferung der Zeitungen des Springer-Konzerns wurde blockiert, und in München kamen bei den Auseinandersetzungen zwei Menschen ums Leben. Im *Spiegel* bezeichnete Bernd Rabehl den Marxismus als »kompromisslose Kampfanweisung für die antiautoritären Revolutionäre«[46], und es bedurfte keines weiteren Kommentars, um zu verdeutlichen, dass es dem SDS nach den Osterunruhen mit diesem Kampf ernst war. Dabei war der Anteil der revoltierenden Studenten an der Gesamtbevölkerung zwar vergleichsweise gering – an den westdeutschen Universitäten zählte man zu dieser Zeit rund 300 000 Studenten, von denen sich etwa die Hälfte an den Protesten beteiligte. Speziell durch die Unterstützung von Schriftstellern wie Günter Grass und Heinrich Böll jedoch wurden die Anliegen der Studenten – die sich vorderhand auf eine durchgreifende Reform der Hochschulen, eine kritische Aufarbeitung der nationalsozialistischen Vergangenheit sowie die Verhinderung der Notstandsgesetze richteten, tatsächlich aber einen kompletten Umbau des parlamentarischen Systems mithilfe von Rätestrukturen und Guerilla-Aktionen im Sinn hatten – in eine größere Öffentlichkeit getragen. Dass die schwarz-rote Bundesregierung trotz massiver öffentlicher Proteste am 30. Mai 1968 die Notstandsgesetze letztlich unbeschadet durch das Parlament zu bringen vermochte, ist vor diesem Hintergrund gar nicht zu überschätzen. Die politische Grundordnung hatte sich, allen Angriffen zum Trotz, als stabil erwiesen. Die APO hingegen war bei der Durchsetzung eines ihrer wichtigsten Anliegen gescheitert.

Ebenfalls am 30. Mai 1968 fand, rund 400 Kilometer östlich von Bonn, ein anderes Ereignis statt. Nachdem das Politbüro des Zentralkomitees der SED den Bebauungsplan des Leipziger Karl-Marx-Platzes, dem früheren Augustusplatz, bewilligt hatte, wurde in den Morgenstunden dieses Tages die Paulinerkirche, die den Bombenhagel des Zweiten Weltkriegs einigermaßen unbeschadet überstanden hatte, zum Unmut vieler Bürger gesprengt. Einzelne Proteste, darunter eine spektakuläre Plakataktion anlässlich des III. Internationalen Bachwettbewerbs in der Leipziger Kongresshalle, wurden von den Machthabern rasch unterdrückt. Die Stasi ermittelte umfassend, mehrere Verdächtige wurden festgenommen.[47] Das Beispiel zeigt eindrücklich, wie unterschiedlich sich die Möglichkeiten und Grenzen politischer und intellektueller Opposition in Ost und West darstellten. Während ein Vorhaben wie die Neugestaltung des Leipziger Universitätskomplexes in der Bundesrepublik unweigerlich zur Politisierung der Studenten geführt und die Gründung von Bürgerinitiativen nach sich gezogen hätte, erstickte die DDR-Diktatur jeden Protest im Keim. Das bedeutet nicht, dass es in Ostdeutschland, speziell unter Schriftstellern und Künstlern, nicht unabhängige Köpfe gab, die bald als »Abweichler« gebrandmarkt wurden. Und es ändert auch nichts daran, dass für viele Menschen in der DDR der Rückzug ins Private, soweit er in einer alles kontrollierenden »Fürsorgediktatur« überhaupt möglich war, bereits eine Form des stillen Protests darstellte. Zumindest in den 1960er Jahren aber entwickelte sich noch keine Protestbewegung, die das Herr-schaftssystem der SED insgesamt in Zweifel gezogen hätte. Für die westdeutsche Studentenbewegung hingegen war das Frühjahr 1968 Höhe- und Wendepunkt zugleich.[48] Bereits zum Wintersemester 1968/69 beruhigte sich die Lage an den Univer-sitäten wieder, und mit dem Sieg Richard Nixons bei den ameri-kanischen Präsidentschaftswahlen im November 1968 schien ein Abzug der US-Truppen aus Vietnam in greifbare Nähe zu rücken. Der SDS, der sich am Ende in zahllosen Debatten selbst blockier-te, wirkte wie paralysiert; im März 1970 löste er sich in Frankfurt am Main auf. Die Lehren, die Wortführer und Sympathisanten der Studentenbewegung aus alledem zogen, waren jedoch höchst verschieden. Nicht wenige versuchten künftig, ihre Ziele, gewis-sermaßen pragmatisch geläutert, innerhalb des bestehenden Systems umzusetzen, und der Marsch durch die Institutionen, auf den sie sich begaben, erwies sich nicht einmal als besonders mühsam. Die atemberaubende Karriere Joschka Fischers, der es vom Frankfurter Häuserkampf bis an die Spitze des Auswärtigen Amtes brachte, ist hier nur das anschaulichste Beispiel.[49]

Eine verschwindend kleine Minderheit wiederum setzte als »Rote Armee Fraktion« (RAF) den Kampf im terroristischen Un-tergrund fort und hielt, finanziert unter anderem von der DDR, die westdeutsche Gesellschaft bis in die 1980er Jahre hinein in Atem.[50] Das Jahr 1977 brachte dabei eine besonders dramatische Zuspitzung, als Generalbundesanwalt Siegfried Buback, Jürgen Ponto, der Vorstandssprecher der Dresdner Bank, sowie Hanns Martin Schleyer, der Präsident des Bundesverbandes der Deut-schen Industrie, von der RAF ermordet wurden und der Versuch, die in der Haftanstalt Stuttgart-Stammheim einsitzenden Terro-risten mithilfe einer Flugzeugentführung freizupressen, im Ok-tober 1977, dem Höhepunkt des »deutschen Herbstes«, durch den Einsatz der Spezialeinheit GSG 9 auf dem Flughafen von Moga-dischu scheiterte. Andreas Baader, Gudrun Ensslin und Jan-Carl Raspe, die Rädelsführer der RAF, nahmen sich daraufhin im Ge-fängnis das Leben. Danach hatte der Terrorismus seinen Höhepunkt überschritten. Die breite Masse der SDS-Anhänger hingegen engagierte sich – so sie überhaupt politisch aktiv blieb – in den seit den 1970er Jahren entstehenden Neuen Sozialen Bewegungen, die von einzelnen Bürgerinitiativen über den Anti-Atom-Protest und die alternative Szene bis zur Frauenbewegung reichte.[51]

Alternativen: Punktreffs, Frauencafés und mehr

Am 31. Januar 1969 drohte dem Frankfurter Institut für Sozialforschung, gewissermaßen im Nachgang zu den zunehmend gewaltbereiten Protestaktionen des Vorjahres, die Besetzung durch Mitglieder des SDS. Theodor W. Adorno, der Direktor des Instituts, zögerte keinen Moment. Der Wortführer der Kritischen Theorie, auf dessen Gesellschaftsanalysen sich die revoltierenden Studenten in den zurückliegenden Monaten mehr als einmal berufen hatten, griff zum Telefon, rief die Polizei und ließ das Institut räumen. Die Szene weist weit über sich hinaus. Zunächst einmal zeigt sie, dass Adorno, der Meister der Dialektik, auch zur Studentenbewegung letztlich ein dialektisches Verhältnis hatte und die totalitäre Versuchung, der sich ihre Anhänger aussetzten, sehr genau erkannte. Jürgen Habermas hat in diesem Zusammenhang von der Gefahr eines »linken Faschismus«[52] gesprochen. Darüber hinaus illustriert die Szene, dass die staatlichen Institutionen allen Angriffen und Anfeindungen zum Trotz intakt blieben. Die Aktionen des SDS hatten die freiheitlich-demokratische Grundordnung nicht aus dem Gleichgewicht zu bringen vermocht. Und bei nicht wenigen Studenten herrschte nach der Verabschiedung der Notstandsgesetze eine gewisse Katerstimmung.

Damit ist nun freilich nicht gesagt, dass die Studentenrevolte insgesamt erfolglos gewesen sei. Tatsächlich kam es seit den späten 1960er Jahren zu einer spürbaren Demokratisierung der Hochschulen. Die alte Ordinarienuniversität ging ihrem Ende entgegen, die Mitwirkungsmöglichkeiten der Studenten wurden erweitert, und ein massiver Ausbau der Hochschulen führte dazu, dass sich unter dem Schlachtruf »Bildung für alle!« die traditionelle Alma Mater grundlegend veränderte.[53] Aber auch in anderen gesellschaftlichen Bereichen war ein Wandel nicht zu übersehen. Die Liberalisierung des Ehescheidungsrechts und des Schwangerschaftsabbruchs sowie eine weitgehende Entkriminalisierung der Homosexualität – allesamt strafrechtliche Neuregelungen der 1970er Jahre – veränderten die Lebenswelt nachhaltig.[54] Ob dieser Wandel unmittelbar auf die 68er-Bewegung zurückzuführen war, ist zwar durchaus fraglich. Unbestreitbar ist jedoch die Tatsache, dass – paradox formuliert – gerade die Studentenrevolte mit ihren teils antipluralistischen Tendenzen entscheidend zu einer umfassenden Pluralisierung der westdeutschen Gesellschaft beigetragen hat. Dieser Prozess spiegelte sich in einer Vielzahl von Initiativen, Basisgruppen und Vereinen, die man gemeinhin als Neue Soziale Bewegungen bezeichnet. Einher ging er mit einem zunächst von amerikanischen Soziologen konstatierten Wertewandel, der – vor dem Hintergrund der Ölkrise und der Turbulenzen auf den internationalen Finanzmärkten – seit der ersten Hälfte der 1970er Jahre das Verhältnis von Individuum und Gesellschaft neu definierte. Das subjektive Empfinden, so lassen sich die Befunde der großen Meinungsforschungsinstitute knapp zusammenfassen, erschien vielen Menschen fortan wichtiger als die objektiven Zwänge. Arbeit und Leistung, die Fixsterne des westdeutschen Wirtschaftswunders, hatten im Rahmen einer individualisierten Lebensgestaltung nur noch begrenzten Wert. Das Zauberwort dieser Jahre hieß Selbstverwirklichung.[55]

Eine solche Selbstverwirklichung schloss ein Engagement für das größere Ganze, wie es auch von den Vordenkern und Außenseitern der beiden großen Volksparteien, insbesondere von Erhard Eppler (SPD) und Herbert Gruhl (CDU), unter nachgerade apokalyptischen Vorzeichen (»Ein Planet wird geplündert«) gefordert wurde, freilich nicht grundsätzlich aus.[56] Allerdings wurzelte dieses Engagement zunächst häufig in individuellen Interessen und Bedürfnissen. Folgerichtig entstanden die ersten Bürgerinitiativen nahezu ausnahmslos als »Ein-Punkt-Aktionen«, die sich auf lokaler Ebene um die Lösung konkreter Probleme – häufig im Bereich von Erziehung und Bildung, Stadtentwicklung und Umweltschutz – bemühten. Auch die Stadtteil- und Randgruppenarbeit, die in den 1970er Jahren in vielen Kommunen praktiziert wurde, hatte sehr bewusst einen engen Radius. Er erweiterte sich erst, als industrielle Großprojekte in das Blickfeld der Öffentlichkeit traten. So schlossen sich 1972/73, als Pläne bekannt wurden, im badischen Wyhl ein neues Atomkraftwerk zu bauen, einzelne Bürgerinitiativen zum »Oberrheinischen Aktionskomitee gegen Umweltgefährdung durch Kernkraftwerke« zusammen. Einen vergleichbaren Effekt hatten die Proteste und Demonstrationen gegen den Bau des Kernkraftwerks Brokdorf. Sie führten dazu, dass aus unterschiedlichen, zunächst regional verankerten Initiativen und Aktionen wie der »Bürgerinitiative Umweltschutz Unterelbe« oder der »Bürgeraktion Küste« schließlich eine bundesweite Bewegung erwuchs, die sich gegen die zivile wie die militärische Nutzung der Atomkraft richtete.[57]

Die Kraftproben mit den Sicherheitskräften, die die Demonstranten an den Bauzäunen in Wyhl, Brokdorf und andernorts suchten, lösten ein breites Medienecho aus. Die Polarisierung der Öffentlichkeit wiederum, zu der die breite Berichterstattung über die Anti-Atomkraftproteste nicht unwesentlich beitrug, führte zu einer weitgehenden Politisierung der Debatte. Kein anderes Phänomen zeigt dies so anschaulich wie der Entstehungsprozess der Partei »Die Grünen«, der mit der Kandidatur von Vertretern einer »Grünen Liste Umweltschutz« bei den Kreistagswahlen in Hildesheim im Oktober 1977 seinen Anfang nahm. Auch wenn sich die grüne Partei, die 1980 auf Bundesebene gegründet wurde, zunächst noch als parlamentarischer Arm einer außerparlamentarischen Bewegung verstand, zeigt das Beispiel, wie groß der Einfluss war, den die Neuen Sozialen Bewegungen mittlerweile in der politischen Kultur der Bundesrepublik geltend machen konnten. Im Falle der Grünen gilt dies nicht nur für die Anti-Atomkraftbewegung, sondern auch für die neue Friedensbewegung, und Petra Kelly, die erste Bundesvorsitzende der Partei, setzte alles daran, beiden Strömungen politisches Gewicht zu verleihen.[58]

Bereits in den 1950er und 1960er Jahren waren Stimmen gegen die Außen- und Sicherheitspolitik der Bundesregierung laut geworden. Dies betraf sowohl die sogenannte Paulskirchenbewegung, die 1955 gegen den NATO-Beitritt opponiert hatte, als auch das 1957 gegründete Bündnis »Kampf dem Atomtod« und die Ostermarschbewegung, deren Anhänger seit 1960 Jahr für Jahr gegen Krieg und Aufrüstung auf die Straße gingen. Zu einem politisch wichtigen Faktor wurde die Friedensbewegung allerdings erst Ende der 1970er Jahre, als der Kalte Krieg unter dem Eindruck des sowjetischen Einmarschs in Afghanistan und des NATO-Doppelbeschlusses im Dezember 1979 einem neuen Höhepunkt zuzustreben schien. Speziell die Strategie der NATO, neue Raketensysteme (Pershing II und Cruise Missiles) in Westeuropa – und damit auch in der Bundesrepublik – zu stationieren, falls die Abrüstungsverhandlungen zwischen den USA und der Sowjetunion scheitern sollten, mobilisierte die Öffentlichkeit auf breiter Front. Bis zu 300000 Menschen nahmen im Oktober 1981 an einer Demonstration gegen den Doppelbeschluss im Bonner Hofgarten teil. Eine unerwartet große Bewegung verlangte Gehör, und Bundeskanzler Helmut Schmidt, der sich während der Bedrohung durch den Linksterrorismus als kluger und prinzipienfester Staatsmann erwiesen hatte, geriet mit seinem Bekenntnis zum NATO-Doppelbeschluss, den er selbst mitinitiiert hatte, nun auch in der eigenen Partei unter Druck.[59]

Das Spektrum der Neuen Sozialen Bewegungen umfasste freilich noch weitaus mehr Strömungen, und nicht alle waren in der Öffentlichkeit so präsent wie die Friedens- oder die Anti-Atomkraftbewegung. Zu ihnen zählte die neue Frauenbewegung, die sich zunächst innerhalb des SDS und seit Ende der 1960er Jahre vermehrt in eigenen Aktionsbündnissen, den sogenannten Weiberräten, organisierte. Bundesweite Beachtung erlangte sie im Zuge der Kampagne gegen das geltende Abtreibungsrecht (»Mein Bauch gehört mir!«).[60] Als die Illustrierte *Stern* im Juni 1971, organisiert durch Alice Schwarzer, die als freie Korrespondentin in Paris zum »Mouvement de Libération des femmes« gestoßen war, eine Selbstbezichtigung von 374 Frauen, unter ihnen Prominente wie Romy Schneider, Senta Berger und Carola Stern, abdruckte, schlugen die Wellen hoch. Die Liberalisierung des Schwangerschaftsabbruchs wurde in den folgenden Jahren zum beherrschenden Thema der Frauenbewegung, die durch Demonstrationen, Straßenfeste und nachgestellte Tribunale auf sich aufmerksam machte. Tatsächlich beschloss der Bundestag 1974 mit den Stimmen der SPD und der FDP eine Reform des Paragrafen 218 StGB, die – analog zur geltenden Regelung in der DDR – die Abtreibung in den ersten drei Monaten der Schwangerschaft nicht länger unter Strafe stellte. Als das Bundesverfassungsgericht die Fristenregelung im Jahr darauf für nichtig erklärte, verlor die Frauenbewegung ihren wichtigsten gemeinsamen Bezugspunkt. Alte Animositäten wurden wieder sichtbar, und die Bewegung, die gewissermaßen als Zweckbündnis für eine Revision des Abtreibungsrechts entstanden war, zerbrach in viele Gruppen und Organisationen: feministische Gesprächskreise, literarische Zirkel, Frauencafés oder lesbische Aktionszentren. Sogar eigene Frauenbuchhandlungen und -verlage entstanden, allen voran der Verlag Frauenoffensive, der, 1975 in München gegründet, mit Verena Stefans Bestseller *Häutungen* das feministische Kultbuch schlechthin auf den Markt brachte. Kommerzieller Erfolg war den verschiedenen Projekten ansonsten freilich kaum beschieden. Daran konnte auch der relativ hohe Absatz der feministischen Zeitschrift *Emma* nichts ändern, die 1977, von Alice Schwarzer verlegt, mit einer Startauflage von immerhin 200 000 Exemplaren auf den Markt kam.[61] Die Selbsterfahrungsgruppe blieb die vorherrschende Organisationsform der zunehmend disparat wirkenden Frauenbewegung, und in gewisser Weise spiegelte das den individualistischen Ansatz wider, der die Neuen Sozialen Bewegungen in unterschiedlichem Maße charakterisierte.

Kulturelle Nischen waren es auch, die die Protagonisten der alternativen Szene seit den ausgehenden 1960er Jahren besetzten. Indem sie die Wertvorstellungen der 68er nicht mehr nur als theoretische Leitlinien, sondern als Maximen der praktischen Lebensführung betrachteten und zugleich an die Kultur der Hippies und Gammler anknüpften, entwarfen sie ein gesellschaftliches Gegenmodell, das politisch wirksam werden sollte, zugleich jedoch ein neues Krähwinkel schufen.[62] Den Raum zur Verwirklichung dieses alternativen Projekts, das sich in Kommunen oder Wohngemeinschaften manifestierte, in denen die gängigen Vorstellungen von Besitz, Erziehung und Geschlecht überwunden werden sollten, boten nicht selten leerstehende Wohnungen, die im Zuge von Hausbesetzungen seit Anfang der 1980er Jahre in allen größeren Städten von »autonomen Häuserkämpfern« gleichsam erobert wurden. Ein langfristiger Erfolg war diesen Aktionen jedoch nicht beschieden. Die Hamburger Hafenstraße, seit den Hausbesetzungen im Jahre 1984 Synonym für einen rechtsfreien Raum, in dem Linksradikale Unterschlupf fanden, blieb ein Einzelfall, und auch die Punks, die mit grell gefärbten Haaren, auffälligen Piercings und autonomen Parolen eine bewusste Antithese zur scheinbar heilen Bürgerwelt schufen, bildeten letztlich eine verschwindend geringe Minderheit.[63] Dagegen schossen alternative Einrichtungen wie Kneipen und Cafés, Kinos und Theater, Kinderläden und Jugendzentren in bestimmten Stadtvierteln wie Pilze aus dem Boden. Allein in West-Berlin gab es Anfang der 1980er Jahre etwa 1 500 alternative Projekte. Ihren ideologischen Impetus, der ursprünglich darauf abgezielt hatte, vom einzelnen Menschen ausgehend die ganze Gesellschaft zu erneuern, konnten sie freilich nicht bewahren. Die ökologischen und spirituellen Ziele, die die alternative Szene ursprünglich formuliert hatte, wurden weitgehend kommerzialisiert. So gehört das Berliner Stadtmagazin *zitty*, als alternative Illustrierte im Eigenverlag gegründet, seit 1999 zur Verlagsgruppe Georg von

Holtzbrinck. Und im Bioladen um die Ecke kauft längst die smarte Rechtsanwältin aus der Großkanzlei ein.

Auch in der DDR gab es, was gelegentlich vergessen wird, alternative Nischen, und sie befanden sich keineswegs nur an elitären Orten wie der Dresdner Villenkolonie »Weißer Hirsch«, der Uwe Tellkamp 2008 mit seinem Roman *Der Turm«* ein brüchig-monumentales Denkmal errichtet hat. Allerdings konnten unter den Bedingungen einer Parteidiktatur, die nicht davor zurückschreckte, politisch Missliebige ins Gefängnis zu stecken, keine Gruppen entstehen, deren politische Bedeutung auch nur annähernd an die der Neuen Sozialen Bewegungen herangereicht hätte. Nichtsdestotrotz war auch in Ostdeutschland der Trend zu einer Individualisierung, die die staatlich sanktionierten Normen zumindest teilweise außer Kraft zu setzen vermochte, nicht zu übersehen. Dass die Musik der Beatles und der Rolling Stones in der DDR viele begeisterte Anhänger fand, ist bereits deutlich geworden. Und dass die Staats- und Parteiführung diese ganz und gar unsozialistischen Tendenzen mit Argusaugen verfolgte, ist ebenfalls bekannt. Tatsächlich konnte schon die Aufführung von Jazz-Musik, die als »amerikanisch-dekadent« verschrien war, zum Stein des Anstoßes werden. Manfred Krug etwa, seit den frühen 1960er Jahren einer der beliebtesten Schauspieler in der DDR, sorgte mit seinen Auftritten als Jazzsänger für erhebliche Irritationen. Die von ihm geschriebenen Titel, wie »Es steht ein Haus in New Orleans«, wurden zwar ungemein populär, doch gerade diese Popularität ließ ihn in den Augen der Stasi zunehmend gefährlich werden. Im Juni 1977 verließ Manfred Krug daher die DDR in Richtung West-Berlin, nachdem er mit einem Berufsverbot belegt worden war.[64]

Und er war nicht der einzige, der ging. Erich Honecker hatte im Zuge einer begrenzten Entspannungspolitik den Schriftstellern und Intellektuellen zwar ein »weites Feld für künstlerische Kreativität«[65] konzediert. Doch diese vermeintliche Autonomie stand von vornherein unter Vorbehalt. Kritische Schriftsteller und Publizisten wie Wolfgang Harich, Stefan Heym oder Ste-

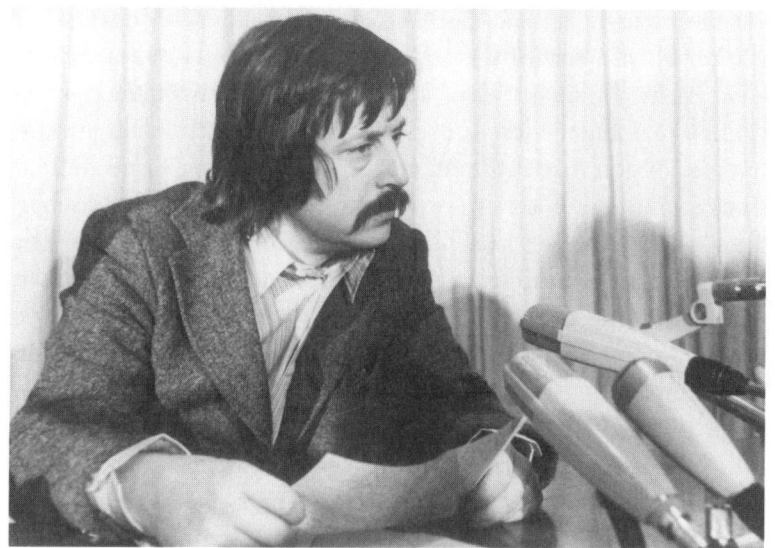

Der Liedermacher Wolf Biermann bei der Pressekonferenz nach seiner Ausbürgerung im November 1976.

phan Hermlin befanden sich weiterhin unter scharfer Beobachtung. Selbst Christa Wolf, die in den 1960er Jahren mehrfach für das Zentralkomitee der SED kandidiert hatte und früher als IM Margarete für die Stasi tätig gewesen war, konnte ihre »künstlerische Kreativität« nur bedingt entfalten. Der Liedermacher Wolf Biermann wurde 1976 sogar förmlich ausgebürgert, indem man ihm – im Anschluss an eine Konzerttournee durch die Bundesrepublik – die Rückreise in die DDR verweigerte. Die Ausbürgerung Biermanns erwies sich für die Machthaber freilich insofern als Pyrrhussieg, als prominente Schriftsteller und Künstler unerwartet heftig gegen diese Maßnahme protestierten und sein Fall für die verschiedenen oppositionellen Zirkel, auch jenseits des Intellektuellenmilieus, zu einem wichtigen Faktor der politischen Mobilisierung wurde.[66]

Diese Mobilisierung machte sich in den späten 1970er Jahren auch in anderen gesellschaftlichen Bereichen geltend. Dies galt beispielsweise für die beiden christlichen Kirchen, die sich – die evangelische aufgrund der ostdeutschen Konfessionsstruktur stärker als die katholische – zunehmend zu einem Forum des zwar nicht gänzlich freien, aber doch offeneren Dialogs entwickelten und auch jenen Andersdenkenden eine Zuflucht gewährten, die in den Institutionen von Staat und Partei keine Heimat finden konnten.[67] Nach außen hin schien die Beziehung zwischen Staat und Kirche – maßgeblich moderiert durch den Leiter des Sekretariats des Bundes der Evangelischen Kirchen in der DDR, Manfred Stolpe, der über Jahre hinweg von der Stasi als IM Sekretär geführt wurde – zwar spätestens durch ein Spitzentreffen zwischen Erich Honecker und Bischof Albrecht Schönherr im März 1978 geklärt. Nach innen jedoch blieben – trotz der wohlklingenden Formel von der »Kirche im Sozialismus« – viele Fragen offen. Selbstverbrennungen evangelischer Pfarrer, wie sie 1976 und 1978 als radikaler und zugleich umstrittener Ausdruck eines Protests gegen das Unrechtssystem bekannt wurden, waren glücklicherweise Einzelaktionen. Sie verwiesen jedoch auf jene Mischung aus Wut und Ohnmacht, die sich für die Machthaber als hochgradig gefährlich erweisen sollte. Wie in der Bundesrepublik, so war es dabei auch in der DDR vor allem die Friedensbewegung, die sich Anfang der 1980er Jahre zum Katalysator unterschiedlicher Protestaktionen avancierte. Unter dem aus der Bibel entlehnten Motto »Schwerter zu Pflugscharen« trafen sich Zehntausende meist junger Menschen zu pazifistischen Veranstaltungen, und wieder waren es vor allem die Kirchen, die dem Protest eine institutionelle Basis verschafften. Symptomatisch ist in diesem Zusammenhang das Engagement von Hans Simon, dem Pfarrer der Berliner Zionskirchgemeinde, der oppositionellen Gruppen wie dem »Friedens- und Umweltkreis« Raum bot und den Konflikt mit dem Staat dabei nicht scheute.[68]

Berlin war ohnehin das Zentrum aller alternativen Strömungen in der DDR. Als besondere Heimstatt vieler Andersdenkender galt lange Zeit der Prenzlauer Berg. Hier trafen sich die Künstler und Schriftsteller, die unter Umgehung der üblichen Zensurvorschriften, aber unter scharfer Beobachtung durch die

Stasi ihre Zeitschriften und Bücher, die sogenannten Mappen, selbst verlegten. Szeneautoren wie Sascha Anderson oder Bert Papenfuß-Gorek gründeten alternative Zirkel, und manche Besucher aus dem Westen fühlten sich inmitten dieses Salonbolschewismus an Schwabings goldene Zeiten erinnert. Zugleich gab es jedoch eine Vielzahl konspirativer Wohnungen, die regelmäßig von Geheimdienstleuten benutzt wurden. Es war gewiss viel persönliche Verletzung im Spiel, wenn Wolf Biermann die Künstlerszene in Prenzlauer Berg nachträglich als »Stasizüchtung aus den Gewächshäusern der Hauptabteilungen HA-XX/9 und HA-XX/7«[69] bezeichnete und in seiner Rede anlässlich der Verleihung des Büchner-Preises 1991 Sascha Anderson, der Mitglied der DDR-Rockgruppe »Zwitschermaschine« war und als Mann der Opposition galt, als Spitzel enttarnte. Gleichwohl waren auch die Nischen in Prenzlauer Berg, der für ostdeutsche Verhältnisse als »extrem chaotischer Bezirk«[70] galt, zunächst nicht sonderlich groß. Wo sie existierten, waren sie häufig von der Stasi präpariert worden. Auch die Punks, die sich, analog zur Entwicklung in Westdeutschland, seit den späten 1970er Jahren in der DDR ausbreiteten und mit ihren zerrissenen Lederjacken, ihrem Sicherheitsnadel- und Rasierklingen-Outfit nicht in die sozialistische Idylle passen wollten, wurden nicht selten beobachtet, kriminalisiert und verhaftet.[71] Als 1983 das erste ostdeutsche Punk-Album, die Split-Veröffentlichung *DDR von unten*, beim westdeutschen Label Aggressive Rockproduktionen herauskam, hatte das für die Band »Schleim-Keim«, die maßgeblich an der Aufnahme beteiligt war, erhebliche rechtliche Konsequenzen. Auch hier waren es Kirchgemeinden, die den Punks weiterhin Auftrittsmöglichkeiten verschafften. Und die Hausbesetzungen, zu denen es Anfang der 1980er Jahre in Prenzlauer Berg, vor allem in der Lychener Straße und der Schliemannstraße, kam, schweißten die Protagonisten der Punkszene und die Vertreter der Umwelt- und der Friedensbewegung noch enger zusammen. Die Zusammenstöße zwischen Punks und Skinheads, zu denen es – unter den Augen der nicht einschreitenden Volkspolizei –

anlässlich eines Konzerts der DDR-Gruppe »Die Firma« und der West-Berliner Band »Element of Crime« im Oktober 1987 in der bereits erwähnten Zionskirche kam, zeigten indes, wie fragil das Netz war, das die alternativen Gruppen in der DDR bis zuletzt zu knüpfen versuchten.

Grenzgänger in Kunst und Literatur

Die 1960er Jahre waren ein Jahrzehnt des Aufbruchs, und die Vertreter der Hochkultur hatten erklärtermaßen den Anspruch, diesen Aufbruch nach Kräften zu befördern. In dem Maße, in dem sich die Außerparlamentarische Opposition radikalisierte, politisierte sich auch die Kunst. Die Zeiten, in denen man sich in die unverbindliche Formsprache der abstrakten Malerei flüchten konnte, schienen vorerst passé. Auch die betont nüchterne Prosa, wie sie in den Nachkriegsjahren vielfach entstanden war, wirkte angesichts der gesellschaftlichen Großkonflikte, die sich in der Bundesrepublik immer deutlicher abzeichneten, seltsam antiquiert. Dass es sich bei der Kunst in erster Linie um eine Form des Widerstands, um ein Aufbegehren gegen die bestehenden Verhältnisse handelte, stand für Verfechter der Kritischen Theorie außer Frage. In diesem Sinne hatte Theodor W. Adorno bereits 1953 darauf hingewiesen, dass es nicht die Aufgabe der Kunst sei, »ein Zahnrad im Getriebe abzugeben, sondern sich eines Zustandes zu erwehren, in dem alles nur für irgend etwas ›funktioniert‹«[72]. Gerade die Hochkultur, so hieß das, müsse subversiv sein, nur so könne sie das Individuum vor dem Zugriff vermeintlicher Autoritäten schützen und die Autoritäten selbst wirksam kritisieren. Eine solche Haltung, die erheblich von der *littérature engagée* des 19. Jahrhunderts inspiriert war, machte die Schriftsteller zu politischen Intellektuellen – und zugleich zu natürlichen Verbündeten der Studentenführer.

Bereits 1963 hatte Rolf Hochhuth mit seinem Schauspiel *Der Stellvertreter*, das die Haltung von Papst Pius XII. zum Holocaust thematisierte, überkommene Autoritäten, allen voran die katholische Kirche, herausgefordert. Und die Kontroverse, die sich nach der Uraufführung des »christlichen Trauerspiels« an der Freien Volksbühne in West-Berlin entwickelte – die Regie führte kein Geringerer als Erwin Piscator, der sich bereits in den 1920er Jahren mit politischen Inszenierungen einen Namen gemacht hatte –, zeigte, dass Hochhuth tatsächlich einen Nerv getroffen hatte.[73] Selbstredend hatte es in der Literatur schon zuvor sozialkritische Tendenzen gegeben; Schriftsteller wie Alfred Andersch, Wolfgang Koeppen, Günter Grass oder Uwe Johnson hatten sich in ihren Büchern stets auch mit Fragen der Gegenwart beschäftigt. Doch in den 1960er Jahren wurde die Literatur selbst zunehmend tendenziös, wie etwa Peter Weiss' Theaterstück *Die Ermittlung* über den ersten Frankfurter Auschwitzprozess zeigt. Die Tendenzliteratur, die im Umfeld der APO entstand, durfte selbst durchaus als Teil des politischen Kampfes gelten. Ein gutes Beispiel für diese Politisierung des Literarischen bietet das Werk Heinrich Bölls.[74] Nachdem er in Romanen wie *Wo warst du, Adam* (1951), *Billard um halbzehn* (1959) und *Ansichten eines Clowns* (1963) bereits zuvor die geistige Atmosphäre der Adenauerzeit, in seinen Augen eine Mischung aus Verdrängung und Bigotterie, attackiert hatte, bezog er 1968 unmissverständlich für die protestierenden Studenten Position und löste 1972 mit seinem *Spiegel*-Essay »Will Ulrike Gnade oder freies Geleit?«, der sich wohlwollend mit der RAF-Terroristin Ulrike Meinhof und kritisch mit der Berichterstattung der Springer-Presse beschäftigte, einen regelrechten Skandal aus. Auch Bölls wohl bekannteste Erzählung *Die verlorene Ehre der Katharina Blum* – vom Autor persönlich als »Pamphlet« bezeichnet – machte die Massenpresse für die Radikalisierung von Teilen der APO, insbesondere für das Erstarken des Terrorismus, verantwortlich und war als eminent politische Stellungnahme zu verstehen. Dass Böll 1972 den Nobelpreis für Literatur erhielt, durfte als Unterstützung für den Kurs des eigensinnigen Schriftstellers verstanden werden.

Gleichwohl kam das politisch engagierte Schreiben schon bald an ein Ende. Bereits die jungen Kultautoren der 1960er

Jahre wie Rolf Dieter Brinkmann hatten sich als Vertreter einer alternativen Kultur einen Namen gemacht, nicht jedoch als politische Agitatoren. Und so sehr Brinkmann, der Lyriker des Underground, etwa mit der von ihm zusammengestellten Anthologie *Acid*, 1969 im März-Verlag erschienen, das gutbürgerliche Publikum zu erschrecken wusste – letztlich waren die sexuelle Freizügigkeit und die aggressive »Peng«-Mentalität, die aus den Texten sprach, kaum politisch unterfüttert.[75] Die jungen Schriftsteller im Westen experimentierten vielmehr höchst kreativ mit Sprache und Formen. Peter Handke etwa verwendete für seine *Deutschen Gedichte* 1969 zugeklebte Briefumschläge, die ausschließlich Gebrauchstexte wie Börsenkurse, Lottozahlen oder Reklamezettel enthielten: ein bewusst »inhaltloser Inhalt«. Die Frage nach dem Sinn von Kunst und Kultur, die Handke damit aufwarf, gehörte bald zum festen Inventar der Dichter und Schriftsteller. An die Stelle einer sozialkritischen, politisch bewegten Literatur traten seit den 1970er Jahren zunehmend Texte, die ganz auf die Selbstfindung des Erzählers ausgerichtet waren. Die Selbstentfremdung des modernen Menschen, die auch durch die unterschiedlichen Protestbewegungen nicht überwunden worden war, warf viele Fragen auf, und nicht wenige Schriftsteller versuchten Antworten zu finden, indem sie sich in Selbsterfahrungstexten ausführlich Rechenschaft ablegten.[76] Das galt für Herbert Achternbuschs *Der Tag wird kommen* (1973) ebenso wie für Botho Strauß' *Die Widmung*, (1977) Hubert Fichtes postum erschienene *Geschichte der Empfindlichkeit* (1987/2006) und Max Frischs *Montauk* (1975), das vielleicht intimste, schönste Buch dieses Jahrzehnts.

Das Schwanken zwischen bewusst Öffentlichem und betont Privatem kennzeichnete in den 1960er und 1970er Jahren die Kulturwelt insgesamt, und die Grenzgänge zwischen Politik und Ästhetik bestimmten im Grunde genommen alle Kunstformen, wenn auch mit graduellen Unterschieden. Das Theater etwa erwies sich im Kontext der 68er-Bewegung als hochgradig politisch – und blieb es auch in den Jahren danach.[77] War es zunächst die freie Szene gewesen, die mit Straßentheater, Happenings und Experimenten für Furore gesorgt hatte, so behauptete sich bald schon wieder das gute alte Stadttheater. Die öffentlich finanzierten Bühnen mit ihren festen Ensembles zeigten die großen gesellschaftskritischen Stücke und wurden nicht selten zum Ort der politischen Auseinandersetzung – Sitzstreiks und Störungen eingeschlossen. Nicht überall waren dabei Produktionen zu sehen, die wie Wilfried Minks' Pop-Revue *Gewidmet: Friedrich dem Großen* 1968 barbusige Frauen und Hippies von der Straße auf die Bühne brachten, dazu einen Zwerg, der Puppen zersägte, die Koloraturen probende Königin der Nacht sowie einen lächelnden Mao Tse-tung. Vielmehr dominierte das sogenannte Zeitstück, das als Inbegriff des »emanzipierten Theaters« galt und etwa von Martin Walser mit seinen Dramen *Überlebensgroß Herr Krott* und *Der schwarze Schwan*, die um die nationalsozialistische Vergangenheit bundesdeutscher Eliten kreisten, geprägt wurde. Auch die Klassiker der Theaterliteratur, vor allem Shakespeare und Schiller, wurden an den großen Häusern nun dezidiert zeitbezogen und aktualisiert inszeniert, beispielsweise von Peter Zadek am Bochumer Schauspielhaus, von Dieter Dorn an den Münchner Kammerspielen, von Jürgen Flimm am Hamburger Thalia-Theater und von Peter Stein an der Berliner Schaubühne, die sich als führendes deutsches Mitbestimmungstheater einen Namen machte.[78]

Ebenso politisch wirkte der Neue Deutsche Film – benannt nach einem anlässlich der Oberhausener Kurzfilmtage im Februar 1962 veröffentlichten Manifest von 25 Regisseuren, Schauspielern und Kameraleuten –, der in Anknüpfung an die Trümmerfilme der unmittelbaren Nachkriegszeit die gesellschaftlichen Konflikte ungeschönt auf die Leinwand bringen wollte.[79] Indem sie sich radikal von der sentimental-kitschigen Ästhetik eines »Försters vom Silberwald« abgrenzten, versuchten die Vertreter des Neuen Deutschen Films, unter ihnen Alexander Kluge, Edgar Reitz und Ulrich Schamoni, auch unter Verwendung dokumentarischen Materials die blinden Flecken der westdeutschen Gesellschaft sichtbar werden zu lassen: die Verdrängung der NS-Vergangenheit, die Ausgrenzung von Randgruppen, das Festhalten an überkommenen Moralvorstellungen sowie die Konflikte zwischen den Generationen. *Angst essen Seele auf* lautete der Titel eines 1974 erstmals gezeigten Films von Rainer Werner Fassbinder, und Fassbinder war es auch, der mit seinen Filmen seit den späten 1960er Jahren eine scharfe Sektion der deutschen Befindlichkeit durchführte.[80] Seine Filme – mit Hanna Schygulla und Ingrid Caven glänzend besetzt – boten beklemmende Nahaufnahmen einer Wirklichkeit, die viele Zeitgenossen nicht sehen wollten: *Angst essen Seele auf* erzählt von der Liebe einer gealterten Frau zu einem türkischen Gastarbeiter, *Warum läuft Herr R. Amok?* lotet die Abgründe der modernen Gesellschaft aus, und *Katzelmacher* macht auf kleinbürgerlichen Fremdenhass aufmerksam. Die »Ästhetik des Engagements«, die Fassbinders Schaffen, das weit über Deutschland hinaus Beachtung fand, kennzeichnete, war auch anderen Filmen nicht fremd, so etwa Peter Schamonis *Schonzeit für Füchse* (1966) oder Volker Schlöndorffs *Die verlorene Ehre der Katharina Blum* (1975).

Insgesamt aber wich die gesellschaftspolitische Ausrichtung seit Mitte der 1970er Jahre einer Neuen Subjektivität, die sich nicht selten anhand literarischer Vorlagen entfaltete. Das galt für Éric Rohmers *Marquise von O.* (1975) ebenso wie für Helma Sanders-Brahms' Kleist-Film *Heinrich* (1976) oder Werner Herzogs *Jeder für sich und Gott gegen alle*, eine Adaption des alten Kaspar Hauser-Stoffs.

»Jeder für sich« – das war ein Motto, das auch in der bildenden Kunst dieser Zeit seine Berechtigung gehabt hätte.[81] Dies mag insofern überraschend klingen, als eine solch radikale Individualität in der Malerei in den 1960er Jahren noch kaum vorstellbar war. Die abstrakte Kunst hatte sich, wie bereits geschildert, in der frühen Bundesrepublik auf breiter Front durchgesetzt. Der Konstruktivismus mit seinen streng geometrischen Elementen hatte sie weiterentwickelt, und mit der maßgeblich von Victor Vasarély geprägten Op-Art war schließlich eine Stilrichtung entstanden, die ganz auf visuelle Effekte und optische Täuschungen setzte. Politisch war diese Kunst nicht, und auch die amerikanische Pop Art, die ihren Durchbruch 1968 auf der »documenta 4« erlebte, durfte nicht eben als gesellschaftskritisch gelten. Dass gleichwohl gerade die bildende Kunst in der Lage sei, auf soziale und politische Missstände aufmerksam zu machen, war eine – wiederum von der Kritischen Theorie beförderte – Sichtweise, die sich im Umfeld der Studentenbewegung mehr und mehr durchsetzte. Ähnlich wie in der Literatur erwies sich dabei auch in der bildenden Kunst die Technik der Collage als probates Mittel, und die Wiederentdeckung John Heartfields, der bereits in der Weimarer Republik eine neue Form der Medienkunst entwickelt hatte, machte die Fotomontage seit Ende der 1960er Jahre zu einem sowohl künstlerisch als auch politisch erfolgreichen Genre. Der Name Klaus Staeck ist hier Programm.[82]

Grenzgänger ganz eigener Art waren die Aktionskünstler, die die traditionellen Grenzen der bildenden Kunst bewusst überschritten und performative Techniken in ihre Arbeiten integrierten.[83] Das Happening, das sich seit den 1960er Jahren zur wichtigsten Form der Aktionskunst entwickelte, war Kunstwerk und politische Manifestation zugleich – und der Künstler selbst war Teil der Aktion. So verteilte etwa Bazon Brock 1963 in Frankfurt am Main statt der *Bild*-Zeitung eine »Bloom«-Zeitung, in der alle Hauptwörter »Bloom« hießen. Wolf Vostell legte 1970 im Kölnischen Kunstverein 12000 Löffel und Gabeln zu einem Besteck-Teppich aus und verteilte Kaugummis an die Besucher. Und Joseph Beuys ließ sich 1973 in einem Einbaum über den Rhein rudern. Überhaupt war Beuys, seit 1961 Professor an der Düsseldorfer Kunstakademie, die zentrale Künstlerfigur jener Zeit.[84] Stets mit Filzhut und Anglerweste bekleidet, wurde er rasch in der breiteren Öffentlichkeit bekannt, nicht zuletzt mit umstrittenen Aussagen zum »Markenzwang« und zur »Parteidiktatur« in der Bundesrepublik. Gewiss war Beuys ein durch und durch politischer Kopf, wie auch seine ständigen Querelen mit dem nordrhein-westfälischen Wissenschaftsminister Johannes Rau belegen, bei denen Beuys kompromisslos für einen unbeschränkten Zugang zur Akademie eintrat – angesichts der geltenden Zulassungsregelungen ein Kampf gegen Windmühlen. Das gesellschaftskritische Potenzial seiner Kunst, die in hohem Maße von den anthroposophischen Lehren Rudolf Steiners beeinflusst war, blieb allerdings so allgemein, dass letztlich kaum konkrete politische Aussagen von ihr ausgingen. Während Jörg Immendorff, der später immerhin Bundeskanzler Gerhard Schröder porträtieren sollte, im Januar 1968 mit einem schwarz-rot-goldenen Holzklotz am linken Bein vor dem Bonner Bundeshaus gegen die seiner Ansicht nach unzureichende Politik der Großen Koalition protestierte, wandte sich Beuys in der Folge vor allem mythischen Räumen und naturnahen Materialien wie Filz und Fett zu. Der Rückzug in die Innenwelt, wohl ein Reflex auf die unerfüllten Ideale der 68er-Revolte, war nicht zu übersehen, und seit den späten 1970er Jahren dominierte schließlich in der bildenden Kunst insgesamt eine radikale Subjektivität. Nun kehrte das individuelle Moment, der Mut zum Spontanen und Expressiven, das den politischen Agitationskünstlern stets fremd geblieben war, endgültig zurück. Im Anschluss an die 1980 im Berliner »Haus am Waldsee« gezeigte Ausstellung »Heftige Malerei« war rasch von den »Neuen Wilden« die Rede: Malern wie Georg Baselitz, Markus Lüpertz oder Martin Kippenberger, die ihren internationalen Durchbruch 1982 auf der »documenta 7« erreichten und Bildwelten schufen, die unerhört lebensbejahend wirkten, noch dazu subjektiv, originell und lustvoll.[85]

Eine besondere Bastion der Hochkultur blieb auch in den 1960er und 1970er Jahren die Musik. Anders als Buchhandlungen oder Kinosäle zogen Konzert- und Opernhäuser ohnehin eine unsichtbare Grenze, die nicht zuletzt durch die Höhe der Eintrittspreise und den Zwang zu einigermaßen festlicher Kleidung aufrechterhalten wurde. Zudem schien zumindest die absolute Musik aufgrund ihrer mangelnden »Anschaulichkeit« nur bedingt geeignet, politische Botschaften zu transportieren. Und schließlich erwies sich gerade die zeitgenössische Musik,

Bekannt für spektakuläre Performances: Der Objektkünstler Joseph Beuys lässt sich im Oktober 1973 in einem Einbaum über den Rhein fahren.

oftmals durch elektronische Komponenten ergänzt, als so sperrig und flüchtig, dass selbst das Engagement von international renommierten Klangkörpern, wie dem 1976 von Pierre Boulez gegründeten Ensemble intercontemporain und dem vier Jahre später entstandenen Ensemble Modern, die sich nachdrücklich für die Neue Musik einsetzten und zahlreiche Kompositionen von Hans Werner Henze, Wolfgang Rihm und Karlheinz Stockhausen zur Uraufführung brachten, keine Breitenwirkung entfaltete, die mit der des Neuen Deutschen Films vergleichbar gewesen wäre.[86] Grenzgänger zwischen Politik und Ästhetik gab es freilich auch unter den Komponisten in signifikanter Zahl. Hans Werner Henze etwa, der dem Adenauerdeutschland bereits 1953 den Rücken gekehrt hatte, um sich zunächst auf Ischia niederzulassen und schließlich in dem kleinen Städtchen Marino unweit von Rom eine neue Heimstatt zu finden, begnügte sich nicht damit, erfolgreiche Opern wie *Der Prinz von Homburg* (1958/59) oder *Der junge Lord* (1964) nach literarischen Vorlagen zu schaffen, für die Ingeborg Bachmann die Libretti schrieb. Als überzeugtes Mitglied der Kommunistischen Partei Italiens (KPI) nahm er lebhaften Anteil an den politischen Entwicklungen der 1960er Jahre. 1968 legte er sein Oratorium *Das Floß der Medusa* vor – eine Hommage an Che Guevara. Im Jahr darauf nahm er demonstrativ einen Lehrauftrag in Havanna wahr. Sein Rezital *El Cimarrón*, nach einem Libretto von Hans Magnus Enzensberger, schilderte den Lebensbericht eines entlaufenen Sklaven und konnte zugleich als Aufruf zum internationalen Klassenkampf verstanden werden. Stilistisch war Henze indes kaum festzulegen. Er blieb Eklektizist, verachtete die serielle Musik, wie sie beispielsweise bei den bereits erwähnten Darmstädter Ferienkursen gefeiert wurde, und orientierte sich nicht zuletzt am neoklassizistischen Schaffen Igor Strawinskys.[87]

Grundsätzlich war allerdings auch in der Neuen Musik – nach einer gewissen Politisierung und Happening-Kultur, wie sie vor allem von Mauricio Kagel, etwa in seiner Komposition *Atem für einen Bläser*, bedient wurde, bei dem sich der aufführende Musiker ausgiebig mit seinem Instrument beschäftigte, ohne ihm auch nur einen Ton zu entlocken – seit den 1970er Jahren eine Abwendung von der engagierten Kunst zu beobachten.[88] Einerseits führte dies, angelehnt an Werke der deutschen Romantik, zu einer neuen Tonalität, so etwa in der *Schubert-Phantasie* (1978) von Dieter Schnebel. Andererseits setzten sich viele Komponisten unter dem Einfluss der Hippie-Bewegung mit außereuropäischen, meist indischen, Klangformen auseinander, die ihren Werken eine tranceähnliche Wirkung verliehen. Klaus Schulzes 1978 entstandene Doppel-LP *X* etwa ließ rauschhafte Synthesizer-Fantasien erklingen, die eine nachgerade hypnotische Faszination entfalteten. Und schließlich etablierten sich – ebenfalls seit den 1970er Jahren – radikale Subjektivisten, die sich mit menschlichen Grenzerfahrungen, wie Wahnsinn, Tod und Trauer, beschäftigten und wie Wilhelm Killmayer mit seinem Poem *Schumann in Endenich* (1972) oder Aribert Reimann mit seiner auf deutschen Bühnen durchaus erfolgreichen Shakespeare-Oper

Lear (1976/78) eine neue Expressivität erreichten. Ihren höchsten Ausdruck fand diese neue Expressivität zweifellos im Schaffen Wolfgang Rihms, der sich 1974 im Alter von gerade einmal 22 Jahren bei den Donaueschinger Musiktagen mit seiner *Morphonie für Orchester und Solostreichquartett* vorstellte und sich in Auseinandersetzung mit den großen Meistern des späten 19. Jahrhunderts, mit Richard Wagner, Anton Bruckner und Gustav Mahler, vor allem für die »Freilegung des Gefühls« interessierte. Rihm stand damit zugleich für eine Rückbesinnung auf die ästhetische Qualität der Neuen Musik. Die Absage an ihre politische Instrumentalisierung wurde definitiv.[89]

In der DDR stellte sich die Situation – unter den Bedingungen von Propaganda und Zensur – erheblich anders dar. Eine zunehmende Politisierung der Kunst und der Literatur war hier in den 1960er Jahren kaum zu registrieren. Wie hätte dies auch möglich sein sollen, wo doch die SED-Führung längst die gesamte Kultur zu einem politischen Bekenntnisraum degradiert hatte? Kunst, so lautete die ideologisch korrekte Formel, war nichts weiter als die Fortsetzung der Politik mit anderen Mitteln. Dass dabei einzelne Freiräume konzediert wurden, diente der moralischen Beruhigung der Schriftsteller und Künstler, änderte jedoch nichts an der grundsätzlichen Linie. Vom Scheitern des Bitterfelder Weges ist schon an anderer Stelle die Rede gewesen. Tatsächlich war bereits seit Mitte der 1960er Jahre vor dem Hintergrund einer zunehmenden Gängelung von Schriftstellern und Intellektuellen keine Politisierung, sondern vielmehr eine Subjektivierung der Literatur zu beobachten, ein Rückzug in die Innerlichkeit, gleichsam als Reflex auf den energischen Zugriff des Staates.[90] »Subjektive Authentizität«, so lautete das Programm, das Christa Wolf in ihren Werken entfaltete. Ihr vielleicht wichtigster Roman, *Nachdenken über Christa T.*, erschienen 1968, handelt denn auch konsequenterweise nicht mehr vom Aufbau des Kommunismus, sondern von den Problemen des Individuums in der sozialistischen Gesellschaft. Andere Schriftsteller entzogen sich den geforderten Bekenntnissen zu Staat und Partei, indem sie auf zeitgeschichtliche Stoffe zurückgriffen, vor allem auf Krieg und Schoah. Dies galt etwa für Hermann Kant, der in seinem Roman *Der Aufenthalt* (1977) eigene Erlebnisse aus seiner Kriegsgefangenschaft in Polen verarbeitete, und für Jurek Becker, der mit *Jakob der Lügner* (1969) ein Buch vorlegte, in dem ein Überlebender die Geschichte eines jüdischen Ghettos erzählt, höchst kunstvoll, tief symbolisch und ungemein fabulierfreudig. Auch dies war eine Absage an die ideologischen Vorgaben der SED. Ihren prominentesten Ausdruck fand diese Absage in dem 1973 erschienenen Roman von Ulrich Plenzdorf *Die neuen Leiden des jungen W.*, der mit Bezug auf Goethes Werther die tragische Geschichte des 17-jährigen Edgar Wibeau erzählt, eines jugendlichen Aussteigers, der mit den Zwängen der sozialistischen Gesellschaft hadert und am Ende stirbt. Ihre Fortsetzung fanden diese individualistischen Tendenzen schließlich in der sogenannten Untergrundliteratur, die seit Ende der 1970er Jahre mit bewusst irrational gehaltenen Texten die Kontrollmechanismen der Stasi auszuhebeln suchte.[91] Ihre wichtigsten Vertreter, wie Jan Faktor, Stefan Döring, Uwe Kolbe und Andreas Koziol, die allesamt in Prenzlauer Berg, dem bereits erwähnten Künstlerkiez in Ost-Berlin, lebten, verteidigten entschlossen das subjektive Moment des Literarischen. Schon dies war ein Protest gegen die sozialistische Kollektivideologie.

Lang war zudem die Liste der Schriftsteller, die seit den 1970er Jahren die DDR verließen. Sarah Kirsch ging ebenso in den Westen wie Günter Kunert und Reiner Kunze. Auch auf dem Gebiet des Theaters war der Aderlass, den die rigide Kulturpolitik der SED nach sich zog, beträchtlich. Für den zweiten deutschen Staat, der sich – nicht zu Unrecht – als Pflanzstätte der Bühnenkunst verstand, war dies ein herber Verlust. Immerhin galt Ost-Berlin mit dem in der Tradition Bertolt Brechts stehenden Berliner Ensemble und dem Deutschen Theater, das zwischen 1946 und 1963 von Wolfgang Langhoff geleitet wurde, lange Zeit als »gesamtdeutsche Theaterhauptstadt«[92]. Auch in anderen Städten der DDR stellten Regisseure immer wieder Inszenierungen vor, die gleichermaßen im Westen große Beachtung fanden, wie Frank Castorf in Karl-Marx-Stadt (heute wieder Chemnitz), Rolf Winkelgrund in Potsdam und Wolfgang Engel in Dresden. Das Regietheater, das in Westdeutschland seit den 1970er Jahren die Bühnen eroberte, wäre undenkbar gewesen ohne die Arbeiten von Heiner Müller und Ruth Berghaus, zwei führenden Theaterleuten der DDR, die im Ausland inszenieren durften. Doch während Müller und Berghaus – mit Reiseprivilegien versehen – in Ostdeutschland blieben, waren andere Regisseure nicht zu halten. Adolf Dresen, dessen *Faust*-Inszenierung am Deutschen Theater aufgrund ihrer mangelnden Linientreue 1968 für einen Eklat gesorgt hatte, setzte seine Karriere ebenso im Westen fort wie Thomas Langhoff, der durch die Behandlung seines Vaters durch die SED traumatisiert war. Heinar Kipphardt brachte es nach dem Erfolg seines Schauspiels *In der Sache J. Robert Oppenheimer* (1964) kurzfristig bis zum Chefdramaturgen der Münchner Kammerspiele, und Peter Palitzsch sorgte in den 1960er und 1970er Jahren mit seinem umstrittenen Modell des Mitbestimmungstheaters in Stuttgart und Frankfurt am Main für Aufsehen.[93]

Von hoher Qualität war ebenfalls die Arbeit der Deutschen Film AG (DEFA), die mit Sitz in Potsdam-Babelsberg zahlreiche Spiel- und Dokumentarfilme produzierte.[94] Ursprünglich als Propagandaeinrichtung gegründet, wurden seit den 1960er Jahren vermehrt Filme gedreht, die die Spielräume der Zensur ausschöpften und zum Teil überschritten. Regisseure wie Egon Günther, Frank Beyer und Konrad Wolf, 1965 bis 1982 Präsident der Akademie der Künste in Ost-Berlin, schufen Filme, die in künstlerischer Hinsicht vorbildlich waren. Dazu zählten Frank Beyers *Spur der Steine* (1966) mit Manfred Krug in der Hauptrolle, Konrad Wolfs *Der nackte Mann auf dem Sportplatz* (1974) mit der jungen Katharina Thalbach, Egon Günthers *Der Dritte* (1972) mit dem charismatischen Armin Mueller-Stahl und nicht zuletzt Heiner Carows *Legende von Paul und Paula* (1973), eine traurigschöne Geschichte, die mit Angelica Domröse und Winfried Glatzeder in den Titelrollen zu einem wahren Kultfilm avancierte und auch der für die Musik verantwortlichen Rockband »Puhdys« zum Durchbruch verhalf. Indes: Die *Legende* war seit Beginn der 1980er Jahre nur mehr in Provinzkinos zu sehen, und das DDR-Fernsehen boykottierte den Film vollständig. Der Grund war ebenso schlicht wie entlarvend. Angelica Domröse und Winfried Glatzeder hatten die DDR verlassen, und »Republikflüchtlinge« sollten nicht länger auf der Leinwand zu sehen sein. Tatsächlich war auch im Bereich des Films die Liste der Emigranten lang und schmerzlich.[95] Egon Günther gehörte ebenso zu ihnen wie Armin Mueller-Stahl und Katharina Thalbach. Von Manfred Krug war bereits an anderer Stelle die Rede. Die Aufzählung ließe sich noch lange fortsetzen.

Die künstlerische Leistung des DDR-Films wurde im Westen erst nach und nach erkannt. Viele Wiederentdeckungen stehen noch aus. Ganz anders verhält es sich mit der bildenden Kunst.[96] Der ungeheure Erfolg eines Neo Rauch, dem das Museum Frieder Burda in Baden-Baden 2011 eine eigene Retrospektive widmete, ist zwar ein Phänomen des wiedervereinigten Deutschlands. Er verweist jedoch auf die ungebrochene Tradition realistischer Malerei, die in der DDR gepflegt worden war. Nicht von ungefähr war einer ihrer prominentesten Vertreter, der Leipziger Bernhard Heisig, der wichtigste Lehrer von Neo Rauch. Bernhard Heisig wiederum gehörte – gemeinsam mit Wolfgang Mattheuer und Werner Tübke – zu jenen Künstlern, die, als »Leipziger Schule« bekannt geworden, »neue Formen des Realismus« erkundeten. Dabei ließen sie den Sozialistischen Realismus etwa einer Jutta Damme, die 1957 mit *Rosa Luxemburg im Gefängnis* ein plakatives Märtyrerbild geschaffen hatte, weit hinter sich und wurden seit ihrem Auftritt bei der »documenta 6« 1977 auch im Westen geschätzt.[97]

Gerade bildende Künstler hatten es in der DDR – ungeachtet aller Versprechungen Erich Honeckers – schwer, ihre Kreativität ungehindert zu entfalten. Da es keinen Kunstmarkt im westlichen Sinne gab und sich deshalb nur schwer Käufer für großformatige Werke finden ließen, blieben nicht wenige Maler

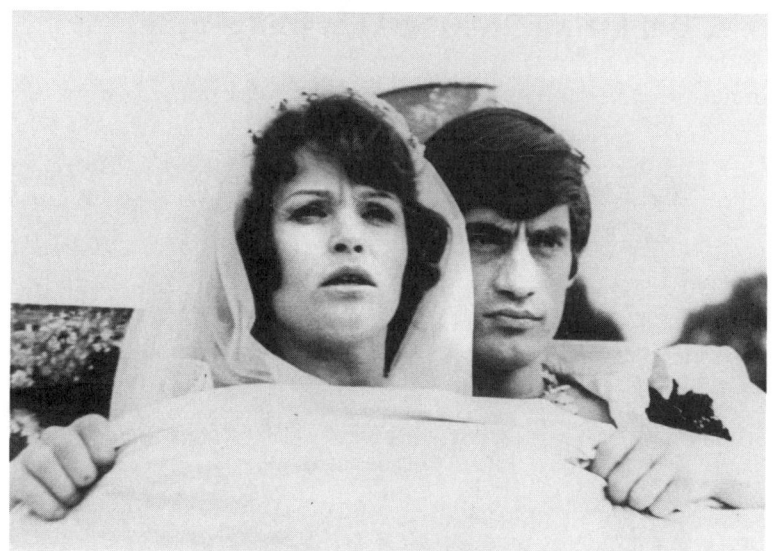

Winfried Glatzeder und Angelica Domröse in Heiner Carows DEFA-Film »Die Legende von Paul und Paula« (1973).

von staatlichen Aufträgen und Unterstützungen abhängig. Ihre künstlerische Freiheit wurde dadurch erheblich eingeschränkt – ganz unterdrücken ließ sie sich freilich nicht. Bernhard Heisig etwa brüskierte die SED-Führung, indem er 1963 bei seinem Gemälde *Kommunarden (Pariser Märztage 1871)* den dargestellten Arbeitern bewusst jede heroische Überhöhung verweigerte, was ihn für einige Jahre die Professur an der Leipziger Hochschule für Grafik und Buchkunst kostete. Und Werner Tübke brachte das Kunststück fertig, sich bei der Arbeit am 1976 bis 1987 entstandenen Bauernkriegspanorama im nordthüringischen Bad Frankenhausen, das an den heldenhaften Kampf der Bauern unter Thomas Müntzer während der Reformationszeit – in der Lesart der DDR die erste Revolution auf deutschem Boden – erinnern sollte, komplett zu entziehen. Zum Entsetzen der Machthaber zeigte Tübke nichts anderes als eine apokalyptische Szene: in der Spätphase der DDR ein hochgradig symbolisches Bild – und ein Grenzgang besonderer Art.

5 Der kleine Grenzverkehr (1983–1989)

Neubausiedlung in Berlin-Marzahn. Tausende Wohnungen entstehen in der DDR im Plattenbaustil. Die Viertel prägen viele Städte.

Plattenbauten und Postmoderne

Nicht nur am Wochenende waren in ostdeutschen Städten häufig Passanten zu sehen, die die Altbauviertel mit geschultem Blick durchstreiften und intensiv nach leerstehenden Wohnungen fahndeten, um sie dem zuständigen Wohnungsamt zu melden. Sie spekulierten darauf, auf diese Weise das komplizierte Verfahren der Wohnungssuche abzukürzen. Tatsächlich war die Versorgung der Bevölkerung mit Wohnraum ein Problem, das die SED-Führung bis zum Zusammenbruch der DDR nicht vollständig in den Griff bekommen sollte. Da die Mieten durch staatliche Eingriffe künstlich niedrig gehalten wurden – für eine kleine Altbauwohnung zahlte man kaum mehr als 30 bis 40 Mark im Monat –, war es für Hausbesitzer nur begrenzt attraktiv, frei werdende Wohnungen überhaupt wieder zu vermieten. Der Leerstand war in der gesamten DDR relativ hoch, die rechtswidrige Besetzung nicht genutzter Wohnungen nahm zu, und immer mehr Menschen begründeten ihre Ausreiseanträge mit dem Hinweis, dass sie nun schon seit Jahren vergeblich auf eine größere Wohnung warteten.[1]

Dabei hatte die SED-Führung bereits anlässlich der 10. Tagung des Zentralkomitees im Oktober 1973 ein Wohnungsbauprogramm beschlossen, in dessen Rahmen bis 1990 rund drei Millionen neue Wohnungen errichtet werden sollten – ein gigantisches Projekt, dessen Umsetzung für die Machthaber aus guten Gründen höchste Priorität besaß. Im März 1975 begannen die Vermessungsarbeiten in Berlin-Marzahn; zwei Jahre später konnte eine junge Familie feierlich den Schlüssel für die erste fertiggestellte Zwei-Zimmer-Vollkomfort-Wohnung in der Marchwitzastraße 41, unweit der Allee der Kosmonauten, in Empfang nehmen. Ohne Zweifel beneideten viele DDR-Bürger die neuen Mieter, deren Zuhause beinahe wie ein kleines Paradies wirkte.[2] Während andernorts noch Außentoiletten und Kohleöfen anzutreffen waren, verfügten die Wohnungen in der Marchwitzastraße über Zentralheizung, Telefonanschluss und Badezimmer. In unmittelbarer Nähe befanden sich nicht nur Einkaufsmöglichkeiten und Gesundheitseinrichtungen, sondern auch Schulen und Kindertagesstätten. Die S-Bahn-Station Springpfuhl war nur einen Steinwurf entfernt, drei Grünanlagen erstreckten sich direkt vor der Haustür, und selbst der Tierpark Friedrichsfelde war zu Fuß erreichbar.

Allerdings hatten die sogenannten »Vollkomfort-Wohnungen« auch ihre Schattenseiten. Sie entstanden als kleinste Einheiten riesiger Plattenbauanlagen, die aus industriell vorgefertigten Betonelementen errichtet wurden, meist als Teil gespenstischer Trabantenstädte wie Berlin-Marzahn, Jena-Neulobeda, Schwerin-Großer Dreesch oder Halle-Neustadt.[3] Diese Großwohnsiedlungen mit bis zu 100 000 Einwohnern waren im Volksmund rasch als »Arbeiterschließfächer« bekannt, und ihre nach immer gleichem Muster errichteten Wohnungen normierten auch das Leben der Menschen umfassend. Für die Tätigkeit der Stasi war dies eine ideale Voraussetzung, für die Bewohner der »Platte« hingegen wurde die gesichtslose Betonwüstenei mehr und mehr zum Problem. Dass manche Mieter ihren kleinen Balkon mit liebevoll-kitschigen Fachwerkimitationen verzierten, die weder stilistisch noch historisch zu den rein funktional konzipierten Fertigbauten passten, erscheint im Nachhinein wie ein verzweifelter Versuch, die eigene Individualität inmitten des betongewordenen Kollektivs zu behaupten.

Auch in der Bundesrepublik entstanden seit den 1960er Jahren verschiedene Großwohnsiedlungen, etwa im Münchner Stadtteil Neuperlach oder im Märkischen Viertel in Berlin. Früher als in der DDR setzte sich im Westen allerdings die Überzeugung durch, dass diese Trabantenstädte, die nicht selten zu sozialen Brennpunkten wurden, mit ihrem erschreckend monotonen Erscheinungsbild eine erhebliche psychische Belastung für die Bewohner bedeuteten.[4] Während in Ostdeutschland in den 1980er Jahren weiterhin Plattenbauten hochgezogen wurden, kam der Großsiedlungsbau in der Bundesrepublik fast vollständig zum Erliegen. Bereits begonnene Projekte wurden in anderer Form, beispielsweise durch aufgelockerte Randbebauung mit niedrigeren Ziegelsteinhäusern, zu Ende geführt. Dies verweist freilich nicht nur darauf, dass der Wohnungsmangel in der Bundesrepublik – anders als in der DDR – bereits weitgehend behoben war und die Stadtplanung infolgedessen auf die zeitsparende Plattenbauweise verzichten konnte. Im Schicksal des Großsiedlungsbaus spiegelt sich vielmehr ein grundsätzlicher Paradigmenwechsel, der sich nicht nur, aber vor allem im Bereich der Architektur manifestierte.

Nachdem die lange Zeit vorherrschende Fortschrittseuphorie spätestens Anfang der 1970er Jahre einen erheblichen Dämpfer erhalten hatte, entstand Schritt für Schritt ein neues Bewusstsein, das sich ganz auf Individualität und Pluralismus gründete. Den Wissenschaftlern und Intellektuellen, die – anknüpfend an Jean-François Lyotards Studie *La condition postmoderne* aus dem

Jahre 1979 – dieses neue Verständnis der Gegenwart entwickelten, erschien die Geschichte vom großen Fortschritt, die sich die Menschen seit der Französischen Revolution mit Vorliebe erzählten, als reines Konstrukt. Die Vorstellung, es gebe ein Endziel der historischen Entwicklung, das sich im erfolgreichen Projekt der Moderne verwirkliche, war für sie kaum mehr als ein Ausdruck totalitärer Versuchung. Weil nichts absolut sei, so lautete die Quintessenz ihrer Überzeugungen, sei alles relativ. Die Vergangenheit löste sich in eine Vielzahl unterschiedlicher Geschichten auf, und die Gegenwart erschien als pluralistisches Ensemble gleichberechtigter Werthaltungen und Lebensformen.[5]

Eine solche Sichtweise, wie sie in den 1980er Jahren unter dem Begriff der »Postmoderne« in allen westlichen Gesellschaften diskutiert wurde, eröffnete indes nicht allein philosophische, sondern auch ästhetische Freiräume. »Anything goes«, lautete die Zauberformel des österreichischen Philosophen Paul Feyerabend, der seit 1958 im kalifornischen Berkeley lehrte.[6] Und was Feyerabend für die wissenschaftliche Methodenlehre postulierte, galt erst recht für den Bereich der Kunst. Auch hier waltete schon bald ein so spielerischer Umgang mit Traditionen und Zeichen, dass die Wirklichkeit nur mehr den Status eines Referenzsystems zu besitzen schien.[7]

Am sinnfälligsten drückte sich dieser Paradigmenwechsel, wie gesagt, im Bereich der Baukunst aus, und kaum ein Architekt illustriert diesen Wandel so anschaulich wie James Stirling. Er war nach seinem Architekturstudium in Liverpool zunächst mit funktionalistischen Entwürfen hervorgetreten, die ihm – etwa im Fall des Gebäudes für die ingenieurwissenschaftliche Fakultät in Leicester (1959–1963) – den nicht gänzlich unberechtigten Vorwurf eintrugen, ein Technokrat zu sein, dem das Maß des Menschlichen zutiefst fremd sei. Seit den 1970er Jahren veränderte sich Stirlings Handschrift jedoch insofern, als sich seine Projekte fortan durch einen betont eklektischen Umgang mit unterschiedlichen Stilen und Epochen auszeichneten. Und Stirling war es schließlich auch, der mit dem Bau der Neuen Staatsgalerie in Stuttgart (1979–1984) die postmoderne Architektur nach Westdeutschland brachte.[8] Mit ihrer Hilfe wurde in den 1980er Jahren die »Unwirtlichkeit unserer Städte«[9], die schon Alexander Mitscherlich beklagt hatte, wenn nicht überwunden, so doch zumindest abgeschwächt. Das »Neue Bauen«, das seit den planungsseligen Zeiten der Großen Koalition als Inbegriff einer funktionalen, schnörkellosen und transparenten Architektur galt und die Staatsräson der Bonner Republik vermeintlich angemessen zum Ausdruck brachte, entpuppte sich nun als Sackgasse. Und die Fortschrittsutopien der Klassischen Moderne erwiesen sich städtebaulich als »Ozean der Monotonie«.[10]

Nicht von ungefähr waren es dabei, wie im Fall der Neuen Staatsgalerie in Stuttgart, Museumsbauten, die der Postmoderne zum Durchbruch verhalfen. Zu Recht hatte der bekannte Stadtplaner Josef Paul Kleihues schon 1979 darauf hingewiesen, dass für den Architekten gerade die Planung von Museen »so etwas wie den letzten Freiraum für die Übung des Entwerfens mit ›künstlerischen‹ Ambitionen«[11] darstelle. Erfahrbar wurde dies für das größere Publikum beispielsweise im Museum Abteiberg in Mönchengladbach, das der Wiener Architekt Hans Hollein zwischen 1972 und 1982 als Ensemble aus höchst originellen Einzelelementen errichtete – gewissermaßen eine begehbare Architekturlandschaft. Weitaus offensiver noch ging James Stirling mit dem Erbe der europäischen Moderne um. Bei der Neuen Staatsgalerie in Stuttgart bediente er sich ebenso selbstbewusst wie ironisch der unterschiedlichsten Versatzstücke. Er griff die klassizistische Formensprache der 1838 bis 1842 von Gottlob Georg von Barth errichteten Alten Staatsgalerie auf, konterkarierte sie jedoch sowohl mit Elementen des modernen Konstruktivismus als auch mit spielerisch eingesetzten, ganz und gar unmodernen Accessoires, wie asymmetrisch-geschwungenen Fensterfronten, poppigen Kunststoffböden und verwinkelten Raumkonzeptionen.[12]

Wenn Eduard Beaucamp mit Blick auf die Neue Staatsgalerie in der *Frankfurter Allgemeinen Zeitung* anerkennend davon sprach,

Die Neue Staatsgalerie Stuttgart erhielt 1984 einen vom Architekten James Stirling gestalteten Neubau.

dass die postmoderne Architektur »auch vor den Effekten von Jahrmarkt und Disneyland«[13] nicht zurückscheue, traf er gewiss ins Schwarze. Und dass es gerade diese Erlebnisdimension war, die den postmodernen Bauten mit ihren verspielten Innenwelten und den ornamentierten Fassaden in den 1980er Jahren viele Sympathien eintrug, steht außer Frage. Die vom Berliner Senat finanzierte Internationale Bauausstellung 1984, die die zunehmend entvölkerte Innenstadt als attraktiven Wohnraum zurückgewinnen sollte, verschaffte der postmodernen Architektur zusätzliche Aufmerksamkeit. Bald schon wurden selbst Ein- und Mehrfamilienhäuser in dem neuen, ganz und gar undogmatischen Stil errichtet.

Dies blieb auch in der DDR nicht unbemerkt. Man erkannte, dass sich die Matrix der Moderne seit den 1970er Jahren erheblich verschoben hatte. Auf die Ausführung der Plattenbauten, die im Rahmen des erwähnten Wohnungsbauprogramms entstanden, hatte dies zwar keinen nennenswerten Einfluss. Die

Hinwendung zu historisch gewachsenen und regional typischen Architekturformen war jedoch, zumindest bei der Sanierung einzelner Stadtkerne wie etwa in Greifswald oder Quedlinburg, eine kleine Sensation. Gewiss, die ideologischen Widersprüche zwischen sozialistischer Zukunftsutopie und quasi-bürgerlicher Vergangenheitsrekonstruktion waren letztlich nicht zu überwinden. Und der anlässlich des 750-jährigen Stadtjubiläums in Angriff genommene Wiederaufbau des Berliner Nikolaiviertels, das im Zweiten Weltkrieg vollständig zerstört worden war, wurde rasch als sozialistisches Disneyland gebrandmarkt.[14] Tatsächlich durfte die Rekonstruktion des Nikolaiviertels keineswegs als Projekt einer kritischen Denkmalpflege gelten. Bei den meisten Bürgerhäusern, die hier, im ältesten Berliner Kiez überhaupt, wieder entstanden, handelte es sich um komplette Neubauten, deren Giebel und Fassaden wenig mit den historischen Vorgängerbauten gemein hatten. Das gesamte Ensemble bildete mehr oder weniger eine freie Collage, wobei die Tatsache, dass das geschichtsträchtige Gasthaus »Zum Nußbaum«, in dem bereits Künstler wie Heinrich Zille und Claire Waldoff zu Gast gewesen waren, nicht an seinem ursprünglichen Standort auf der Fischerinsel, sondern zentral am Nikolaiplatz wieder errichtet wurde, den Puristen die Haare zu Berge stehen ließ. Aber war nicht dieser ganz und gar unhistorische Umgang mit dem Historischen, war nicht das spielerische Arrangement von Formen, Farben und Funktionen in gewisser Weise geradezu ein Musterbeispiel postmoderner Architektur? Man wird diese Frage wohl nicht endgültig beantworten können. Zweifellos gehörte die Hinwendung zur Vergangenheit in all ihren Facetten jedoch zu den bestimmenden Tendenzen dieser Jahre – und zwar in Ost und West.

Geschichtspolitik und Erinnerungskultur

Vor der Vereinnahmung durch die Gegenwart ist die Geschichte nie gefeit. Die instrumentelle Deutung der Vergangenheit verspricht politische Orientierung, und kollektive Identitäten bedienen sich nur zu gern historischer Ereignisse. Für die DDR, deren Gesellschaftsordnung sich in den 1980er Jahren als zunehmend fragil erwies, war der Rekurs auf die Vergangenheit eine blanke Selbstverständlichkeit, wobei ihr – der marxistischen Lehre folgend – zunächst einmal die Geschichte der internationalen Arbeiterbewegung als erinnerungspolitischer Steinbruch diente. Indes, der Endsieg dieser Bewegung ließ weiter auf sich warten, und speziell die deutsche Geschichte bot den Chefideologen der SED kaum verwertbare Anknüpfungspunkte. Die Revolution von 1848 – eine im Kern bürgerliche Bewegung – war blutig gescheitert, die Aktivitäten der Arbeiter- und Soldatenräte nach dem Ersten Weltkrieg eigneten sich nur bedingt für eine Legitimation des eigenen Machtstrebens, und Rosa Luxemburg, an deren Ermordung durch Angehörige der Garde-Kavallerie-Schützen-Division am 15. Januar 1919 Jahr für Jahr mit inszenierten Kranzniederlegungen erinnert wurde, war ohne Zweifel eine tragische Heldin.[15] Tatsächlich erwies sich die Geschichte der deutschen Arbeiterbewegung, speziell im 20. Jahrhundert, als eine Kette von Rückschlägen und Niederlagen. Und auch wenn die Opfer und Entbehrungen, die frühere Generationen auf sich genommen hatten, bedenkenlos überhöht wurden, stellte sich letztlich die Frage, ob kollektive Identitäten allein durch Abgrenzungen, vor allem durch die Negation des Nationalsozialismus, zusammengehalten werden könnten. Seit 1949 war die DDR nicht müde geworden, sich in die Tradition des antifaschistischen Widerstandskampfes zu stellen. Er war gewissermaßen der Gründungsmythos des zweiten deutschen Staates. Aber wie ließ sich diese kollektive Identität positiv füllen? In der Bundesrepublik hatte das Konzept des »Verfassungspatriotismus«, wie es Ende der 1970er Jahre von Dolf Sternberger, seit 1960 Professor für Politische Wissenschaft an der Universität Heidelberg, formuliert worden war, mehr und mehr Unterstützung gefunden.[16] Angesichts der verwickelten deutschen Geschichte mit ihren vielfältigen Brüchen und Zäsuren verfolgte Sternberger das Ziel, die Staatszugehörigkeit nicht mehr als Ausdruck einer Sprach-

und Abstammungsgemeinschaft, sondern als Bekenntnis zu bestimmten Werten wie Demokratie und Meinungsfreiheit zu verstehen. Ein solches Vorgehen entsprach dem Selbstverständnis der Bundesrepublik, deren provisorischer Charakter häufig betont wurde, und es deckte sich auch mit der Erfolgsbilanz, die Westdeutschland auf politischem, wirtschaftlichem und sozialem Gebiet vorweisen konnte. Sternbergers Konzept war dabei insofern selbst provisorisch, als es eine kollektive Identität begründete, ohne die nationale Frage, die sich angesichts der deutschen Teilung in aller Schärfe stellte, zu beantworten.[17]

Anders in Ostdeutschland: Trotz der sogenannten »sozialistischen Errungenschaften«, die die SED-Führung unablässig zu rühmen wusste, verfügte die DDR über kein normatives Angebot, das mit dem westdeutschen »Verfassungspatriotismus« vergleichbar gewesen wäre. Zwar fehlte es nicht an Idealen, aber die Losungen zum 1. Mai, wie sie das *Neue Deutschland* traditionell auf der Titelseite abdruckte, waren vor allem eine Bleiwüste. Doch was war beispielsweise die Völkerverständigung wert, wenn man nicht frei reisen durfte? Was die Menschwürde, wenn Regimekritiker ins Gefängnis geworfen wurden? Die Kluft zwischen Anspruch und Wirklichkeit war in der DDR beträchtlich, und den Menschen im Osten, die durch Hörfunk und Fernsehen aus dem Westen mit zuverlässigen Informationen versorgt wurden, stand dies deutlich vor Augen. In diesem Kontext ist die große geschichtspolitische Offensive der SED seit Ende der 1970er Jahre zu betrachten. Sie war ganz und gar ein Krisensymptom und angesichts immer neuer Ausreiseanträge ein verzweifelter Versuch, die DDR nun nicht mehr allein politisch, sondern auch historisch zu legitimieren – wobei hinzugefügt werden muss, dass die Geschichtswissenschaft in den Augen vieler Parteifunktionäre ohnedies nichts weiter war als die Fortsetzung der Politik mit anderen Mitteln.[18] Während die deutsche Vergangenheit zuvor als ein einziger Irrweg betrachtet worden war, aus dem nur die Kommunisten herauszufinden vermocht hätten, galt die Geschichte nun als ein Kontinuum, das zahlreiche positive Anknüpfungspunkte barg. Martin Luther, Friedrich der Große und Otto von Bismarck galten mit einem Mal nicht mehr als verdammenswerte Ahnherren Adolf Hitlers, sondern als beispielhafte Verkörperungen jenes deutschen Geistes, den auch die SED-Spitze für sich in Anspruch nehmen wollte. Mit Bismarck, dem Ernst Engelberg, 1969 bis 1974 Leiter der Forschungsstelle für Methodologie und Geschichte der Geschichtswissenschaft in der Ost-Berliner Akademie der Wissenschaften, eine überraschend ausgewogene, umsichtig urteilende Biografie widmete, wurde zugleich Preußen insgesamt für die Vorgeschichte der DDR entdeckt.[19] Dies war alles andere als selbstverständlich. Immerhin war der preußische Militärstaat den Alliierten der Anti-Hitler-Koalition so verhasst gewesen, dass sie Preußen, das schon lange nicht mehr existierte, mit der Begründung, es sei »seit jeher Träger des Militarismus und der Reaktion in Deutschland«[20] gewesen, nach dem Ende des Zweiten Weltkriegs per Kontrollratsgesetz im Februar 1947 nochmals – diesmal endgültig – aufgelöst hatten. Doch auch die Bundesrepublik tat sich mit dem Erbe der Hohenzollern schwer, und die DDR stand ihr darin in nichts nach. So wurde im Dezember 1950 das Berliner Stadtschloss, die Hauptresidenz der Hohenzollern, die während des Zweiten Weltkriegs schwer beschädigt worden war, nach einem entsprechenden Beschluss der DDR-Volkskammer vollständig abgerissen. Nichts solle mehr an »unrühmlich Vergangenes«[21] erinnern, lautete dazu der beifällige Kommentar des SED-Zentralorgans *Neues Deutschland*, und mit dem 1976 fertiggestellten Palast der Republik auf dem Gelände des ehemaligen Schlosses, durch den sich die aus unfreien Wahlen hervorgegangene Volksvertretung an die Stelle von Kurfürsten, Königen und Kaisern setzte, schien die Erinnerung an Preußen endgültig ausgemerzt. Dies änderte sich freilich in dem Maße, in dem die SED-Ideologen ein neues Traditionsverständnis entwickelten, in dem Preußen nicht mehr länger der Verdammung anheimfiel. Greifbar wurde dieser Wandel zuerst in dem kleinen Aufsatz »Die zwei Gesichter Preußens«[22] von Ingrid Mittenzwei, einer Mitarbeiterin des Zentralinstituts für Geschichte in Ost-Berlin, der die Ambivalenzen Preußens als Militär- *und* Kulturstaat betonte und im Kontext eines insgesamt differenzierteren Blicks auf die Vergangenheit auch Friedrich den Großen zu rehabilitieren versprach. Ingrid Mittenzwei selbst löste dieses Versprechen mit einer 1980 vorgelegten Biografie des Preußenkönigs zumindest teilweise ein.[23] Fortan sollten die Relikte des preußischen Staates nicht nur eine touristische und mithin devisenrelevante, sondern auch eine identitätspolitische Ressource bilden. Und als Erich Honecker persönlich 1980 – kaum vier Jahre nach Fertigstellung des Palastes der Republik – die Anordnung erteilte, das berühmte, aus Bronze gegossene Reiterstandbild Friedrichs des Großen von Christian Daniel Rauch, das die SED ursprünglich hatte einschmelzen wollen, neuerlich an prominenter Stelle Unter den Linden aufzustellen, wurde deutlich, wie sehr sich die Gewichte bereits verschoben hatten.[24]

In der Tat war die Wiederentdeckung der deutschen Geschichte, die der DDR dazu verhelfen sollte, das zu werden, was sie nie hatte sein können – eine eigene Nation –, seit Anfang der 1980er Jahre nicht mehr zu übersehen. Nicht nur viele Linke in der Bundesrepublik, die immer schon mit dem Traditionsbruch, wie ihn die SED lange Zeit propagierte, geliebäugelt hatten, rieben sich verwundert die Augen. Und die Irritationen wuchsen noch, als das Museum für Deutsche Geschichte, das seit 1952 im Berliner Zeughaus eine durch und durch ideologiekonforme Sicht auf die Geschichte der deutschen Arbeiterbewegung präsentierte,[25] 1983 eine vielbeachtete Sonderausstellung unter dem Titel »Martin Luther und seine Zeit« zeigte, die – trotz aller Vorbehalte im Detail – ein heroisches Bild des deutschen Reformators entwarf. Dass die DDR-Medien im Jahr darauf den Attentatsversuch vom 20. Juli 1944, der in der westdeutschen Öffentlichkeit nach wie vor umstritten war, vorbehaltlos als »patriotische Tat« priesen und Claus Schenk Graf von Stauffenberg, den Hauptattentäter, immerhin ein Adliger und überdies ein Wehrmachtsoffizier, geradezu als Lichtgestalt feierten, deutete an, wie hemmungslos die »nationalgeschichtliche Offensive«[26] mittlerweile von der SED-Führung betrieben wurde. Geschichtspolitik war indes auch in der Bundesrepublik nicht verpönt.[27] Seit 1954 wurde der 17. Juni – im Gedenken an den gescheiterten Volksaufstand in der DDR von 1953 – als »Tag der deutschen Einheit« begangen: ein Bekenntnis zum Gesamtstaat, das im Kontext der Entspannungspolitik seit den 1970er Jahren allerdings zunehmend formelhafter, ja mitunter nur mehr pflichtschuldig gesprochen wurde. Preußen allerdings erwies sich trotz der Aktivitäten der seit 1957 von Bund und Ländern getragenen Stiftung Preußischer Kulturbesitz, zu der unter anderem das Geheime Staatsarchiv in Dahlem, die neu errichtete Staatsbibliothek am Berliner Kulturforum sowie verschiedene Schlösser und Museen gehörten, weiterhin als ausgesprochen heikel. Die Dämonisierung des Hohenzollernstaates, wie sie unmittelbar nach dem Zweiten Weltkrieg zu beobachten gewesen war, hielt, zumindest in Wissenschaft und Politik, vorerst weiter an. Selbst ein unabhängiger Kopf wie der Publizist Sebastian Haffner konnte seine provozierend differenzierte Sichtweise erst 1978 in einem eigenen Buch mit dem bezeichnenden Titel *Preußen ohne Legende* vorstellen. Die Tatsache, dass die große Preußen-Ausstellung, die 1981 im Berliner Martin-Gropius-Bau stattfand, zu einem riesigen Publikumserfolg wurde, zeigt freilich, dass die breite Öffentlichkeit sehr wohl ein Interesse an der Geschichte der Hohenzollern hatte.[28] Tatsächlich setzten sich mittlerweile auch renommierte Historiker mit zentralen Aspekten der preußischen Geschichte auseinander. Theodor Schieder, der Doyen der bundesdeutschen Geschichtswissenschaft, legte 1983 ein Porträt Friedrichs des Großen vor, dessen Herrschaft er als »ein Königtum der Widersprüche« interpretierte.[29] Und innere Widersprüche waren es auch, die den Frankfurter Historiker Lothar Gall in seiner Bismarck-Biografie beschäftigten, die 1980 unter dem Titel *Der weiße Revolutionär* erschien.[30]

Angesichts einer derart differenzierten Betrachtung konnte von mangelnder Distanz trotz der augenscheinlich neu entfachten Preußenbegeisterung in der Bundesrepublik jedenfalls keine Rede sein. Das hatte nicht zuletzt damit zu tun, dass in Westdeutschland eine andere Vergangenheit viel präsenter war als die preußische – nämlich die nationalsozialistische, vor allem der Mord an den europäischen Juden. Die Gaskammern von Auschwitz-Birkenau wurden hier zu einem einzigartigen Schreckens- und Erinnerungsort, und das Streben nach Versöhnung und Entschädigung bildete ein Kernanliegen sämtlicher Bundesregierungen. Dass eine kollektive Identität, die vorrangig auf der Abgrenzung von der eigenen Geschichte beruht, durchaus problematisch sein kann, wurde bereits gesagt. Mit umso größerer Spannung wurde daher die Rede erwartet, die Bundespräsident Richard von Weizsäcker am 8. Mai 1985 anlässlich des 40. Jahrestags der deutschen Kapitulation im Bundestag hielt. Weizsäcker, dessen Vater – von 1938 bis 1943 Staatssekretär des Auswärtigen Amtes – nach Kriegsende im sogenannten Wilhelmstraßen-Prozess wegen Mitwirkung an der Deportation französischer Juden zu fünf Jahren Haft verurteilt worden war, deutete den 8. Mai 1945 nicht als ein Datum der deutschen Niederlage, sondern als »Tag der Befreiung von dem menschenverachtenden System der nationalsozialistischen Gewaltherrschaft«[31] und leitete daraus weitreichende moralische Verpflichtungen ab. Indem Weizsäcker die bedingungslose Kapitulation als Akt der Befreiung verstand, revidierte er nicht nur eine in der Bundesrepublik seit den 1950er Jahren weit verbreitete Lesart, sondern formulierte zugleich einen positiv konnotierten Wert, indem er die zurückgewonnene Freiheit zum Bezugspunkt westdeutscher Identität erhob. Für die Erinnerungskultur hatte dies erhebliche Konsequenzen. Dass die grundsätzlichen Fragen deutscher Identität allerdings noch längst nicht abschließend beantwortet waren, zeigte der erbittert ausgetragene Historikerstreit, bei dem es zwischen 1986 und 1988 vorderhand um die »Singularität« der nationalsozialistischen Judenvernichtung ging, tatsächlich jedoch um die Bedeutung des Nationalsozialismus für die Gegenwart, um Moral und Meinungsmacht.[32]

Nicht zu Unrecht hat der Erlanger Historiker Michael Stürmer, von 1988 bis 1998 Direktor der Stiftung Wissenschaft und Politik in Ebenhausen, im Zusammenhang mit dem Historikerstreit einmal bemerkt, die Zukunft gewinne derjenige, der »die Erinnerung füllt, die Begriffe prägt und die Vergangenheit deutet«[33]. Michael Stürmer war es auch, der als Berater von Bundeskanzler Helmut Kohl maßgeblich an der wissenschaftlichen Konzeption von zwei Historischen Museen mitwirkte, die das seit den späten 1970er Jahren wachsende Interesse an der Vergangenheit aufgreifen und es zugleich geschichtspolitisch nutzen sollten: dem Deutschen Historischen Museum in Berlin sowie dem Haus der Geschichte der Bundesrepublik Deutschland in Bonn. Beide Museumsprojekte waren bereits von der sozialliberalen Koalition erörtert worden. Doch erst nach dem Regierungswechsel 1982/83 wurden sie von Helmut Kohl, dem als promoviertem Historiker die Bedeutung der Geschichte klar vor Augen stand, energisch vorangetrieben. Im Ergebnis präsentierten beide Häuser, die aufgrund längerer Vorarbeiten schließlich erst nach der Wiedervereinigung eröffnet werden konnten, ein ebenso differenziertes wie anschauliches Bild der deutschen Geschichte, das die Kritiker, die geargwöhnt hatten, der CDU-Kanzler werde eine parteiliche Erfolgsgeschichte inszenieren lassen, nachträglich ins Unrecht setzte.[34]

Lederjacke, Schalmei und E-Gitarre

Seit dem Abschluss des Verkehrsabkommens zwischen der Bundesrepublik und der DDR im Mai 1972 war es zumindest für die Westdeutschen, die in sogenannten »grenznahen« Städten und Landkreisen lebten, etwa in Oberfranken, der Rhön oder im Harz, erheblich leichter, in die DDR zu reisen. Ohne größeren bürokratischen Aufwand war es ihnen fortan möglich, 30 Tage im Jahr – maximal neun pro Quartal – in Ostdeutschland zu verbringen, sei es, um Freunde und Verwandte zu besuchen, sei es, um touristisch relevante Stätten wie beispielsweise die Wartburg oder das traditionsreiche Wismar zu besichtigen. Der kleine Grenzverkehr, der auf diese Weise entstand, war ein Resultat der neuen Entspannungspolitik. Er machte die Mauer zwischen Ost und West ein wenig durchlässiger und brachte der DDR – aufgrund der rigiden Regelungen zu Visagebühr und Mindestumtausch – zusätzliche Devisen ein.[35] Die deutsch-deutschen Kontakte intensivierten sich indes nicht nur auf dem Gebiet des Personen- und Warenverkehrs. Nach der Ratifizierung des Grundlagenvertrags 1973 wurden vielmehr weitere Abkommen geschlossen, die etwa in der Gesundheitsfürsorge sowie im Post- und Fernmeldewesen zu spürbaren Verbesserungen führten.

Mit Blick auf Kunst und Kultur stießen die Verhandlungen zwischen Bonn und Ost-Berlin allerdings rasch an eine nicht leicht zu überwindende Grenze – was zugleich zeigt, wie eminent politisch gerade dieser Bereich war. Tatsächlich hatte die SED-Führung die keinesfalls unberechtigte Sorge, Schriftsteller und Künstler aus dem Westen könnten die ungeschriebenen Gesetze des »herrlichen Leselands«, von dem Klaus Höpcke – als stellvertretender Kulturminister zugleich der oberste Zensor der DDR – mehr als einmal schwärmte, außer Kraft setzen und die ideologische Linie von Staat und Partei torpedieren. Die Folge war eine deutsch-deutsche Hängepartie, bei der Ost-Berlin nicht zuletzt die Frage der Restitution jener Kunstgegenstände als Trumpf verwendete, die sich ursprünglich auf der Museumsinsel befunden hatten, in der Endphase des Zweiten Weltkriegs jedoch an unterschiedliche Standorte ausgelagert worden waren und seither von der Stiftung Preußischer Kulturbesitz verwaltet wurden. Mit dem Ansinnen, die berühmte Büste der Nofretete aus Charlottenburg wieder ins Ägyptische Museum in Berlin-Mitte zu verbringen, stießen die DDR-Unterhändler im Westen allerdings auf wenig Gegenliebe. Der Abschluss des Kulturabkommens gestaltete sich daher mühsam und langwierig.[36]

Dies bedeutete nun freilich nicht, dass es in diesen Jahren überhaupt nicht zu einem grenzüberschreitenden Austausch zwischen Schriftstellern und Künstlern gekommen wäre – im

Gegenteil. Der Kulturtransfer zwischen Ost und West war in den 1980er Jahren so intensiv wie nie zuvor, auch wenn hinzugefügt werden muss, dass er sich durchaus ungleichgewichtig gestaltete. Während die Bundesrepublik für viele Menschen in der DDR – schon aufgrund des weithin konsumierten »Westfernsehens« – gerade hinsichtlich der Massen- und Alltagskultur eine, wenn nicht *die* entscheidende Richtgröße war, interessierten sich in Westdeutschland nur wenige dezidiert für Kunst und Kultur aus dem Osten. Das hatte seinen Grund wohl nicht zuletzt darin, dass nach der Ausbürgerung Wolf Biermanns zahlreiche prominente Schriftsteller und Künstler die DDR verließen und – trotz der »Schwierigkeit, Westler zu werden«[37], von der etwa der Schriftsteller Klaus Schlesinger berichtet hat – fortan als Vertreter einer gesamtdeutschen Kultur betrachtet wurden.

Gleichwohl waren ostdeutsche Künstler in der Bundesrepublik durchaus präsent, vor allem im Segment der Hochkultur. Westdeutsche Museen zeigten bereits seit den späten 1970er Jahren verschiedene Retrospektiven zu Willi Sitte, Wolfgang Mattheuer und Bernhard Heisig. Klangkörper wie das Leipziger Gewandhausorchester oder die Staatskapelle Dresden waren gerngesehene Gäste in den großen Konzerthäusern von Hamburg bis München – und wichtige Kulturbotschafter sowie Devisenbeschaffer für die DDR. Auch das Berliner Ensemble reiste zu Gastspielen in die Bundesrepublik, und das Ost-Berliner Büro für Urheberrechte verkaufte erfolgreich Buchlizenzen an westdeutsche Verlage, unter denen der Luchterhand Verlag, der die Werke von Anna Seghers, Christa Wolf, Christoph Hein und Hermann Kant betreute, einen besonderen Platz einnahm. Eine Schlüsselrolle spielte dabei der Aufbau-Verlag, der sich seit der Veröffentlichung von Anna Seghers antifaschistischem Roman *Das siebte Kreuz* (1946) zum bedeutendsten ostdeutschen Publikumsverlag entwickelt hatte. Umgekehrt erschienen nun vermehrt Romane westdeutscher Autoren in der DDR, der bereits erwähnte Regisseur Peter Schamoni konnte seinen Film *Frühlingssinfonie*, ein einfühlsames Porträt des Musikerpaares Clara und Robert Schumann, 1982/83 mit Sondergenehmigungen in Dresden und Leipzig drehen, und überhaupt begannen sich die Konturen einer gesamtdeutschen Kultur zumindest schemenhaft abzuzeichnen. Christa Wolf, die ostdeutsche Nationalpreisträgerin, wurde 1980 mit dem Georg-Büchner-Preis, der bedeutendsten Literaturauszeichnung der Bundesrepublik, geehrt. Heiner Müller, in den 1980er Jahren der erfolgreichste Bühnenautor in Ost *und* West, ein Grenzgänger, der sich mehr als einmal Rechenschaft über die schwindelerregende »S-Bahn-Fahrt der Privilegierten vom Bahnhof Friedrichstraße zum Bahnhof Zoologischer Garten«[38] ablegte, erhielt 1985 ebenfalls den Büchner-Preis und wurde im Jahr darauf mit dem Nationalpreis Erster Klasse der DDR ausgezeichnet. Zu den Privilegierten zählten auch die Ost-Berliner Rockbands, die zunehmend in der Bundesrepublik präsent waren: Die bereits erwähnten »Puhdys« traten seit 1976 live im Westen auf. *Am Fenster*, die 1978 erschienene erste LP der Gruppe »City«, wurde im Westen eine halbe Million Mal verkauft, und die Band »Karat« erhielt für ihre LP *Albatros*, auf der sich das bekannte Lied »Über sieben Brücken mußt du gehen« fand, 1984 sogar die Goldene Schallplatte.[39]

Trotz erheblicher ideologischer Verrenkungen der Freien Deutschen Jugend (FDJ), die unter Führung des umtriebigen Egon Krenz seit Mitte der 1980er Jahre versuchte, die nachwachsende Generation, in der es brodelte und gärte, durch Gastauftritte internationaler Rockstars wie Bob Dylan, Bruce Springsteen oder Joe Cocker bei Laune zu halten, war es für westdeutsche Bands keineswegs leicht, offiziell in der DDR aufzutreten. Partiell gemeinsame Anliegen – etwa das Engagement für Frieden und Abrüstung – waren in den Augen der SED-Führung durchaus keine grundsätzliche Unbedenklichkeitserklärung. Eine für 1984 geplante Tournee der Kölschrockband BAP beispielsweise kam letztlich nicht zustande, weil die populäre Gruppe um Wolfgang Niedecken nicht bereit war, sich den Auflagen der Zensurbehörden zu unterwerfen. Udo Lindenberg wiederum, seit den 1970er Jahren die dominante Figur der westdeutschen Rockszene, durfte zwar 1983 im Rahmen des Ost-Berliner Festivals »Rock für den Frieden« mit seinem »Panikorchester« im Palast der Republik auftreten.[40] Eine Konzerttournee durch die gesamte DDR, wie sie Lindenberg vorschwebte, der sich mit seinem Lied »Sonderzug nach Pankow« bereits zuvor hinreißend schnodderig an Erich Honecker persönlich gewandt hatte (»Honey, ich glaub, du bist doch eigentlich auch ganz locker, / ich weiß, tief in dir drin bist du doch eigentlich auch 'n Rocker«), kam allerdings nicht zustande. Als die Volkspolizei zu Pfingsten 1987 mit Knüppeln gegen Jugendliche in Ost-Berlin vorging, die sich versammelt hatten, um den Auftritt David Bowies vor dem Reichstag, auf der anderen Seite der Mauer, mitzuerleben, schickte Udo Lindenberg dem SED-Generalsekretär kurzerhand eine Lederjacke. Honecker bedankte sich ebenso artig wie gewunden mit einem persönlichen Schreiben, dem er eine Schalmei als Gegengabe beifügte – ein Symbol des Friedens und zugleich ein typisches Instrument der Arbeiterbewegung, das Honecker selbst in seiner Jugend im »Roten Frontkämpferbund« gespielt hatte. Udo Lindenberg wiederum revanchierte sich, indem er dem Staatsratsvorsitzenden bei dessen erstem Besuch in der Bundesrepublik 1987 – die Einladung war im Kontext der Entspannungspolitik ursprünglich von Bundeskanzler Helmut Schmidt ausgesprochen und von seinem Nachfolger Helmut Kohl bereits beim Regierungswechsel 1982/83 erneuert worden – in der Innenstadt von Wuppertal öffentlichkeitswirksam eine E-Gitarre in die Hand drückte, die mit der Aufschrift »Gitarren statt Knarren« versehen war. Honecker, der, jedenfalls in Udo Lindenbergs Erinnerung, »ein bisschen Rudi-Ratlos-mäßig«[41] dastand, stellte dem Sänger daraufhin die lang ersehnte DDR-Tournee in Aussicht – der Genosse Krenz werde sich darum kümmern. Tatsächlich sollte es aber noch mehr als zwei Jahre dauern, bis Udo Lindenberg im Januar 1990 mit seinem Programm »Bunte Republik Deutschland« unter anderem in Erfurt, Leipzig, Magdeburg und Rostock auftreten konnte. Die DDR befand sich zu dieser Zeit bereits in Abwicklung.

Ein Jahr vor der denkwürdigen Begegnung zwischen Honecker und Lindenberg war im Mai 1986 endlich das deutsch-deutsche Kulturabkommen unterzeichnet worden. Die Aussicht, das eigene Prestige zu erhöhen und dem maroden Staatshaushalt zusätzliche Einnahmequellen zu eröffnen, war für die SED-Führung letzthin wichtiger gewesen als ein Feilschen um einzelne Kunstgegenstände. Der Streit um die Stiftung Preußischer Kulturbesitz wurde als »nicht einigungsfähig« ausgeklammert, und die Büste der Nofretete blieb im Stüler-Bau unweit des Charlottenburger Schlosses. Stattdessen gelangte nun eine ganze Fülle von kulturellen Initiativen aus der Bundesrepublik in die DDR.[42] In Dresden und Ost-Berlin wurde bereits 1986/87 westdeutsche Malerei in großen Ausstellungen präsentiert. Pina Bausch gastierte mit ihrem Wuppertaler Tanztheater mehrfach in der DDR, und auch das Bundesjugendorchester unternahm Konzertreisen in den Osten. Umgekehrt war in Bonn, Münster und Saarbrücken eine Gesamtschau der DDR-Kunst zu sehen, und anlässlich des Festivals »Duisburger Akzente« gewährten 1987 rund 800 Schriftsteller und Künstler dem westdeutschen Publikum einen Einblick in das kulturelle Leben der DDR. Die Akademien und Archive in Ost und West arbeiteten nun enger zusammen, es kam vermehrt zu Begegnungen zwischen Sportlern und Wissenschaftlern, der deutsch-deutsche Jugendaustausch brachte allein 1988 knapp 5 500 Jugendliche aus der DDR in die Bundesrepublik, die Zahl der Städtepartnerschaften wuchs kontinuierlich, und insgesamt nahm die Gemeinsamkeit in der Spaltung mehr und mehr zu.

Gemischte Gefühle

Im Jahre 1983 erschien beim Label Intercord das vierte Soloalbum von Herbert Grönemeyer. Dass Grönemeyer, der bis dahin eher als Schauspieler bekannt geworden war – in Schamonis *Frühlingssinfonie* etwa hatte er einfühlsam Robert Schumann verkörpert –, einmal zu einem der populärsten deutschen

Sänger überhaupt werden sollte, war zu diesem Zeitpunkt noch keineswegs absehbar.[43] Sein Album, eine Studioproduktion mit dem Titel *Gemischte Gefühle*, brachte es zwar bis in die deutschen Charts (Platz 43), blieb aber kommerziell so erfolglos, dass die Plattenfirma den Vertrag mit dem Musiker umgehend kündigte. Dass das Label diese Entscheidung später kräftig bereute – die Verkaufszahlen der Grönemeyer-Alben durchbrachen die Millionengrenze, der Künstler selbst wurde mit Ehrungen und Auszeichnungen förmlich überschüttet –, steht außer Frage. Und ebenso sicher ist, dass die eingängigen Popsongs, die Grönemeyer 1983 vorlegte, durchaus den Nerv der Zeit trafen. Die Themen, die sie aufgriffen – der Umgang mit Behinderten, die Tabuisierung von Depression und Selbstmord oder die Integration türkischer Gastarbeiter –, waren zuvor fast ausschließlich von Liedermachern behandelt worden. Jetzt wurden sie gewissermaßen musikalisch mehrheitsfähig, und die Gefühle, die sich in ihnen ausdrückten, erwiesen sich tatsächlich als äußerst gemischt.

Insgesamt geriet im Bereich von Musik, Kunst und Literatur seit den frühen 1980er Jahren in der Bundesrepublik einiges in Bewegung. Während die politisch engagierten Künstler im Umfeld der 68er-Bewegung stets durch eine gewisse Verbissenheit aufgefallen waren, machte sich nun ein unverkrampfter, bisweilen sogar spielerischer Umgang mit gesellschaftspolitisch relevanten Themen bemerkbar. Zwar blieb die Kunst kritisch. Sie wurde jedoch zunehmend selbstreflexiv – und zugleich in hohem Maße kommerziell. Ein gutes Beispiel aus dem Bereich der Musik ist die Neue Deutsche Welle (NDW), die sich in der ersten Hälfte der 1980er Jahre als Synthesizer-basierte Variante des Punkrock auf breiter Front durchsetzte.[44] Mithilfe der Plattenindustrie, die den neuen Musikstil – eine Mischung aus eingängigen Melodien und witzig-frechen Texten – exzellent vermarktete, konnten Gruppen wie »Fehlfarben« (*Ein Jahr*) oder »Trio« (*Da Da Da*) kurzfristig überraschende Erfolge feiern. Der österreichische Sänger Falco sprengte mit seinem Lied *Der Kommissar* 1981 alle Charts – weltweit wurde es rund sieben Millionen Mal verkauft –, und auch Nena stürmte mit ihrem Popsong *99 Luft-ballons*, der den Rüstungswettlauf zwischen den USA und der Sow-jetunion kritisierte, 1983 nicht nur die deutschen Hitparaden. Unterm Strich ebnete die NDW weiteren Sängern und Gruppen den Weg, die – ebenfalls auf Deutsch – gesellschaftskritische Lie-der vor großem Publikum spielten. Herbert Grönemeyer profi-tierte ebenso davon wie die Punkrockgruppe »Die Toten Hosen« oder die bereits erwähnte Kölner Band BAP.

Das Jonglieren mit Kultur, Kritik und Kommerz beherrschten in den 1980er Jahren auch andere Künstler, nicht zuletzt Ma-ler und Bildhauer. Gerhard Richter etwa, seit 1971 Professor an der Kunstakademie Düsseldorf, verwendete als Vorlage für seine häufig in Grau- und Weißtönen gehaltenen Ölgemälde gern Fo-tografien, meist Zufallsfunde aus Zeitungen und Illustrierten, die er zum Teil bewusst unscharf, ja verschwommen wirken ließ.[45] Das galt für seine großartigen Landschaftsbilder wie *Da-vos* (1981) oder *Eis* (1981), in höherem Maße noch für Gemälde wie *Besetztes Haus* (1989) und erst recht für seinen sogenann-ten RAF-Zyklus *18. Oktober 1977* (1988), der – auf der Grundlage von veröffentlichten Pressefotos – die toten Terroristen Ulrike Meinhof, Andreas Baader, Gudrun Ensslin und Holger Meins darstellte. Das Verhältnis von Schein und Sein, das Richter im-mer wieder beschäftigte, wurde hier unmittelbar politisch, und entsprechend laut war der Aufschrei der Empörung. Dabei hatte sich der Künstler 1988 nicht zum ersten Mal mit Problemen der Zeitgeschichte auseinandergesetzt. Unter den Fotos, die Richter verfremdend bearbeitete, befanden sich bereits seit den 1960er Jahren nicht nur Abbildungen von Schlagersängern und Wä-schetrocknern, sondern auch von Düsenjägern und Soldaten. Und das Ölgemälde *Onkel Rudi* (1965), das einen Mann in den besten Jahren in Wehrmachtsuniform darstellt, machte die »Ba-nalität des Bösen«, von der Hannah Arendt mit Blick auf Adolf Eichmann gesprochen hat, auf unheimliche Weise anschaulich.

Die deutsche Vergangenheit bildete für viele Künstler ein wich-tiges Reservoir an Stoffen und Motiven, und in den 1980er Jahren wurde es intensiver genutzt als je zuvor. Anselm Kiefer hatte – als Abschlussarbeit an der Karlsruher Kunstakademie – schon 1969 die Fotodokumentation seiner Performance *Besetzungen* vorgelegt, die ihn in der Uniform seines Vaters an verschiedenen Schauplätzen des Zweiten Weltkriegs, unter anderem in Italien und Frankreich, zeigte, den Arm zum Hitlergruß ausgestreckt. Das kritische Potenzial, das in dieser öffentlichkeitswirksamen Aktion lag, wurde unter anderem von Joseph Beuys erkannt, der den jungen Kollegen nach Düsseldorf – das bundesdeutsche Kunstmekka jener Jahre – einlud. Hier beschäftigte sich Kiefer eingehend mit der deutschen Mythologie und brachte, wie Gerhard Richter nicht selten Fotografien als Grundlage benutzend, geschichtsträchtige Orte und sagenumwobene Gestalten auf die Leinwand, die wie *Brünnhilde schläft* (1980) oder *Der Rhein* (1983) einen engen Bezug zu den Musikdramen Richard Wagners besaßen.[46] Und auch Markus Lüpertz, seit 1988 Rektor der Düsseldorfer Kunstakademie, wandte sich – nach einer abstrakten Phase – in den 1980er Jahren einer gegenständlichen, farbintensiven Malerei zu, die wie die Bildfolge *Männer ohne Frauen – Parsifal* (1993/97) ebenfalls auf Wagners mythische Bühnenwelt verwies.

Einer gewissermaßen phantastischen Poesie wandten sich in diesen Jahren auch andere Kunstformen zu. Im Bereich des Tanztheaters war es vor allem Pina Bausch, die in ihren gefeierten Choreografien wie *Walzer* (1982) oder *Viktor* (1986) alle Bereiche der menschlichen Existenz ebenso genau wie sensibel ergründete.[47] Wim Wenders, vielleicht der interessanteste Filmregisseur seiner Generation, brachte mit *Paris, Texas* (1984) ein modernes Märchen in die Kinos, das im Stile eines Roadmovies die Geschichte einer gescheiterten Beziehung erzählt, hinter der sich eine große Liebe verbirgt. Dass Wenders in seinem Film *Der Himmel über Berlin* (1987) so großartige Schauspieler wie Bruno Ganz und Otto Sander als Engel über der noch geteilten Hauptstadt schweben ließ, den Menschen zugewandt und alle Naturgesetze durchbrechend, war ein weiteres Bekenntnis zum Poetischen.[48]

Tatsächlich wurde die Wirklichkeit hinter der Wirklichkeit zum eigentlichen Thema des deutschen Films, und auch in der Literatur löste sich die realistische Verbindlichkeit der Darstellung bald ein Stück weit auf. Zwar erreichte Peter Weiss' drei Bände umfassender Roman *Die Ästhetik des Widerstands* (1975/81), der ohne jede ironische Brechung die Entwicklung der deutschen Arbeiterbewegung als antifaschistische Heilsgeschichte erzählte, mit rund 90000 verkauften Exemplaren eine beachtliche Auflage. Trotz des Erfolgs, den der Roman vor allem bei Sympathisanten der Neuen Linken hatte, war jedoch nicht zu übersehen, dass er als Produkt sozialistischer Gesinnungsliteratur in den 1980er Jahren bereits reichlich altmodisch wirkte. Und auch künstlerisch schien das Werk, von Fritz J. Raddatz, einem der einflussreichsten Literaturkritiker der Bundesrepublik, nicht ganz zu Unrecht als »Flickerlteppich«[49] bezeichnet, seltsam aus der Zeit gefallen zu sein.

Deutlich besser passte hingegen der Schriftsteller Botho Strauß in jene »neue Unübersichtlichkeit«[50], die Jürgen Habermas 1985 mit Blick auf die postmodern-verschlungene Gegenwart ausgemacht hatte. Seine Lust an der Sprache, aber auch sein spielerischer Umgang mit Alltagsphänomenen ließ Strauß, dessen erster Roman *Der junge Mann* (1984) ein großes Echo hervorrief, zum Vertreter einer dezidiert nicht-linken Avantgarde werden, und seine konservative Kritik am materialistischen Zeitgeist schien die »geistig-moralische Wende«, von der Helmut Kohl im Zusammenhang mit dem Regierungswechsel 1982/83 gesprochen hatte, nun auch literarisch umzusetzen. Ungleich erfolgreicher als Strauß, der sich mit seinem 1993 im *Spiegel* veröffentlichten Essay »Anschwellender Bocksgesang«, einer atavistischen Abrechnung mit der liberalen Gesellschaftsordnung, selbst ins Abseits stellte, war Patrick Süskind, dessen 1985 veröffentlichter Erfolgsroman *Das Parfum* über sechs Jahre die deutschen Bestsellerlisten anführte. Tatsächlich war die Geschichte von Jean-Baptiste Grenouille, einem fiktiven Parfümeur des 18. Jahrhunderts, der zum Mörder wird, um den perfekten Duft zu kreieren,

Bruno Ganz in Wim Wenders' Film »Der Himmel über Berlin« (1987).

letztlich eine ebenso spannende wie einfühlsame Erkundung der Flüchtigkeit. Das Flüchtige, das jedem Duft zu eigen ist, erwies sich dabei als überzeugende Metapher für eine Gegenwart, die sich ihrer selbst zunehmend unsicherer wurde. Unzweifelhaft war Süskinds Bestseller ein Produkt der Postmoderne, und postmodern war er auch insofern, als er mithilfe intertextueller Verfahren gezielt Werke der Weltliteratur in die Erzählung einbezog, die sich auf diese Weise – die Anspielungen und Persiflagen auf Goethe, Kleist, Chamisso und E.T.A. Hoffmann waren zahlreich – als literarisches Verweissystem entpuppte. Dass sich Süskind den Zumutungen des Literaturbetriebs weitestgehend entzog, Auszeichnungen und Preise zurückwies und öffentlich nicht in Erscheinung trat, schien darüber hinaus Roland Barthes' These vom *Tod des Autors* (1968) nachdrücklich zu bestätigen.[51]

Brigitte Kronauer, in der Öffentlichkeit ungleich präsenter als Süskind, hatte bereits in ihrem Roman *Frau Mühlenbeck im Gehäus* (1980) die Verteidigung des Individuums gegen die Zumutungen der Massengesellschaft als zentrales Thema ihres künstlerischen

Schaffens etabliert. Und die Romantrilogie *Rita Münster* (1983), *Berittener Bogenschütze* (1986) und *Die Frau in den Kissen* (1990) führte es mit imponierender Sprachgewalt fort. Die Ambivalenzen der menschlichen Existenz beschäftigten auch den österreichischen Schriftsteller Christoph Ransmayr. Dessen Ovid-Roman *Die letzte Welt*, ein Stück Literatur-Literatur, ein ausgeklügeltes Spiel mit Zitaten und Zeitebenen, erschien 1988 in der von Hans Magnus Enzensberger herausgegebenen bibliophilen Buchreihe *Die Andere Bibliothek*, deren Bücher sowohl inhaltlich als auch gestalterisch höchsten Ansprüchen genügten – Bleisatz, ledernes Rückenschild und Lesebändchen inbegriffen. »Es gibt sie noch, die guten Dinge«, so mochte mancher Leser denken, wenn er einen Band der *Anderen Bibliothek* zur Hand nahm.

Genau so lautet übrigens der Werbeslogan des Einzelhandelsunternehmens Manufactum, das – 1988 von Thomas Hoof, dem früheren Landesgeschäftsführer der »Grünen« in Nordrhein-Westfalen gegründet – hochwertige, meist traditionell hergestellte Waren verkauft, vor allem Haushaltsgegenstände, Möbel, Bekleidung und Lebensmittel.[52] Der Erfolg von Manufactum wäre undenkbar gewesen ohne den tiefgreifenden Wertewandel, von dem im Kontext der Neuen Sozialen Bewegungen ausführlich die Rede gewesen ist. Er reflektierte freilich auch einen neuen Lebensstil, der sich während der 1980er Jahre zunächst in der oberen Mittelschicht bemerkbar machte. Er war gekennzeichnet durch ein verändertes Bewusstsein für das Ästhetische und durchbrach insofern die moderne Gleichung von Form und Funktion. Er richtete sich gegen die Zwänge der Wegwerfgesellschaft, achtete verstärkt auf kulturelle Nachhaltigkeit und bediente sich zu diesem Zweck fast vergessener Produkte aus unterschiedlichen Stilen und Epochen. Auch Großmutters alte Kaffeemühle kam dabei wieder zu Ehren.[53] Da sich die Welt um die Manufactum-Kunden herum in der gleichen Zeit radikal zu wandeln begann – der Start des Privatfernsehens und die Einführung erster leistungsstarker PCs veränderten Arbeit und Freizeit für viele Menschen tiefgreifend –, ist der Erwerb der »guten

Dinge« sicher auch als Kompensation eines »änderungstempobe-dingten Vertrautheitsschwunds« (Hermann Lübbe) zu verstehen. Von einem regelrechten Vertrautheitsschwund konnte in der DDR noch nicht bei allen Menschen die Rede sein. Das Tempo der Veränderungen, die – von der Sowjetunion ausgehend – seit Mitte der 1980er Jahre zu beobachten waren, war zweifellos ra-sant. Die politischen und sozialen Reformen, die Michail Gor-batschow, seit März 1985 Generalsekretär des Zentralkomitees der KPdSU, unter den Stichworten »Glasnost« (Offenheit) und »Perestroika« (Umbau) einleitete, zielten auf eine begrenzte Li-beralisierung der sozialistischen Gesellschaft.[54] Beinahe reflex-haft erblickte die SED-Führung um Erich Honecker darin den Anfang vom Ende und setzte – durch Milliardenkredite aus der Bundesrepublik im Vergleich zu anderen Ostblockstaaten in ei-ner relativ komfortablen Situation – alles daran, die bestehende Ordnung aufrechtzuerhalten. Als die von der sowjetischen Nach-richtenagentur Nowosti herausgegebene Zeitschrift *Sputnik*, eine Art russisches *Reader's Digest* mit Berichten aus allen Bereichen von Politik, Kultur, Wissenschaft und Gesellschaft, zunehmend kritische Berichte veröffentlichte, verfemte Künstler rehabilitier-te und Stalin als Verbrecher brandmarkte, unterband die DDR-Führung im November 1988 kurzerhand ihre Auslieferung.[55] Von Meinungs- und Pressefreiheit konnte bis zum Zusammenbruch der DDR keine Rede sein. Für die Künstler und Schriftsteller hat-te das noch in den 1980er Jahren existenzielle Konsequenzen. Viele von ihnen gingen nun endgültig in den Westen. Und die-jenigen, die blieben, hatten es schwer, sich der Kontrolle durch Staat und Partei zu entziehen.[56] Der Prenzlauer Berg blieb für viele Andersdenkende, zumal in der Provinz, ein Sehnsuchtsort. Aber auch hier standen die Vertreter der Untergrundliteratur unter Beobachtung – und nicht selten sogar unter Verdacht. Sa-scha Anderson arbeitete nach seiner Übersiedlung in die Bun-desrepublik weiter für die Stasi, und auch Rainer Schedlinski, der seit 1986 gemeinsam mit Andreas Koziol im Untergrund die Zeitschrift *Ariadnefabrik*, für die nichtoffizielle Literaturszene ein wichtiges Medium der Selbstverständigung, herausgab, war Spitzel des Geheimdienstes. Gemischte Gefühle auch hier.

Wie schwierig die Situation für Künstler und Schriftsteller nach wie vor war, zeigt nicht zuletzt der Fall Volker Braun.[57] Als Braun, der sich in seinen Werken – zahlreichen Theaterstücken, Romanen, Erzählungen und Gedichten – immer wieder mit den Hoffnungen und Enttäuschungen auseinandersetzte, die das Leben in einem sozialistischen Staat mit sich brachte, Mitte der 1980er Jahre seine Gedichtsammlung *Langsam knirschender Morgen* zum Druck bringen wollte, stieß er auf unerwartet große Schwierigkeiten. Brauns Lyrik – gewiss kein Signal zur Konterrevolution – galt mit Blick auf das Bekenntnis zu Staat und Partei als nicht enthusiastisch genug. Und es bedurfte eines fast vier Jahre andauernden Tauziehens zwischen dem Leiter des Mitteldeutschen Verlags, Eberhard Günther, dem Kulturminister Hans-Joachim Hoffmann, seinem Stellvertreter Klaus Höpcke und dem Sekretär des SED-Zentralkomitees Kurt Hager, bis man sich auf die Formel einigen konnte, das Buch sei »von der Parteilichkeit Brauns für den Sozialismus durchdrungen«[58]. Mit diesem Gütesiegel versehen, konnte *Langsam knirschender Morgen* schließlich erscheinen, 1987 zunächst bei Suhrkamp, im Jahr darauf im Mitteldeutschen Verlag. Dass Volker Braun nach all den Auseinandersetzungen 1988 mit dem Nationalpreis der DDR ausgezeichnet wurde, war nurmehr eine Ironie der Geschichte.

6 Ausblick: Auf der Suche nach der verlorenen Identität

Bärbel Bohley (2. v. l.) und Christa Wolf (r.)
bei der Demonstration auf dem Alexanderplatz am 4. November 1989.

Nachdem sie sich bereits in der Erzählung *Kassandra* (1983) intensiv mit einem antiken Stoff beschäftigt hatte, wandte sich Christa Wolf in der Folge erneut der griechischen Mythologie zu – jedenfalls vorderhand. Höchst eigenwillig geht ihr 1996 erschienener Roman *Medea. Stimmen*, ein kunstvolles Ensemble unterschiedlicher Perspektiven, dabei mit der bekannten Vorlage um. Medea, die zauberkundige Königstochter, ist für Christa Wolf – anders als in der Tragödie des Euripides – vor allem Opfer, nicht Täterin. Ihre Heimat Kolchis ist ehedem ein Musterstaat gewesen, ein Reich des Friedens und der Gerechtigkeit. Als König Aietes, halsstarrig an der Macht festhaltend, sogar den eigenen Sohn töten lässt, um Reformen zu verhindern, geht Medea schweren Herzens fort. Sie reist gewissermaßen aus – kommt aber nirgendwo an. Denn in Korinth, wohin sie gemeinsam mit den Argonauten gelangt, geht es noch ungerechter zu als in ihrer Heimat. Die selbstbewusste Königstochter dient einer dekadenten Gesellschaft nur als Sündenbock für ihre eigenen Verfehlungen. Und Medea resigniert: »Wohin mit mir. Ist eine Welt zu denken, eine Zeit, in die ich passen würde. Niemand da, den ich fragen könnte. Das ist die Antwort.«[1]

Ist das die Antwort? Gewiss, es wäre unangemessen, Christa Wolfs Roman ausschließlich als Schlüsseltext über die deutsche Wiedervereinigung zu lesen. Aber die Erfahrungen, die Medea in Korinth machen muss, sind den Gefühlen, die manche ostdeutsche Künstler und Intellektuelle nach dem Fall der Mauer empfanden, nicht unähnlich. Die Identität, die sie während der Diktatur mühsam verteidigt hatten, brach zusammen, und eine neue Orientierung schien zunächst nicht in Sicht. Nur weil einzelne Leute schlimm und verbrecherisch gehandelt hätten, so ließ sich etwa der Schriftsteller Stefan Heym – über dessen kritische Distanz zur SED-Führung kein Zweifel besteht – vernehmen, könne er schließlich nicht sein ganzes Leben wegwerfen. Grundsätzlich war die Vorstellung, dass die DDR zwar gescheitert, die sozialistische Idee jedoch keineswegs vollständig verblasst sei, unter ostdeutschen Schriftstellern weit verbreitet. Mit dem Aufruf »Für unser Land!«, der vor dem »Ausverkauf unserer materiellen und moralischen Werte«[2] warnte, trat keine Geringere als Christa Wolf persönlich im November 1989 an die Öffentlichkeit. Die Malerin Bärbel Bohley, eine Mitbegründerin der Bürgerrechtsbewegung »Neues Forum«, sprach angesichts der prächtig lockenden Konsumartikel aus der Bundesrepublik verächtlich von »Glasperlen für die Eingeborenen«[3]. Jurek Becker beklagte im Juli 1990, dass der Sozialismus vorerst keine Chance mehr habe, sich zu erholen. Und Günter Grass plädierte kurzerhand für den Fortbestand der DDR.

Viele Künstler und Intellektuelle, die der Wiedervereinigung skeptisch bis ablehnend gegenüberstanden, mochten sich durch die spürbare Desillusionierung, die bei nicht wenigen Ostdeutschen auf die anfängliche Euphorie folgte, durchaus bestätigt fühlen. Und die Turbulenzen, die der Versuch, die beiden deutschen P.E.N.-Zentren zu fusionieren, in den 1990er Jahren auslöste, spiegelten die wechselseitigen Vorbehalte zwischen West- und Ostdeutschen in besonders anschaulicher Weise.[4] Mit weiteren Schriftstellern, die bereits in den 1970er Jahren die DDR verlassen hatten, protestierte etwa Hans Joachim Schädlich energisch gegen die Zumutung, künftig mit ehemaligen Stasi-Spitzeln und Privilegierten des Unrechtsregimes gemeinsame Sache zu machen, und trat aus dem westdeutschen P.E.N.-Club aus. Autoren wie Peter Rühmkorf, Walter Jens, Klaus Staeck oder Günter Grass hingegen verfolgten eine Politik der vollendeten Tatsachen, indem sie in den Ost-P.E.N. eintraten und so eine Fusion von unten herbeizuführen gedachten. Die Präsidenten des West-P.E.N., die wie Carl Amery die Sorge hatten, der Schriftstellerverband solle als »Waschanlage« für belastete DDR-Kollegen herhalten, gaben sich derweil die Klinke in die Hand. Erst 1998 konnte schließlich ein gemeinsames deutsches P.E.N.-Zentrum entstehen.

Dabei hatte der Einigungsvertrag zwischen der Bundesrepublik und der DDR bereits im August 1990 festgehalten, dass Kunst und Kultur stets »eine Grundlage der fortbestehenden Einheit der deutschen Nation«[5] gewesen seien. Tatsächlich waren in der Vergangenheit verschiedentlich Projekte verwirklicht worden, die die politische Spaltung zu konterkarieren schienen. Einzelne Verlagskooperationen sind hier ebenso zu nennen wie die Zusammenarbeit bei der großen Historisch-Kritischen Ausgabe der Werke Friedrich Schillers (»Nationalausgabe«), die – seit 1961 unter Leitung von Lieselotte Blumenthal und Benno von Wiese – von den Nationalen Gedenkstätten der klassischen deutschen Literatur in Weimar (Goethe- und Schiller-Archiv) und dem Schiller-Nationalmuseum in Marbach gemeinsam herausgegeben wurde.[6] DDR-Schauspieler wie Rolf Hoppe waren seit den frühen 1980er Jahren zunehmend in westdeutschen Filmen zu sehen, etwa in István Szabós *Mephisto* (1981) oder in Peter Schamonis *Frühlingssinfonie* (1983). Von anderen deutsch-deutschen Kulturbegegnungen war bereits ausführlich die Rede.

Für die Entwicklung seit 1989/90 fällt die Bilanz jedoch keineswegs eindeutig aus. Auf institutioneller Ebene, insbesondere bei Archiven, Museen und Bibliotheken, schritt die kulturelle Integration zügig voran. Mit Mitteln aus dem Bundeshaushalt sind seit den 1990er Jahren zahlreiche ostdeutsche Kultureinrichtungen erhalten, saniert und neu strukturiert worden. Das gilt für die Stiftung Preußische Schlösser und Gärten Berlin-Brandenburg, zu deren Liegenschaften unter anderem Schloss Sanssouci und das Neue Palais in Potsdam, Schloss Charlottenburg in Berlin und die Pfaueninsel im Wannsee gehören, ebenso für die Luther-Gedenkstätten in Wittenberg und Eisleben, den Fürst-Pückler-Park in Bad Muskau und die Stiftung Weimarer Klassik, zu der beispielsweise das Goethe-Nationalmuseum und die Herzogin-Anna-Amalia-Bibliothek gehören. Die Akademie der Wissenschaften der DDR ging in der 1992 neu gegründeten Berlin-Brandenburgischen Akademie der Wissenschaften auf. Und mit der Wiedereröffnung des Neuen Museums im Oktober 2009 kehrte auch Nofretete, die ägyptische Königin, auf die Museumsinsel zurück: eine heimliche Herrscherin der wiedervereinigten Hauptstadt.

Alles in allem also eine Erfolgsgeschichte? Mit Blick auf die kulturellen Institutionen gewiss. Hier hat das Gemeinsame wohl endgültig die Spaltung überwunden. Für die Alltagskultur freilich fällt der Befund anders aus. Die Bindekraft von Staat und Gesellschaft erwies sich – eingedenk der langen Dauer der SED-Diktatur – als so mächtig, dass die emotionale Distanz zwischen den Menschen in Ost und West, zumindest in der ersten Zeit, nicht rückhaltlos überwunden werden konnte. Während viele Westdeutsche ihr Leben nach 1989/90 unverändert fortführten und sich einredeten, mit dem Solidaritätszuschlag ihren Anteil an der Verwirklichung der deutschen Einheit bereits geleistet zu haben, nahm die Sehnsucht nach dem verlorenen Paradies DDR – nicht zuletzt angesichts bedrohlich steigender Arbeitslosenzahlen – bei manchen Ostdeutschen geradezu nostalgische Formen an.[7]

Die »Ostalgie«, die mitunter dazu führte, dass die Erinnerung an Ampelmännchen und Halloren-Kugeln alles andere verdrängte, Stasi-Gefängnisse und Mauertote eingeschlossen, war vor allem ein Krisensymptom. Wie Christa Wolfs unglückliche Medea, so waren auch viele DDR-Bürger nicht gänzlich im Westen angekommen – verständlicherweise, wie man hinzufügen muss. Weil sie am eigenen Leibe erfahren hatten, wie brüchig eine vermeintlich fest gefügte Identität letztlich war, schreckten sie vor einer Bindung an neue Ideen und Werte instinktiv zurück. Stattdessen kehrte geradezu reflexhaft das alte »Feindbild Amerika« (Dan Diner) wieder. Der Schriftsteller Christoph Hein etwa plädierte – längst vergangene Traumbilder bemühend – für einen dritten Weg zwischen Ost und West, wobei er für den schlimmsten Fall gleich das Menetekel an die Wand malte: »Wenn wir scheitern, frißt uns McDonalds.«[8] Wim Wenders wiederum beklagte, dass es ihm durch die Amerikanisierung, wie sie die westdeutsche Gesellschaft nach 1945 geprägt hatte, in letzter Konsequenz verwehrt worden sei, ein Deutscher zu werden. Und sein Kollege, der Filmemacher Hans-Jürgen Syberberg, betrachtete die Wiedervereinigung sogar als Chance, die alte deutsche Kultur, die sich in der DDR – gleichsam gefriergetrocknet – authentischer erhalten habe als in der westgebundenen Bundesrepublik, zu reanimieren.[9] In der Tat wurde unter den Bedingungen einer Diktatur, die Künstler und Intellektuelle von den Entwicklungen der westlichen Moderne abschnitt, in mancher Hinsicht durchaus eine spezifisch deutsche Tradition bewahrt. Wer ein Konzert der Staatskapelle Berlin oder des Leipziger Gewandhausorchesters besucht und den unverwechselbar dunklen, samtigen und zugleich obertonreichen Klang dieser Orchester erlebt, kann noch immer ermessen, wie intensiv diese Tradition gepflegt worden ist.

Wo aber ist heute der Ort für eine so verstandene deutsche Kultur? Wo ist ihr Platz angesichts der vielfältigen kulturellen Einflüsse und Tendenzen, die sich im Zeitalter der Globalisierung immer rascher und raumgreifender bemerkbar machen?

Und wie präsentieren sich die Produkte der Hochkultur auf jenem unübersichtlichen Massenmarkt, auf dem ein Opernbesuch genauso als Konsumgut gilt wie der Döner im Stehimbiss? Von dem modernisierungsseligen Slogan »Kultur für alle«, der in den 1970er Jahren vor allem von SPD-nahen Kulturdezernenten westdeutscher Großstädte formuliert wurde, hat sich der »kulturelle Allesfresser« der Gegenwart längst emanzipiert.[10] *Shoppen & Ficken*, so heißt Mark Ravenhills bitterböses Stück über die partyfixierte Erlebnisgesellschaft[11], das in der Bundesrepublik seit der Inszenierung von Thomas Ostermeier in der Baracke am Deutschen Theater 1998 für Furore gesorgt hat. Die Schauspieler laufen angestrengt den Verheißungen der Konsumwelt hinterher, und die Menschen auf der Straße verhalten sich nicht wesentlich anders. Nicht von ungefähr sind Fitness und Wellness spätestens seit den 1990er Jahren zu wichtigen Aspekten der Lebenswelt geworden – zu sinnstiftenden Instanzen gar, wie etwa John von Düffels psychologisch hellsichtiger Roman *Ego* (2001) enthüllt.

Vor diesem Hintergrund ist schließlich auch die Hochkultur leichter konsumierbar geworden. Marcel Reich-Ranicki etwa hat zwischen 1988 und 2001 mit seiner legendären Fernsehsendung *Das literarische Quartett* Millionen Menschen, die nicht zu den regelmäßigen Lesern der *Frankfurter Allgemeinen Zeitung* gehörten, die weite Welt der Bücher und Schriftsteller erschlossen. Und im Juli 2010 wurde die Neuinszenierung des *Lohengrin* zur Eröffnung der Bayreuther Festspiele erstmals kostenlos als Live-Stream im Internet angeboten.

Dies zeigt, dass nicht nur die Kultur insgesamt zu einem Konsumgut geworden ist, sondern dass sich der Konsum selbst massiv verändert hat. Das Schlüsselwort in diesem Zusammenhang heißt »Digitalisierung«. Bekanntlich hat die hohe Verdichtung von Daten mithilfe eines binären Kodierungssystems seit den 1980er Jahren geradezu revolutionäre Folgen gezeigt.[12] Sie lassen sich an CD und DVD ebenso ablesen wie am MP3-Player, dem Satellitenfernsehen, dem Mobiltelefon oder der Internetnutzung. Dabei ist die Digitalisierung nicht nur ein Antrieb für die weitere Rationalisierung unterschiedlichster Lebensbereiche, sondern auch Ausdruck einer neuen Verzauberung der Welt. Sie eröffnet – speziell durch die interaktiven Elemente des World Wide Web – vielen Menschen ungeahnte Gestaltungsräume und parallele Welten. Auch die elektronische Musik profitierte erheblich von den erstaunlichen technischen Möglichkeiten. Die Technoszene, die sich in den späten 1980er Jahren um DJs wie Marusha, Dr. Motte und WestBam formierte, wäre ohne die Digitalisierung undenkbar gewesen. Massenveranstaltungen wie die Love Parade, die seit 1989 – zunächst in Berlin – Jahr für Jahr Hunderttausende junger Raver zusammenführte, bis sie durch das Unglück von Duisburg 2010 ein jähes Ende fand, zeigen eindrucksvoll die Bedeutung dieser Szene. Ihre Hauptstützpunkte fanden die Raver nicht zuletzt im Ostteil Berlins, wo nach 1989 zahlreiche leerstehende Fabrikhallen in trendige Locations verwandelt wurden, in denen ein junges, oft gut verdienendes Publikum am Wochenende hemmungslos in Tanzekstase verfiel. Der Berghain, ein Techno-Club in einem ehemaligen Heizkraftwerk unweit des Ostbahnhofs, wurde gleichsam zu einem »Festspielhaus in ostdeutscher Brache«[13]. Helene Hegemann hat ihm mit *Axolotl Roadkill*, der Geschichte einer 16-Jährigen auf der Suche nach sich selbst, 2010 ein beklemmendes Buch gewidmet.

Mit der deutschen Teilung und dem Mauerfall hatten sich bereits zuvor verschiedene Schriftsteller auseinandergesetzt. Monika Marons Roman *Stille Zeile sechs* (1991) ist hier ebenso zu nennen wie Reinhard Jirgls *Abschied von den Feinden* (1995), Jana Hensels *Zonenkinder* (2002) oder Ingo Schulzes *Neue Leben* (2005). Der große deutsch-deutsche Zeitroman freilich lässt auf sich warten. Und vielleicht ist das nicht einmal schlimm. Die Epoche der verbindlichen Nationalepen ist unwiederbringlich vorüber; nicht nur die Schriftsteller bevorzugen heute die postmoderne Momentaufnahme. Gleichwohl stellt das Trennende, wie es – schon aufgrund der föderalen Struktur – in der deutschen Kultur immer präsent gewesen ist, das Verbindende nicht mehr grundsätzlich infrage. Das Los Angeles County Museum of Art hat unlängst eine repräsentative Schau mit Kunst aus der Bundesrepublik und der DDR zusammengestellt, die anschließend auch in Berlin und Nürnberg zu sehen war.[14] Unter dem Titel »Art of Two Germanys« präsentierte die Ausstellung rund 300 Kunstwerke, verortete sie in der Geschichte der deutschen Teilung und ließ dabei Elemente sowohl der Spaltung als auch der Gemeinsamkeit sichtbar werden. Die Kultur der beiden deutschen Staaten, die immer auch ein Mittel der politischen Auseinandersetzung war, ist sich – mit Goethe gesprochen – am Ende selbst historisch geworden.

7 Anhang

Anmerkungen

Trümmerkultur (S. 11–36)

1 Vgl. Hermann Glaser: Deutsche Kultur. Ein historischer Überblick von 1945 bis zur Gegenwart, Bonn 1997, S. 25 f.

2 Helma Sanders-Brahms: Der Himmel war blau wie noch nie, als der Krieg zu Ende ging, in: Gabriele Dietz (Red.): Trümmer, Träume, Truman. Die Welt 1945–49, Berlin 1985, S. 9.

3 Vgl. Uta Gerhardt: Soziologie der Stunde Null. Zur Gesellschaftskonzeption des amerikanischen Besatzungsregimes in Deutschland 1944–1945/6, Frankfurt a. M. 2005; Die Stunde Null – ÜberLeben 1945. Katalog zur Ausstellung »Die Stunde Null – ÜberLeben 1945« des Museums Europäischer Kulturen, Staatliche Museen zu Berlin, in Zusammenarbeit mit dem Zentralarchiv Staatliche Museen zu Berlin [...]. 8. Mai 2005–16. April 2006, Berlin 2005.

4 Vgl. Ulrich Döge: Barbaren mit humanen Zügen – Bilder des Deutschen in Filmen Roberto Rossellinis, Trier 2009 (= Filmgeschichte International, Bd. 18).

5 Hans Habe: Rossellini sieht Deutschland, in: Süddeutsche Zeitung v. 28. September 1949, S. 2.

6 Vgl. Aber ich habe nicht mein Gesicht. Gustaf Gründgens – eine deutsche Karriere. Katalog zur Ausstellung der Staatsbibliothek zu Berlin [...], Berlin 1999.

7 Vgl. Herbert Haffner: Furtwängler, Berlin 2003.

8 Vgl. Heinz Tietjen 1881–1967. Intendant, Dirigent und Regisseur. Bilder aus seinem Leben. Katalog zur Ausstellung im Theater Trier, Trier 1992.

9 Vgl. dazu Martin Broszat, Klaus-Dietmar Henke, Hans Woller (Hrsg.): Von Stalingrad zur Währungsreform. Zur Sozialgeschichte des Umbruchs in Deutschland, München 1989; Hans-Erich Volkmann (Hrsg.): Ende des Dritten Reiches – Ende des Zweiten Weltkriegs. Eine perspektivische Rückschau, München 1995.

10 Eine unverzichtbare Bestandsaufnahme bietet Martin Papenbrock: »Entartete Kunst«, Exilkunst, Widerstandskunst in westdeutschen Ausstellungen nach 1945. Eine kommentierte Bibliographie, Weimar 1996.

11 Vgl. dazu die Beiträge in Karin Stengel (Hrsg.): Documenta zwischen Inszenierung und Kritik. 50 Jahre Documenta. Dokumentation einer Tagung der Evangelischen Akademie Hofgeismar, Hofgeismar 2007.

12 Zum kulturellen Hintergrund 1914 vgl. v.a. Kurt Flasch: Die geistige Mobilmachung. Die deutschen Intellektuellen und der Erste Weltkrieg. Ein Versuch, Berlin 2000.

13 Vgl. Manfred Görtemaker: Geschichte der Bundesrepublik Deutschland. Von der Gründung bis zur Gegenwart, München 1999, S. 208 f.

14 Dazu Karl-Heinz Füssl: Die Umerziehung der Deutschen. Jugend und Schule unter den Siegermächten des Zweiten Weltkriegs 1945–1955, 2. Aufl., Paderborn 1995; Nicholas Pronay, Keith M. Wilson (Hrsg.): The Political Re-education of Germany and Her Allies after World War II, London, Sydney 1985.

15 Vgl. Lothar Kettenacker: The Planning of Re-education during the Second World War, in: Pronay, Wilson (Hrsg.): The Political Re-education (wie Anm. 14), S. 59 ff.; Günter Pakschies: Umerziehung in der Britischen Zone 1945–1949. Untersuchungen zur britischen Re-education-Politik, 2. Aufl., Köln u. a. 1984.

16 Vgl. Lothar Gall: Wilhelm von Humboldt, Berlin 2011, S. 146–157.

17 Vgl. Görtemaker: Geschichte (wie Anm. 13), S. 209.

18 Vgl. dazu James F. Tent: Educations and Religious Affairs Branch. OMGUS und die Entwicklung amerikanischer Bildungspolitik 1944 bis 1949, in: Manfred Heinemann (Hrsg.): Umerziehung und Wiederaufbau. Die Bildungspolitik der Besatzungsmächte in Deutschland und Österreich, Stuttgart 1981, S. 68–85, bes. 71 f.

19 Vgl. Anselm Doering-Manteuffel: Wie westlich sind die Deutschen? Amerikanisierung und Westernisierung im 20. Jahrhundert, Göttingen 1999.

20 Vgl. Görtemaker: Geschichte (wie Anm. 13), S. 209.

21 Vgl. Glaser: Deutsche Kultur (wie Anm. 1), S. 105 ff.

22 Vgl. Grundsätze für die demokratische Erneuerung der deutschen Schule. Gemeinsamer Aufruf der KPD und SPD zur demokratischen Schulreform, 18. Oktober 1945, in: Siegfried Baske, Martha Engelbert (Hrsg.): Zwei Jahrzehnte Bildungspolitik in der Sowjetzone Deutschlands, Bd. 1, Berlin 1966, S. 5 f.

23 Zur Bedeutung der Emigration vgl. Bettina Englmann: Die Poetik des Exils. Zur Modernität der deutschsprachigen Exilliteratur, Tübingen 2001.

24 Vgl. Magdalena Heider: Politik – Kultur – Kulturbund. Zur Gründungs- und Frühgeschichte des Kulturbundes zur demokratischen Erneuerung Deutschlands 1945–1954 in der SBZ/DDR, Köln 1993.

25 Programm des »Kulturbundes zur demokratischen Erneuerung Deutschlands«, in: Der Kulturbund in Berlin, Berlin 1948, S. 6.

26 Vgl. Kurt Koszyk (Hrsg.): Pressepolitik für Deutsche. 1945–1949, Berlin 1986 (= Geschichte der deutschen Presse, Teil IV).

27 Vgl. Friedrich Lambart (Hrsg.): Tod eines Pianisten. Karlrobert Kreiten und der Fall Werner Höfer. Berlin 1988; zur weiteren Einordnung Christina von Hodenberg: Konsens und Krise. Eine Geschichte der westdeutschen Medienöffentlichkeit 1945–1973, Göttingen 2006.

28 Vgl. Hermann Lübbe: Der Nationalsozialismus im deutschen Nachkriegsbewußtsein, in: Historische Zeitschrift 236 (1983), S. 579–599.

29 Vgl. Helmuth Kiesel: Ernst Jünger. Die Biographie, München 2007, S. 534–544.

30 Vgl. Cecilia von Buddenbrock: Friedrich Sieburg 1893–1964. Ein deutscher Journalist vor der Herausforderung eines Jahrhunderts, Frankfurt a. M. 2007; Hans-Christof Kraus: Als konservativer Intellektueller in der frühen Bundesrepublik. Das Beispiel Friedrich Sieburg, in: Frank-Lothar Kroll (Hrsg.): Die kupierte Alternative. Konservatismus in Deutschland nach 1945, Berlin 2005, S. 267–297.

31 Vgl. Rolf Düsterberg: Hanns Johst. Der Barde der SS. Karrieren eines deutschen Dichters, Paderborn u. a. 2004.

32 Zum Folgenden vgl. Hansjörg Gehring: Amerikanische Literaturpolitik in Deutschland 1945 bis 1953. Ein Aspekt des Re-Education-Programms, Stuttgart 1976.

33 Vgl. Görtemaker: Geschichte (wie Anm. 13), S. 211.

34 Zum Folgenden vgl. Glaser: Deutsche Kultur (wie Anm. 1), S. 117–122.

35 Zur Wirkung dieses Dramas vgl. Katrin Weingran: »Des Teufels General« in der Diskussion. Zur Rezeption von Carl Zuckmayers Theaterstück nach 1945, Marburg 2004.

36 Zur Einordnung vgl. Manfred Görtemaker: Thomas Mann und die Politik, Frankfurt a. M. 2005.

37 Vgl. Glaser: Deutsche Kultur (wie Anm. 1), S. 28.

38 Vgl. Joachim Köhler, Damian van Melis (Hrsg.): Siegerin in Trümmern. Die Rolle der katholischen Kirche in der deutschen Nachkriegsgesellschaft, Stuttgart, Berlin, Köln 1998.

39 Zit. nach Jürgen Weber (Hrsg.): Auf dem Weg zur Republik 1945 bis 1947, München 1978, S. 101.

40 Vgl. dazu Heinz Hürten: Der Topos vom christlichen Abendland in Literatur und Publizistik nach den beiden Weltkriegen, in: Albrecht Langner (Hrsg.): Katholizismus, nationaler Gedanke und Europa seit 1800, Paderborn u. a. 1985, S. 131–154.

41 Zit. nach Hans Daiber: Deutsches Theater seit 1945, Stuttgart 1976, S. 67.

42 Theodor W. Adorno: Minima moralia, Frankfurt a. M. 1951, S. 65.

43 Friedrich Meinecke: Die deutsche Katastrophe. Betrachtungen und Erinnerungen, Wiesbaden 1946, S. 175 f.

44 Vgl. Hermann Glaser: Kleine Kulturgeschichte Deutschlands im 20. Jahrhundert, München 2002, S. 224 f.

45 Vgl. dazu Rudolf Wolff (Hrsg.): Wolfgang Borchert. Werk und Wirkung, Bonn 1984.

46 Vgl. Henning Müller: Das Exempel Kulturbund – Anatomie eines Verbots, in: Gabriele Schultheiß (Red.): Zwischen Krieg und Frieden. Gegenständliche und realistische Tendenzen in der Kunst nach 1945, Berlin 1980, S. 175–188.

Moderne Zeiten (1949–1965) (S. 37–89)

1 Vgl. Wilfried Rott: Die Insel. Eine Geschichte West-Berlins 1948–1990, München 2009.

2 Vgl. Die Geschichte des Suhrkamp-Verlages. 1. Juli 1950 bis 30. Juni 2000, Frankfurt a. M. 2000.

3 Vgl. dazu Peter Roos: Genius loci. Gespräche über Literatur und Tübingen, Pfullingen 1978, bes. S. 33 ff. und 81.

4 Vgl. Hans Bausch (Hrsg.): Rundfunk in Deutschland, Bd. 3: Rundfunkpolitik nach 1945, München 1979, Gerlinde Frey-Vor (Hrsg.): Rundfunk in Ostdeutschland. Erinnerungen, Analysen, Meinungen, Konstanz 2003.

5 Vgl. Florian Huber: Re-education durch Rundfunk. Die Umerziehungspolitik der britischen Besatzungsmacht in Deutschland am Beispiel des NWDR 1945–1948, Hamburg 2006.

6 Vgl. dazu Hermann Glaser: Deutsche Kultur. Ein historischer Überblick von 1945 bis zur Gegenwart, Bonn 1997, S. 142–148, bes. 148; Karl Eduard von Schnitzler: Frühe Denkanstöße. Fundsachen aus dem Archiv. Erste Rundfunkkommentare 1944–1947, Berlin 2008.

7 Vgl. Hans-Joachim Hoffmann: Journalismus und Kontrolle. Eine Studie zum Konflikt um die politischen Fernsehmagazine der ARD: Panorama, Report Baden-Baden, Report München, Monitor, Kontraste, München 1990.

8 Vgl. Manfred Görtemaker: Geschichte der Bundesrepublik Deutschland. Von der Gründung bis zur Gegenwart, München 1999, S. 224–229.

9 Das beste Porträt bietet Hans-Peter Schwarz: Axel Springer. Die Biografie, Berlin 2008.

10 Vgl. Gudrun Kruip: Das »Welt«-»Bild« des Axel-Springer-Verlags. Journalismus zwischen westlichen Werten und deutschen Denktraditionen, München 1999.

11 Zit. nach Hilde Domin: Nachkrieg und Unfrieden. Gedichte als Index 1945–1970, Berlin 1970, S. 35 f.

12 Zur Einordnung Dorothee Liehr: Von der Aktion gegen den Spiegel zur Spiegel-Affäre. Zur gesellschaftspolitischen Rolle der Intellektuellen, Frankfurt a.M. u.a. 2002.

13 Vgl. Christina von Hodenberg: Konsens und Krise. Eine Geschichte der westdeutschen Medienöffentlichkeit 1945–1973, Göttingen 2006.

14 Vgl. dazu Glaser: Deutsche Kultur (wie Anm. 6), bes. S. 152f.

15 So Hans-Jörg Heims: Erinnerung an ein Zentralorgan. Seit 50 Jahren gibt es die Tageszeitung »Neues Deutschland«, in: Süddeutsche Zeitung v. 23.4.1996. Vgl. Anke Fiedler, Michael Meyen (Hrsg.): Fiktionen für das Volk. DDR-Zeitungen als PR-Instrument. Fallstudien zu den Zentralorganen Neues Deutschland, Junge Welt, Neue Zeit, Der Morgen, Berlin, Münster 2011.

16 Vgl. Axel Schildt, Detlef Siegfried: Deutsche Kulturgeschichte. Die Bundesrepublik – 1945 bis zur Gegenwart, München 2009, S. 86–89, 172–176.

17 Vgl. ebd., S. 117–120.

18 Vgl. dazu Carsten Kretschmann: Schuld und Sühne. Annäherungen an Erich Lüth, in: Thomas Henne, Arne Riedlinger (Hrsg.): Das Lüth-Urteil aus (rechts-) historischer Sicht. Die Konflikte um Veit Harlan und die Grundrechtsjudikatur des Bundesverfassungsgerichts, Berlin 2005, S. 47–63.

19 Vgl. Ulrich Dibelius: Musik, in: Wolfgang Benz (Hrsg.): Die Geschichte der Bundesrepublik Deutschland, Bd. 4: Kultur, Frankfurt a.M. 1989, S. 131–168.

20 Walter Panofsky: Ein »Commonwealth« der Opernhäuser? Bericht über ein Gespräch mit Herbert von Karajan, in: Das Schönste, Jg. 1962, Heft 3, S. 15.

21 Vgl. dazu Glaser: Deutsche Kultur (wie Anm. 6), S. 290.

22 Vgl. Josef Häusler: Spiegel der Neuen Musik: Donaueschingen. Chronik, Tendenzen, Werkbesprechungen, Kassel u.a. 1996.

23 Vgl. Rudolf Stephan (Hrsg): Von Kranichstein zur Gegenwart 1946–1996. 50 Jahre Darmstädter Ferienkurse, Darmstadt 1996.

24 Vgl. Heinz Ludwig Arnold: Die Gruppe 47, Reinbek bei Hamburg 2004; Dominik Geppert: Von der Staatsskepsis zum parteipolitischen Engagement. Hans Werner Richter, die Gruppe 47 und die deutsche Politik, in: Ders., Jens Hacke (Hrsg.): Streit um den Staat. Intellektuelle Debatten in der Bundesrepublik 1960–1980, Göttingen 2008, S. 46–68.

25 Zit. nach Hans A. Neunzig (Hrsg.): Lesebuch der Gruppe 47, 2. Aufl., München 1997, S. 504.

26 Heinrich August Winkler: Der lange Weg nach Westen. 2 Bde., München 2000.

27 Vgl. dazu Anselm Doering-Manteuffel: Wie westlich sind die Deutschen? Amerikanisierung und Westernisierung im 20. Jahrhundert, Göttingen 1999.

28 Stefan Heym: Nachruf, München 1988, S. 373.

29 Vgl. Axel Lehmann: Der Marshall-Plan und das neue Deutschland: die Folgen amerikanischer Besatzungspolitik in den Westzonen, Münster u. a. 2000.

30 Ursula von Kardorff: Berliner Aufzeichnungen 1942 bis 1945, München 1994, S. 317.

31 Vgl. Philipp Gassert: Amerikanismus, Antiamerikanismus, Amerikanisierung. Neue Literatur zur Sozial-, Wirtschafts- und Kulturgeschichte des amerikanischen Einflusses in Deutschland und Europa, in: Archiv für Sozialgeschichte 39 (1999), S. 531–561.

32 Zit. nach Franz Focke: Sozialismus aus christlicher Verantwortung. Die Idee eines christlichen Sozialismus in der katholisch-sozialen Bewegung und in der CDU, Wuppertal 1978, S. 207

33 Zit. nach ebd., S. 205.

34 Vgl. zum Folgenden Görtemaker: Geschichte (wie Anm. 8), S. 232–235.

35 Klaus Gysi: Symptom, in: Der Aufbau 4 (1948), S. 642.

36 Hans Werner Richter: Wie entstand und was war die Gruppe 47?, in: Hans Werner Richter und die Gruppe 47. Mit Beiträgen von Walter Jens u. a., München 1979, S. 47.

37 Vgl. Alexander Gallus: »Der Ruf« – Stimme für ein anderes Deutschland, in: Aus Politik und Zeitgeschichte 25 (2007), S. 32–38.

38 Vgl. zum Folgenden Görtemaker: Geschichte (wie Anm. 8), S. 253–258.

39 Vgl. Lars Koch (Hrsg.): Modernisierung als Amerikanisierung? Entwicklungslinien der westdeutschen Kultur 1945–1960, Bielefeld 2007.

40 Vgl. Michael Hochgeschwender: Freiheit in der Offensive? Der Kongreß für Kulturelle Freiheit und die Deutschen, München 1998.

41 Vgl. Glaser: Deutsche Kultur (wie Anm. 6), S. 207–220.

42 Vgl. zum Hintergrund Schildt, Siegfried: Deutsche Kulturgeschichte (wie Anm. 16), S. 161–168.

43 Vgl. dazu Hans-Ulrich Wehler: Deutsche Gesellschaftsgeschichte, Bd. 5: Bundesrepublik und DDR 1949–1990, München 2008, S. 153–162.

44 Vgl. zur zeitgenössischen Einordnung Harriett Moore, Gerhard Kleining: Das soziale Selbstbild der Gesellschaftsschichten in Deutschland, in: Kölner Zeitschrift für Soziologie und Sozialpsychologie 12 (1960), S. 86–119.

45 Vgl. Glaser: Deutsche Kultur (wie Anm. 6), S. 166.

46 Vgl. dazu Nepomuk Gasteiger: Der Konsument. Verbraucherbilder in Werbung, Konsumkritik und Verbraucherschutz 1945–1989, München 2010.

47 Vgl. Ernst Grissemann, Hans Veigl (Hrsg.): Testbild, Twen und Nierentisch. Unser Lebensgefühl in den 50er Jahren, Wien, Köln, Weimar 2002.

48 Hans Magnus Enzensberger: Das Plebiszit der Verbraucher, in: Ders.: Einzelheiten. Essays, Bd. 1: Bewusstseins-Industrie, Frankfurt a. M. 1964, S. 168 ff.

49 Zit. nach Sibylle Zehle: Josef Neckermann. Ein dressierter Mann, in: Die Zeit v. 4.6.1982.

50 Vgl. Heidrun Edelmann: Vom Luxusgut zum Gebrauchsgegenstand. Die Geschichte der Verbreitung von Personenkraftwagen in Deutschland, Frankfurt a. M. 1989.

51 Zit. nach Wolfgang Sachs: Die Liebe zum Automobil. Ein Rückblick in die Geschichte unserer Wünsche, Reinbek bei Hamburg 1984, S. 82.

52 Thomas Weymar: Ein Volk auf Achse, in: Wechselwirkung, Jg. 1983, Nr. 19, S. 25.

53 Vgl. dazu Glaser: Deutsche Kultur (wie Anm. 6), S. 231–237.

54 Vgl.Hermann Henselmann: »Ich habe Vorschläge gemacht«. Hrsg. v. Wolfgang Schäche, Berlin 1995.

55 Vgl. Joachim Palutzki: Architektur in der DDR, Berlin 2000.

56 Vgl. Schöner wohnen, froher leben. Bewegungsfreiheit auf kleinstem Raum, in: Die Zeit v. 20.4.1950.

57 Vgl. dazu Bettina Citron (Red.): Kanzlerbungalow, München u. a. 2009.

58 Zit. nach Glaser: Deutsche Kultur (wie Anm. 6), S. 167.

59 Vgl. Görtemaker: Geschichte (wie Anm. 8), S. 239–243.

60 Frederik Adama van Scheltema: Ist der Expressionismus noch »junge Kunst«?, in: Prisma, Jg. 1946, Heft 2, S. 17 f.

61 Karl Scheffler: Die fetten und die mageren Jahre. Ein Arbeits- und Lebensbericht, München 1946.

62 Vgl. dazu Monika Hecker: Ein Leben an der Grenze. Emil Nolde und die NSDAP, in: Nordfriesland 110 (1995), S. 9–15.

63 Vgl. dazu Heinz Trökes: Der Surrealismus, in: Das Kunstwerk 1 (1946/47), S. 30–35.

64 Vgl. Glaser: Deutsche Kultur (wie Anm. 6), S. 168 f.

65 Vgl. Lucius Grisebach (Hrsg.): Werner Heldt. Ausstellungskatalog, Berlin 1989.

66 Vgl. Glaser: Deutsche Kultur (wie Anm. 6), S. 169 f.

67 Zit. nach ebd., S. 169.

68 Vgl. dazu Werner Haftmann: Ernst Wilhelm Nay, 2. Aufl., Köln 1991.

69 Vgl. Karin Thomas: Zweimal deutsche Kunst nach 1945. 40 Jahre Nähe und Ferne, Köln 1985.

70 Hermann Henselmann: Zielbewußte Kunstausstellung, in: Der Aufbau, Jg. 1946, Heft 4, S. 428.

71 Vgl. Gabriele Werner: Wilhelm Lachnit 1899–1962. Gemälde, Dresden 1999.

72 Vgl. Dietrich Mühlberg: Arbeiterbilder, in: Helga Schultz, Hans-Jürgen Wagener (Hrsg.): Die DDR im Rückblick. Politik, Wirtschaft, Gesellschaft, Kultur, Berlin 2007, S. 283–302.

73 Zit. nach Manfred Jäger: Kultur und Politik in der DDR. 1945–1990, Köln 1994, S. 34.

74 Zit. nach Glaser: Deutsche Kultur (wie Anm. 6), S. 173.

75 Annegret Jürgens-Kirchhoff: Rehabilitierung und Rekonstruktion der modernen Kunst. Die ersten documenta-Ausstellungen 1955, 1959 und 1964, in: Michael Hochgeschwender (Hrsg.): Epoche im Widerspruch. Ideelle und kulturelle Umbrüche der Adenauerzeit, Bonn 2011, S. 282–302.

76 Alexander und Margarete Mitscherlich: Die Unfähigkeit zu trauern – Grundlagen kollektiven Verhaltens, München 1967.

77 Vgl. dazu Svenja Goltermann: Die Gesellschaft der Überlebenden. Deutsche Kriegsheimkehrer und ihre Gewalterfahrungen im Zweiten Weltkrieg, München 2009.

78 Vgl. Glaser: Deutsche Kultur (wie Anm. 6), S. 208 f.

79 Vgl. dazu Till van Rahden: Wie Vati die Demokratie lernte. Zur Frage der Autorität in der politischen Kultur der frühen Bundesrepublik, in: WestEnd. Neue Zeitschrift für Sozialforschung 4 (2007), Heft 1, S. 113–125.

80 Vgl. Benedikt Wintgens: Der Bundeskanzler im Treibhaus. Wolfgang Koeppens Bonn-Roman und die Literatur der Adenauerzeit, in: Hochgeschwender (Hrsg.): Epoche im Widerspruch (wie Anm. 75), S. 153–180.

81 Horst Krüger: Ein frühes Nein – ein spätes Ja. Ein deutscher Intellektueller und sein Staat, in: Walter Scheel (Hrsg.): Nach dreißig Jahren. Die Bundesrepublik Deutschland. Vergangenheit, Gegenwart, Zukunft, Stuttgart 1979, S. 246.

82 Paul Sethe, Ferdinand Fried, Hans Schwab-Felisch: Das Fundament unserer Zukunft. Bilanz der Ära Adenauer: politisch, wirtschaftlich, kulturell, Düsseldorf 1964, S. 250.

83 Vgl. Axel Schildt: Zwischen Abendland und Amerika. Studien zur westdeutschen Ideenlandschaft der 50er Jahre, München 1999; Matthias Pape: Lechfeldschlacht und NATO-Beitritt. Das Augsburger »Ulrichsjahr« 1955 als Ausdruck der christlich-abendländischen Europaidee in der Ära Adenauer, in: Zeitschrift des Historischen Vereins für Schwaben 94 (2001), S. 269–308.

84 Zit. nach Glaser: Deutsche Kultur (wie Anm. 6), S. 274.

85 Vgl. Günther Rüther (Hrsg.): Kulturbetrieb und Literatur in der DDR, Köln 1987.

86 Simone Barck, Stefanie Wahl (Hrsg.): Bitterfelder Nachlese. Ein Kulturpalast, seine Konferenzen und Wirkungen. Mit unveröffentlichten Briefen von Franz Fühmann, Berlin 2007.

87 Zweite Bitterfelder Konferenz 1964. Protokoll der von der Ideologischen Kommission beim Politbüro des ZK der SED und dem Ministerium für Kultur am 24. und 25. April im Kulturpalast des Elektrochemischen Kombinats Bitterfeld abgehaltenen Konferenz, Berlin 1964, S. 11.

88 Vgl. Sonja Hilzinger: Christa Wolf, Frankfurt a.M. 2007.

89 Erich Kuby: Das ist des Deutschen Vaterland. 70 Millionen in zwei Wartesälen, Stuttgart 1957.

90 Jens Daniel [Rudolf Augstein]: Ein Lebewohl den Brüdern im Osten, in: Der Spiegel, Jg. 1952, Nr. 1, S. 3 f.

91 Vgl. Glaser: Deutsche Kultur (wie Anm. 6), S. 246 f.

92 Vgl. dazu Gerhard Zwerenz: Das gespaltene Wort. Ein Pamphlet, in: Der Monat, Jg. 1960, Nr. 143, S. 88; Fritz J. Raddatz: Die gespaltene Sprache. Ein deutschdeutscher Vergleich, in: Süddeutsche Zeitung v. 5./6.4.1975.

93 Vgl. Martin Ahrends: Allseitig gefestigt. Stichwörter zum Sprachgebrauch der DDR, München 1989.

94 Richard Kaufmann: Die Generation der Gefährdeten, in: Süddeutsche Zeitung v. 22./23.11.1958.

95 Helmut Schelsky: Die skeptische Generation. Eine Soziologie der deutschen Jugend, Düsseldorf, Köln 1957, S. 488.

96 Vgl. Heinz Bude: Deutsche Karrieren. Lebenskonstruktionen sozialer Aufsteiger aus der Flakhelfer-Generation, Frankfurt a.M. 1987.

97 Vgl. Görtemaker: Geschichte (wie Anm. 8), S. 188 f.

98 Vgl. Sebastian Kurme: Halbstarke. Jugendprotest in den 1950er Jahren in Deutschland und den USA, Frankfurt a.M., New York 2006.

99 Günther Kaiser: Randalierende Jugend. Eine soziologische und kriminologische Studie über die sogenannten »Halbstarken«, Heidelberg 1959.

Zwischen Politisierung und Autonomie (1966–1982) (S. 90–139)

1 Vgl. Klaus Hildebrand: Von Erhard zur Großen Koalition. 1963–1969. Mit einem einleitenden Essay von Karl Dietrich Bracher, Stuttgart 1984.

2 Vgl. dazu Peter Birke (Hrsg.): Alte Linke – neue Linke? Die sozialen Kämpfe der 1968er Jahre in der Diskussion, Berlin 2009.

3 Vgl. Rolf Wiggershaus: Die Frankfurter Schule, Reinbek bei Hamburg 2010.

4 Herbert Marcuse: Das Ende der Utopie, Berlin 1967, S. 48.

5 Vgl. Clemens Albrecht, Günter C. Behrmann, Michael Bock u.a.: Die intellektuelle Gründung der Bundesrepublik. Eine Wirkungsgeschichte der Frankfurter Schule, Frankfurt a.M. 1999.

6 Vgl. zum Hintergrund Monika Boll: Nachtprogramm. Intellektuelle Gründungsdebatten in der frühen Bundesrepublik, Münster 2004.

7 Vgl. dazu Hermann Glaser: Deutsche Kultur. Ein historischer Überblick von 1945 bis zur Gegenwart, Bonn 1997, S. 266 ff.

8 Werner Ross: Mit der linken Hand geschrieben. Der deutsche Literaturbetrieb, Zürich 1984, S. 46.

9 Vgl. zum Folgenden Glaser: Deutsche Kultur (wie Anm. 7), S. 262 ff.

10 Vgl. Sybille Steinbacher: Wie der Sex nach Deutschland kam. Der Kampf um Sittlichkeit und Anstand in der frühen Bundesrepublik, München 2011.

11 Peter Demetz: B.B. Geschichte einer Legende, in: Frankfurter Allgemeine Zeitung v. 13.4.1985.

12 Vgl. dazu Uta van Steen: Liebesperlen. Beate Uhse – eine deutsche Karriere, Hamburg 2003.

13 Frederik Obermaier: Sex, Kommerz und Revolution. Vom Aufstieg und Untergang der Zeitschrift »konkret« (1957–1973), Marburg 2011.

14 Vgl. als Überblick Hermann Bausinger: Sportkultur, Tübingen 2006.

15 Vgl. zum Folgenden Stefan Wolle: Die heile Welt der Diktatur. Alltag und Herrschaft in der DDR 1971–1989, 2. Aufl., Bonn 1999, S. 164–167.

16 Vgl. dazu Gunter Holzweißig: Sport und Politik in der DDR, Berlin 1988.

17 Vgl. Hans-Dieter Krebs: Die politische Instrumentalisierung des Sports in der DDR, in: Materialien der Enquete-Kommission »Aufarbeitung von Geschichte und Folgen der SED-Diktatur in Deutschland«. Hrsg. v. Deutschen Bundestag, Bd. III.2: Ideologie, Integration und Disziplinierung, Baden-Baden 1995, S. 1314–1369.

18 Vgl. Wolle: Die heile Welt (wie Anm. 15), S. 213 ff.

19 Theodor W. Adorno: Auferstehung der Kultur in Deutschland?, in: Frankfurter Hefte 5 (1950), S. 469–472, hier S. 471.

20 Vgl. Peter Kirchberg: Plaste, Blech und Planwirtschaft. Die Geschichte des Automobilbaus in der DDR, 3. Aufl., Berlin 2005.

21 Vgl. dazu Wolle: Die heile Welt (wie Anm. 15), S. 74–78.

22 Vgl. aus der Sicht eines nicht unumstrittenen Reformers: Ludwig von Friedeburg: Bildungsreform in Deutschland. Geschichte und gesellschaftlicher Widerspruch, Frankfurt a. M. 1989.

23 Zur Einordnung vgl. Jürgen Oelkers: Reformpädagogik. Eine kritische Dogmengeschichte, 4. Aufl., Weinheim, München 2005.

24 Georg Picht: Die deutsche Bildungskatastrophe. Analyse und Dokumentation, Olten 1964.

25 Vgl. Frauke Stübig (Hrsg.): Die Schule der Zukunft gewinnt Gestalt. Gehaltene und ungehaltene Reden anlässlich der Ehrenpromotionen von Hartmut von Hentig und Wolfgang Klafki an der Universität Kassel am 5. Mai 2004, Kassel 2005.

26 Vgl. zum Gesamtkomplex Axel Schildt, Detlef Siegfried: Deutsche Kulturgeschichte. Die Bundesrepublik – 1945 bis zur Gegenwart, München 2009, S. 292–297.

27 Reiner Kunze: Die wunderbaren Jahre. Lyrik. Prosa. Dokumente. Hrsg. v. Karl Corino, Frankfurt a.M. 1978, S. 86.

28 Vgl. dazu Hans Döbert: Das Bildungswesen der DDR in Stichworten. Inhaltliche und administrative Sachverhalte und ihre Rechtsgrundlagen, Neuwied 1996.

29 Vgl. Ernst Cloer, Rolf Wernstedt (Hrsg.): Pädagogik in der DDR. Eröffnung einer notwendigen Bilanzierung, Weinheim 1995.

30 Vgl. als Überblick: Gert Geissler, Falk Blask, Thomas Scholze (Bearb.): Freundschaft! Die Volksbildung der DDR in ausgewählten Kapiteln, Berlin 1996.

31 Ludwig von Friedeburg (Hrsg.): Jugend in der modernen Gesellschaft, Köln, Berlin 1965, S. 18.

32 Vgl. Fred W. McDarrah: Beat Generation. Glory Days in Greenwich Village, New York 1996.

33 Vgl. Oliver Demny: Die Wut des Panthers. Die Geschichte der Black Panther Party. Schwarzer Widerstand in den USA, 4. Aufl., Münster 2004.

34 Vgl. dazu Bernd Greiner: Krieg ohne Fronten. Die USA in Vietnam, Hamburg 2007.

35 Zit. nach David Zirin: Revolt of the Black athlete. The hidden history of Muhammad Ali, in: International Socialist Review 33 (2004), online-Ausgabe.

36 Vgl. Barry Miles: Hippies, München 2004.

37 Vgl. Michael Rauhut, Thomas Kochan (Hrsg.): Bye bye, Lübben City. Bluesfreaks, Tramps und Hippies in der DDR, Berlin 2009.

38 Walter Hollstein: Die Gegengesellschaft. Alternative Lebensformen, Bonn 1979, S. 27.

39 Vgl. Willy Albrecht: Der Sozialistische Deutsche Studentenbund (SDS). Vom parteikonformen Studentenverband zum Repräsentanten der Neuen Linken, Bonn 1994.

40 Ein Selbstbericht: Ulrich Enzensberger: Die Jahre der Kommune I. Berlin 1967–1969, Köln 2004.

41 Vgl. dazu Hanning Voigts: Entkorkte Flaschenpost. Herbert Marcuse, Theodor W. Adorno und der Streit um die Neue Linke, Berlin u.a. 2010.

42 Vgl. zum Hintergrund Martin Klimke, Joachim Scharloth (Hrsg.): 1968. Handbuch zur Kultur- und Mediengeschichte der Studentenbewegung, Stuttgart 2007.

43 Vgl. Manfred Görtemaker: Geschichte der Bundesrepublik Deutschland. Von der Gründung bis zur Gegenwart, München 1999, S. 483.

44 Vgl. dazu Armin Fuhrer: Wer erschoss Benno Ohnesorg? Der Fall Kurras und die Stasi, Berlin 2009.

45 Zu Dutschke vgl. u.a. Ulrich Chaussy: Die drei Leben des Rudi Dutschke.

Eine Biographie, Zürich 1999; Michaela Karl: Rudi Dutschke. Revolutionär ohne Revolution, Frankfurt a. M. 2003.

46 Bernd Rabehl: Karl Marx und der SDS, in: Der Spiegel, Jg. 1968, Nr. 18, S. 86.

47 Die Erinnerungen eines Betroffenen: Stefan Welzk: Leipzig 1968. Unser Protest gegen die Kirchensprengung und seine Folgen, Leipzig 2011.

48 Vgl. dazu Wolfgang Kraushaar: 1968 als Mythos, Chiffre und Zäsur, Hamburg 2000.

49 Vgl. Paul Hockenos: Joschka Fischer and the Making of the Berlin Republic. An Alternative History of Postwar Germany, Oxford u. a. 2008.

50 Vgl. Stefan Aust: Der Baader-Meinhof-Komplex, München 2010.

51 Roland Roth, Dieter Rucht (Hrsg.): Neue soziale Bewegungen in der Bundesrepublik Deutschland, Frankfurt a. M. 1987.

52 Zit. nach Gretchen Dutschke-Klotz: Rudi Dutschke. Eine Biographie, Köln 1996, S. 137.

53 Christoph Oehler: Hochschulentwicklung in der Bundesrepublik Deutschland seit 1945, Frankfurt a. M., New York 1989.

54 Vgl. Michael Gante: § 218 in der Diskussion. Meinungs- und Willensbildung 1945 bis 1976, Düsseldorf 1991.

55 Vgl. dazu Ronald Inglehart: Kultureller Umbruch. Wertewandel in der westlichen Welt, Frankfurt a. M. 1989; Helmut Klages: Traditionsbruch als Herausforderung. Perspektiven der Wertewandelsgesellschaft, Frankfurt a. M. 1993.

56 Herbert Gruhl: Ein Planet wird geplündert. Die Schreckensbilanz unserer Politik, Frankfurt a. M. 1975.

57 Vgl. dazu Görtemaker: Geschichte (wie Anm. 43), S. 630 f.

58 Vgl. Christoph Amend, Patrik Schwarz (Hrsg.): Die Grünen. Das Buch, Hamburg 2011.

59 Vgl. Rüdiger Schmitt: Die Friedensbewegung in der Bundesrepublik Deutschland. Ursachen und Bedingungen der Mobilisierung einer neuen sozialen Bewegung, Opladen 1990.

60 Vgl. zum Folgenden Kristina Schulz: Der lange Atem der Provokation. Die Frauenbewegung in der Bundesrepublik und in Frankreich 1968–1976, Frankfurt a. M. 2002.

61 Vgl. dazu aus nächster Nähe Alice Schwarzer: »Emma«. Die ersten dreißig Jahre, München 2007.

62 Vgl. Görtemaker: Geschichte (wie Anm. 43), S. 641–645.

63 Vgl. Stephen Colegrave, Chris Sullivan: Punk, München 2005.

64 Vgl. dazu Glaser: Deutsche Kultur (wie Anm. 7), S. 344 f., 351 f.

65 Zit. nach Peter Lübbe (Hrsg.): Dokumente zur Kunst-, Literatur- und Kulturpolitik der SED 1975–1980, Stuttgart 1984, S. 460.

66 Vgl. Wolf Biermann, Fritz Pleitgen (Hrsg.): Die Ausbürgerung. Anfang vom Ende der DDR, Berlin 2006.

67 Vgl. dazu Gerhard Besier: Der SED-Staat und die Kirche 1969–1990. Die Vision vom »Dritten Weg«, Berlin, Frankfurt a. M. 1995.

68 Vgl. Anke Silomon: »Schwerter zu Pflugscharen« und die DDR. Die Friedensarbeit der evangelischen Kirchen in der DDR im Rahmen der Friedensdekaden 1980–1982, Göttingen 1999.

69 Zit. nach Hajo Steinert: Die Szene und die Stasi, in: Die Zeit v. 29.11.1991.

70 Jan Faktor: Intellektuelle Opposition und alternative Kultur in der DDR, in: Aus Politik und Zeitgeschichte v. 11.3.1994, S. 32.

71 Vgl. Michael Boehlke, Henryk Gericke (Hrsg.): Too much Future – Punk in der DDR, Berlin 2007.

72 Theodor W. Adorno: Die gegängelte Musik, in: Der Monat, Jg. 1953, H. 56, S. 182.

73 Vgl. dazu Thomas Brechenmacher: Der Dichter als Fallensteller: Hochhuths »Stellvertreter« und die Ohnmacht des Faktischen – Versuch über die Mechanismen einer Geschichtsdebatte, in: Michael Wolffsohn, Thomas Brechenmacher (Hrsg.): Geschichte als Falle. Deutschland und die jüdische Welt, Neuried 2001, S. 217–257.

74 Vgl. Heinrich Vormweg: Der andere Deutsche. Heinrich Böll. Eine Biographie, Köln 2002.

75 Vgl. dazu Glaser: Deutsche Kultur (wie Anm. 7), S. 313–316.

76 Vgl. Görtemaker: Geschichte (wie Anm. 43), S. 669 f.

77 Zum Kontext vgl. Schildt, Siegfried: Deutsche Kulturgeschichte (wie Anm. 26), S. 324–326.

78 Vgl. Glaser: Deutsche Kultur (wie Anm. 7), S. 447.

79 Zum Folgenden vgl. Thomas Elsaesser: Der Neue Deutsche Film. Von den Anfängen bis zu den neunziger Jahren, München 1994.

80 Vgl. Thomas Elsaesser: Rainer Werner Fassbinder, Berlin 2001.

81 Vgl. Martin Damus: Kunst in der BRD 1945–1990. Funktionen der Kunst in einer demokratisch verfassten Gesellschaft, Reinbek bei Hamburg 1995.

82 Als Zeitdokument: Klaus Staeck. Die Reichen müssen noch reicher werden. Politische Plakate, Hrsg. v. Ingeborg Karst-Staeck, Reinbek bei Hamburg 1973.

83 Vgl. zum Folgenden Thomas Dreher: Performance Art nach 1945. Aktionstheater und Intermedia, München 2001.

84 Vgl. Reinhard Ermen: Joseph Beuys, Reinbek bei Hamburg 2007.

85 Vgl. dazu Görtemaker: Geschichte (wie Anm. 43), S. 670 ff.

86 Zum Folgenden vgl. Glaser: Deutsche Kultur (wie Anm. 7), S. 417 ff.

87 Vgl. Jens Rosteck: Hans Werner Henze – Rosen und Revolutionen. Die Biographie, Berlin 2009.

88 Zum Folgenden vgl. Jost Hermand: Die Kultur der Bundesrepublik Deutschland 1965–1985, München 1988, S. 496–499.

89 Vgl. Eleonore Büning: Über die Linie. Wolfgang Rihm – ein deutscher Komponist, Wien 2012.

90 Vgl. zur Einordnung: Wolfgang Emmerich: Kleine Literaturgeschichte der DDR. Leipzig 1996.

91 Vgl. Simone Barck, Siegfried Lokatis: Zensurspiele. Heimliche Literaturgeschichten aus der DDR., Halle 2008.

92 Glaser, Deutsche Kultur (wie Anm. 7), S. 443.

93 Vgl. Christa Hasche, Traute Schölling, Joachim Fiebach: Theater in der DDR. Chronik und Positionen, Berlin 1994.

94 Zum Folgenden vgl. Ralf Schenk (Red.): Das zweite Leben der Filmstadt Babelsberg. DEFA-Spielfilme 1946–1992. Hrsg. v. Filmmuseum Potsdam, Berlin 1994.

95 Vgl. dazu Winfried Glatzeder: Paul und ich. Autobiographie, Berlin 2008.

96 Vgl. Günter Feist, Eckhart Gillen, Beatrice Vierneisel (Hrsg.): Kunstdokumentation SBZ/DDR 1945–1990. Aufsätze, Berichte, Materialien, Köln 1996.

97 Vgl. dazu Glaser: Deutsche Kultur (wie Anm. 7), S. 452–459.

Der kleine Grenzverkehr (1983–1989) (S. 140–166)

1 Vgl. Stefan Wolle: Die heile Welt der Diktatur. Alltag und Herrschaft in der DDR 1971–1989, 2. Aufl., Bonn 1999, S. 182–189.

2 Zum Hintergrund vgl. Alphons Silbermann: Das Wohnerlebnis in Ostdeutschland. Eine soziologische Studie, Köln 1993.

3 Vgl. Christine Hannemann: Die Platte. Industrialisierter Wohnungsbau in der DDR, 2. Aufl., Berlin 2000.

4 Vgl. dazu Herbert Fritsch (Red.): Trabantenstädte, 4. Aufl., Stuttgart 1995.

5 Vgl. Andreas Rödder: Moderne – Postmoderne – Zweite Moderne. Deutungskategorien für die Geschichte der Bundesrepublik in den siebziger und achtziger Jahren, in: Thomas Raithel, Andreas Rödder, Andreas Wirsching (Hrsg.): Auf dem Weg in eine neue Moderne? Die Bundesrepublik Deutschland in den siebziger und achtziger Jahren, München 2009, S. 181–201.

6 Vgl. Friedrich Stadler, Kurt R. Fischer (Hrsg.): Paul Feyerabend. Ein Philosoph aus Wien, Wien 2006.

7 Zur Einordnung vgl. Axel Schildt, Detlef Siegfried: Deutsche Kulturgeschichte. Die Bundesrepublik – 1945 bis zur Gegenwart, München 2009, S. 445 f.

8 Zum Folgenden vgl. Ulrike Stark (Red.): Architekten – James Stirling, 4. Aufl., Stuttgart 1997.

9 Alexander Mitscherlich: Die Unwirtlichkeit unserer Städte, Frankfurt a.M. 1965.

10 Vgl. Heinrich Klotz: Die Revision der Moderne, in: Ders. (Hrsg.): Revision der Moderne. Postmoderne Architektur 1960–1980, München 1984, S. 7–11, hier S. 7.

11 Zit. nach Manfred Sack: Schatzhaus, Tempel, Bildungsanstalt, Ort der Lust – Das Museum in unserem Jahrhundert und die mannigfaltigen Bemühungen, Architektur und Kunst miteinander zu arrangieren, in: Romana Schneider, Winfried Nerdinger, Wilfried Wang (Hrsg.): Architektur im 20. Jahrhundert. Ausstellungskatalog, München 2000 [o. S.].

12 Vgl. Thorsten Rodiek, James Stirling: Die Neue Staatsgalerie Stuttgart, Stuttgart 1984.

13 Eduard Beaucamp: Konstruktiver Pop. Die Eröffnung der Neuen Staatsgalerie in Stuttgart, in: Frankfurter Allgemeine Zeitung v. 10.3.1984.

14 Vgl. dazu Benedikt Goebel: Der Umbau Alt-Berlins zum modernen Stadtzentrum, Berlin 2003.

15 Zum Gesamtzusammenhang vgl. Rüdiger Thomas: Staatskultur und Kulturnation. Anspruch und Illusion einer »sozialistischen deutschen Nationalkultur«, in: Günter Feist, Eckhart Gillen, Beatrice Vierneisel (Hrsg.): Kunstdokumentation SBZ/DDR 1945–1990. Aufsätze, Berichte, Materialien, Köln 1996, S. 16–41.

16 Vgl. Jan-Werner Müller: Verfassungspatriotismus, Berlin 2010.

17 Zur näheren Einordnung vgl. Thomas Hertfelder, Andreas Rödder (Hrsg.): Modell Deutschland. Erfolgsgeschichte oder Illusion?, Göttingen 2007.

18 Perspektivenreich: Georg G. Iggers, Konrad H. Jarausch, Matthias Middell, Martin Sabrow (Hrsg.): Die DDR-Geschichtswissenschaft als Forschungsproblem, München 1998.

19 Ernst Engelberg: Bismarck. 2 Bde., Berlin (Ost) 1985/90.

20 Zit. nach Ernst Rudolf Huber (Hrsg.): Quellen zum Staatsrecht der Neuzeit, Bd. II: Deutsche Verfassungsdokumente der Gegenwart (1919–1951), Tübingen 1951, S. 648.

21 Zit. nach Bernd Maether: Die Vernichtung des Berliner Stadtschlosses. Eine Dokumentation, Berlin 2000, S. 119.

22 Ingrid Mittenzwei: Die zwei Gesichter Preußens, in: Forum, Jg. 1978, Nr. 19, S. 8 f.

23 Dies.: Friedrich II. von Preußen. Eine Biographie, Berlin (Ost) 1980.

24 Vgl. Wieland Giebel (Hrsg.): Das Reiterdenkmal Friedrichs des Großen. Berlin 2007.

25 Vgl. Stefan Ebenfeld: Geschichte nach Plan? Die Instrumentalisierung der Geschichtswissenschaft in der DDR am Beispiel des Museums für Deutsche Geschichte in Berlin (1950–1955), Marburg 2001.

26 Jürgen Danyel: Der 20. Juli, in: Etienne François, Hagen Schulze (Hrsg.): Deutsche Erinnerungsorte, Bd. 2, München 2002, S. 220–237, hier S. 236.

27 Vgl. dazu Edgar Wolfrum: Geschichtspolitik in der Bundesrepublik Deutschland. Der Weg zur bundesrepublikanischen Erinnerung 1948–1990, Darmstadt 1999.

28 Repräsentativer Ausstellungskatalog: Preußen, Versuch einer Bilanz. 5 Bde., Reinbek bei Hamburg 1981.

29 Theodor Schieder: Friedrich der Große. Ein Königtum der Widersprüche, Frankfurt a.M., Berlin, Wien 1983.

30 Lothar Gall: Bismarck. Der weiße Revolutionär, Frankfurt a.M., Berlin, Wien 1980.

31 Richard von Weizsäcker: Zum 40. Jahrestag der Beendigung des Krieges in Europa und der nationalsozialistischen Gewaltherrschaft. Hrsg. v. Bundespresseamt, Bonn 1985, S. 2.

32 Vgl. Ulrich Herbert: Der Historikerstreit. Politische, wissenschaftliche, biographische Aspekte, in: Martin Sabrow, Ralph Jessen, Klaus Große Kracht (Hrsg.): Zeitgeschichte als Streitgeschichte. Große Kontroversen seit 1945, München 2003, S. 94–113.

33 Michael Stürmer: Geschichte in geschichtslosem Land (1986), in: »Historikerstreit«. Die Dokumentation der Kontroverse um die Einzigartigkeit der nationalsozialistischen Judenvernichtung, München, Zürich 1989, S. 36ff., hier S. 36.

34 Vgl. Schildt, Siegfried (Hrsg.): Deutsche Kulturgeschichte (wie Anm. 7), S. 432f.

35 Vgl. zum Kontext Jürgen Ritter, Peter Joachim Lapp: Die Grenze. Ein deutsches Bauwerk, 7. Aufl., Berlin 2009.

36 Vgl. Sebastian Lindner: Ein Verhandlungsmarathon. Das deutsch-deutsche Kulturabkommen, in: Bernd Lindner, Rainer Eckert (Hrsg.): Klopfzeichen. Kunst und Kultur der 80er Jahre in Deutschland. Mauersprünge, Leipzig 2002, S. 55–69.

37 Klaus Schlesinger: Von der Schwierigkeit, Westler zu werden, Berlin 1998.

38 Heiner Müller: Krieg ohne Schlacht. Leben in zwei Diktaturen, Köln 1992, S. 364.

39 Aus der Sicht eines Beteiligten: Harry Jeske: Mein wildes Leben und die Puhdys. Aufgezeichnet von Dieter Wirth, Berlin 1997.

40 Vgl. zur Einordnung Michael Rauhut: Schalmei und Lederjacke. Udo Lindenberg, BAP, Underground. Rock und Politik in den achtziger Jahren, Berlin 1996.

41 http://einestages.spiegel.de/static/authoralbumbackground/567/rendezvous_mit_einem_steiff_tier.html (Zugriff: 15.1.2012).

42 Zum Folgenden vgl. Schildt, Siegfried: Deutsche Kulturgeschichte (wie Anm. 7), S. 454–460.

43 Vgl. Ulrich Hoffmann: Grönemeyer. Biografie, Hamburg 2003.

44 Vgl. dazu Didi Zill: Neue Deutsche Welle, Berlin 2003.

45 Die jüngste internationale Retrospektive: Gerhard Richter. Panorama. Ausstellungskatalog. Hrsg. v. Mark Godfrey, Nicholas Serota, München u.a. 2012.

46 Zur Einordnung vgl. Gisela Greve: Leben in Bildern. Psychoanalytisch-biographische Kunstinterpretationen, Göttingen 2010.

47 Vgl. Norbert Servos: Pina Bausch. Tanztheater, 3. Aufl., München 2012.

48 Vgl. Volker Behrens (Hrsg.): Man of Plenty – Wim Wenders, Marburg 2005.

49 Fritz J. Raddatz: Abschied von den Söhnen? Peter Weiss: Die Ästhetik des Widerstands, in: Die Zeit v. 8.5.1981.

50 Jürgen Habermas: Die neue Unübersichtlichkeit, Frankfurt a.M. 1985.

51 Rainer Scherf: Der verführte Leser. Eine Interpretation von Patrick Süskinds »Das Parfüm«, Marburg 2006.

52 Vgl. dazu Anselm Doering-Manteuffel, Lutz Raphael: Nach dem Boom. Perspektiven auf die Zeitgeschichte seit 1970, Göttingen 2008, S. 126 f.

53 Vgl. Uli Burchardt: Ausgegeizt! Wertvoll ist besser – Das Manufactum-Prinzip, Frankfurt a.M. 2012.

54 Vgl. György Dalos: Gorbatschow. Mensch und Macht. Eine Biografie, München 2012.

55 Vgl. Gunter Holzweißig: Die schärfste Waffe der Partei. Eine Mediengeschichte der DDR, Köln, Weimar, Wien 2002, S. 147–156.

56 Vgl. Werner Mittenzwei: Die Intellektuellen. Literatur und Politik in Ostdeutschland von 1945 bis 2000, Leipzig 2001, S. 324–338.

57 Vgl. Rolf Jucker: »Was werden wir die Freiheit nennen?« Volker Brauns Texte als Zeitkritik, Würzburg 2004.

58 Zit. nach Hermann Glaser: Deutsche Kultur. Ein historischer Überblick von 1945 bis zur Gegenwart, Bonn 1997, S. 361.

Ausblick: Auf der Suche nach der verlorenen Identität (S. 167–174)

1 Christa Wolf: Medea. Stimmen, München 1996, S. 236.

2 Dies.: Für unser Land, in: Neues Deutschland v. 29.11.1989.

3 Zit. nach Andreas Rödder: Deutschland einig Vaterland. Die Geschichte der Wiedervereinigung, München 2009, S. 123.

4 Zum Folgenden vgl. Hermann Glaser: Deutsche Kultur. Ein historischer Überblick von 1945 bis zur Gegenwart, Bonn 1997, S. 432 ff.

5 Ingo von Münch (Hrsg.): Dokumente der Wiedervereinigung Deutschlands. Quellentexte zum Prozess der Wiedervereinigung von der Ausreisewelle aus der DDR über Ungarn, die CSSR und Polen im Spätsommer 1989 bis zum Beitritt der DDR zum Geltungsbereich des Grundgesetzes der Bundesrepublik Deutschland im Oktober 1990, Stuttgart 1991, S. 348.

6 Vgl. Norbert Oellers: Die Schiller-Nationalausgabe – ein deutsch-deutsches Editionsunternehmen, in: Mark Lehmstedt, Siegfried Lokatis (Hrsg.): Das Loch in der Mauer. Der innerdeutsche Literaturaustausch, Wiesbaden 1997, S. 325–332.

7 Vgl. dazu Axel Schildt, Detlef Siegfried: Deutsche Kulturgeschichte. Die Bundesrepublik – 1945 bis zur Gegenwart, München 2009, S. 474–480.

8 Christoph Hein: Brief an den Rowohlt Verlag, Reinbek, in: Ders.: Die fünfte Grundrechenart. Aufsätze und Reden 1987–1990, Frankfurt a. M. 1990, S. 210.

9 Zum Hintergrund vgl. Gerd Gemünden: Nostalgia for the Nation. Intellectuals and National Identity in Unified Germany, in: Mieke Bal, Jonathan Crewe, Leo Spitzer (Hrsg.): Acts of Memory. Cultural Recall in the Present, Hanover/New Hampshire, London 1999, S. 120–133.

10 Vgl. Jörg Rössel: Allesfresser im Kinosaal? Distinktion durch kulturelle Vielfalt in Deutschland, in: Soziale Welt 57 (2006), S. 259–272.

11 Der Klassiker: Gerhard Schulze: Die Erlebnis-Gesellschaft. Kultursoziologie der Gegenwart, Frankfurt a. M. 1992.

12 Zum Folgenden vgl. Schildt, Siegfried: Deutsche Kulturgeschichte (wie Anm. 7), S. 488–495.

13 Julia Spinola: Festspielhaus in ostdeutscher Brache. Fast wie Bayreuth: »Berghain«, in: Frankfurter Allgemeine Zeitung v. 25.7.2009.

14 Stephanie Barron (Hrsg.): Kunst und Kalter Krieg. Deutsche Positionen 1945–89. Ausstellungskatalog, Köln 2009.

Auswahlbibliografie

Die Literatur zur Geschichte der Bundesrepublik und der DDR ist kaum mehr zu überblicken. Im Folgenden finden sich daher ausschließlich Titel, die sich im größeren Kontext mit Aspekten der Kultur in Ost- und Westdeutschland beschäftigen und zugleich einen sinnvollen Einstieg in die Thematik erlauben. Die Anmerkungen bieten weitere Literaturhinweise.

Barner, Wilfried (Hrsg.): Geschichte der deutschen Literatur von 1945 bis zur Gegenwart. München ²2006.

Benz, Wolfgang (Hrsg.): Die Geschichte der Bundesrepublik Deutschland. Bd. 4: Kultur. Frankfurt a. M. 1989.

Beyme, Klaus von: Der Wiederaufbau. Architektur und Städtebaupolitik in beiden deutschen Staaten. München, Zürich 1987.

Daiber, Hans: Deutsches Theater seit 1945. Stuttgart 1976.

Damus, Martin: Kunst in der BRD 1945–1990. Funktionen der Kunst in einer demokratisch verfassten Gesellschaft. Reinbek bei Hamburg 1995.

Dibelius, Ulrich: Moderne Musik. 2 Bde. München 1966/1988.

Düwel, Jörn; Gutschow, Niels: Städtebau in Deutschland im 20. Jahrhundert. Ideen, Projekte, Akteure. Berlin, Stuttgart ²2005.

Faulstich, Werner (Hrsg.): Kulturgeschichte des 20. Jahrhunderts. Die Kultur der fünfziger Jahre. München 2002; Die Kultur der sechziger Jahre. München 2003; Die Kultur der siebziger Jahre. München 2004; Die Kultur der achtziger Jahre. München 2005.

Feist, Günter; Gillen, Eckhart; Vierneisel, Beatrice (Hrsg.): Kunstdokumentation SBZ/DDR 1945–1990. Aufsätze, Berichte, Materialien. Köln 1996.

Geppert, Dominik; Hacke, Jens (Hrsg.): Streit um den Staat. Intellektuelle Debatten in der Bundesrepublik 1960–1980. Göttingen 2008.

Gilcher-Holtey, Ingrid; Kraus, Dorothea; Schößler, Franziska (Hrsg.): Politisches Theater nach 1968. Regie, Dramatik und Organisation. Frankfurt a. M., New York 2006.

Glaser, Hermann: Kulturgeschichte der Bundesrepublik Deutschland. 3 Bde. München 1985–1989.

Hasche, Christa; Schölling, Traute; Fiebach, Joachim: Theater in der DDR. Chronik und Positionen. Berlin 1994.

Haupt, Heinz-Gerhard; Torp, Claudius (Hrsg.): Die Konsumgesellschaft in Deutschland 1890–1990. Ein Handbuch. Frankfurt a. M., New York 2009.

Hermand, Jost: Kultur im Wiederaufbau. Die Bundesrepublik Deutschland 1945–1965. München 1986; Die Kultur der Bundesrepublik Deutschland

1965–1985. München 1988; Nach der Postmoderne. Ästhetik heute. Köln, Weimar, Wien 2004.

Hodenberg, Christina von: Konsens und Krise. Eine Geschichte der westdeutschen Medienöffentlichkeit 1945–1973. Göttingen 2006.

Holzweißig, Gunter: Die schärfste Waffe der Partei. Eine Mediengeschichte der DDR. Köln, Weimar, Wien 2002.

Jacobsen, Wolfgang; Kaes, Anton; Prinzler, Hans Helmut (Hrsg.): Geschichte des deutschen Films. Stuttgart ²2004.

Jäger, Manfred: Kultur und Politik in der DDR. 1945–1990. Köln 1994.

Kießling, Friedrich: Die undeutschen Deutschen. Eine ideengeschichtliche Archäologie der alten Bundesrepublik 1945–1972. Paderborn u. a. 2012.

Kraushaar, Wolfgang: 1968 als Mythos, Chiffre und Zäsur. Hamburg 2000.

Leitner, Olaf: Rockszene DDR. Aspekte einer Massenkultur im Sozialismus. Reinbek bei Hamburg 1998.

Mittenzwei, Werner: Die Intellektuellen. Literatur und Politik in Ostdeutschland von 1945 bis 2000. Leipzig 2001.

Roth, Roland; Rucht, Dieter (Hrsg.): Neue Soziale Bewegungen in der Bundesrepublik Deutschland. Frankfurt a. M. 1987.

Schenk, Ralf (Red.): Das zweite Leben der Filmstadt Babelsberg. DEFA-Spielfilme 1946–1992. Hrsg. v. Filmmuseum Babelsberg. Berlin 1994.

Schildt, Axel: Moderne Zeiten. Freizeit, Massenmedien und »Zeitgeist« in der Bundesrepublik der 50er Jahre. Hamburg 1995.

Ders.; Siegfried, Detlef: Deutsche Kulturgeschichte. Die Bundesrepublik – 1945 bis zur Gegenwart. München 2009.

Schneider, Romana; Nerdinger, Winfried; Wang, Wilfried (Hrsg.): Architektur im 20. Jahrhundert. Deutschland. Ausstellungskatalog. München 2000.

Schnell, Ralf: Geschichte der deutschsprachigen Literatur seit 1945. Stuttgart 1993.

Thomas, Karin: Kunst in Deutschland seit 1945. Köln 2002.

Vogt, Hans: Neue Musik seit 1945. Stuttgart ³1982.

Walther, Joachim: Sicherungsbereich Literatur. Schriftsteller und Staatssicherheit in der Deutschen Demokratischen Republik. Berlin 1996.

Wilke, Jürgen (Hrsg.): Mediengeschichte der Bundesrepublik Deutschland. Bonn 1999.

Wolle, Stefan: Die heile Welt der Diktatur. Alltag und Herrschaft in der DDR 1971–1989. Bonn ²1999.

Register

Der Autor

Carsten Kretschmann, geboren 1974, studierte Geschichte, Germanistik und Öffentliches Recht an den Universitäten Bonn, Köln, Frankfurt am Main und Wien. 2004 wurde er mit einer Arbeit zu Naturhistorischen Museen im 19. Jahrhundert promoviert. Seit 2005 ist er wissenschaftlicher Mitarbeiter am Historischen Institut der Universität Stuttgart. Zurzeit arbeitet er an einer Studie zur Bedeutung des Ersten Weltkriegs für die politischen Gemeinschaftsdiskurse der 1920er Jahre. 2011/12 war er Förderstipendiat des Historischen Kollegs in München.